高等职业教育市场营销专业精品教材

新媒体营销项目化教程

PROJECT-BASED COURSE OF NEW MEDIA MARKETING

主 编 刘前红 秦 琴

副主编 万文兵 汤小燕
肖必燕 龚成洁

中国轻工业出版社

图书在版编目（CIP）数据

新媒体营销项目化教程 / 刘前红，秦琴主编. — 北京：中国轻工业出版社，2025.1

高等职业教育“十三五”规划教材

ISBN 978-7-5184-1989-0

Ⅰ.①新… Ⅱ.①刘… ②秦… Ⅲ.①网络营销—高等职业教育—教材 Ⅳ.①F713.365.2

中国版本图书馆CIP数据核字（2018）第168479号

责任编辑：张文佳　　责任终审：劳国强　　封面设计：锋尚设计
版式设计：锋尚设计　　责任校对：晋　洁　　责任监印：张　可

出版发行：中国轻工业出版社（北京鲁谷东街5号，邮编：100040）
印　　刷：河北鑫兆源印刷有限公司
经　　销：各地新华书店
版　　次：2025年1月第1版第6次印刷
开　　本：787×1092　1/16　印张：15.5
字　　数：350千字
书　　号：ISBN 978-7-5184-1989-0　定价：39.80元
邮购电话：010-85119873
发行电话：010-85119832　010-85119912
网　　址：http://www.chlip.com.cn
Email：club@chlip.com.cn

242311J2C106ZBW

前言

《新媒体营销项目化教程》坚持以“学”为中心，引导学生提出探索型问题、自主学习。教材的编写框架来自新媒体营销工作流程的推导，内容上覆盖了从事新媒体营销工作岗位所需要的知识和技能，内容的定位为新媒体营销策划、创意、执行与运营层面的知识和技能，内容的呈现方式符合学生的认知规律。

全书内容涉及各类新媒体营销手段和营销平台的营销，共分10个项目，包含24个任务、10个项目实训。包括认识新媒体营销、新媒体营销调研、新媒体营销策划三个阐述新媒体营销基本理论框架的项目；还包括网络营销与搜索引擎营销、博客与微博营销、微信营销、自媒体与论坛营销、知识营销、直播音频视频营销、网络游戏与APP营销七个以具体新媒体营销方式为内容的项目。

需要说明的是，本教程大纲内容由项目+任务构成，新媒体营销的内容本身有诸多交叉的地方，如自媒体营销项目均是基于互联网或移动互联网的营销，包含博客、微博、微信营销的部分内容，甚至包括直播、音频、视频营销的部分内容，项目的划分是为了方便知识的归纳与整理。

本教材的编写在内容的编排上，注重淡化其学科性，重点阐述在具体工作实践中的理论要点、方法和技术操作，通过同步实际案例的配合，逐层分析、总结，使学生在模仿中掌握新媒体营销的要领、操作程序、技能要点。

在每个项目开始前，通过“项目目标”（分为知识目标和能力目标两个部分）了解该项目学习内容所对应的工作岗位能力。每个项目开篇均有“导入案例”引导学生思考；每个“项目知识”设计包含该项目的任务。每个任务均包含了“同步案例（含案例思考）”“知识拓展”、每个项目结束时以“营销视角”引导学生开放性思维和创新性思考，以“项目要点”为本项目主要内容小结。每一个项目安排一个“项目实训”，包括实训目的、实训内容、实训步骤等。通过“项目测评”检验学生对本项目知识点、技能点的掌握情况。在内容侧重点上，突出实践操作，将教材内容与工作岗位对专业人才的知识要求、能力要求结合，构建“案例、知识、实训、测评”四位一体的教材组织结构。

在撰写本教程的过程中，编者参考并引用了市场营销、传播学、电子商务等学科的研究成果和文献资料，有的在相关章节中予以注释，有些在参考文献中列出。书中还大量列举了最新的新媒体营销案例，大部分来源于网络，有些标明了出处，有些因无处查证而没有一一列出。在此，谨向相关文献的原作者、译者一并致谢！同时，由于编者学识和教学经验有限，教程中疏漏与不当之处，敬请指正！

编者

2018.6

目录

项目一

认识新媒体营销

项目目标

知识目标

1. 了解新媒体及新媒体营销的特点
2. 了解新媒体营销发展趋势
3. 理解新媒体营销理论
4. 了解新媒体营销岗位

能力目标

1. 能够熟练分析新媒体营销各种形式和特点
2. 能够分析相关新媒体营销案例

导入案例

OPPO，获得“2018年新榜大会年度内容营销案例奖”

2018年1月21日，以“内容创业进化论”为主题的2018新榜大会在北京举行，在众多企业品牌、内容平台方、内容工具及服务方、内容创业机构和KOL等的共同见证下，OPPO成功摘得年度内容营销案例奖。

图1-1　新媒体2018新榜之夜

作为新媒体行业内的顶级盛会，每年“新榜之夜”所颁奖项都代表着新媒体行业影响力的风向标，成为业内最为关注的年度奖项。年度内容营销案例奖的设立旨在表彰业内的优秀内容营销创意案例，深挖内容营销价值，激励更多广告主与营销实践者进行创新和开拓的奖项，OPPO凭借2017年与法国奢华美妆品牌娇兰的跨界推出的热力红限量礼盒赢得这一奖项。

图1-2　OPPO与时尚芭莎合作

2017年6月份，OPPO R11发布会后没多久，OPPO官方宣布与法国奢华美妆品牌娇兰跨界合作，独家推出了OPPO X GUERLAIN热力红限量礼盒，内含一部热力红OPPO R11以及与热力红同色的娇兰325 KISSKISS唇膏，并在唇膏管身镌刻“Call Me OPPO”，浪漫又俏皮。

一个是智能手机行业中最具时尚年轻气息的品牌，一个是创立于1828年，至今已经有190年传奇历史的法国奢华美妆品牌，双方的合作碰撞出了奇妙的化学反应。一方面，OPPO年轻时尚的标签得以进一步强化，另一方面，作为在全球拥有超过2亿用户的OPPO，在年轻用户中的号召力也帮助娇兰触及到了更广泛的年轻市场。不仅如此，“小鲜肉”杨洋作为双方品牌的代言人，更是为两家品牌的“联姻”实力打Call，一时间，热力红限量礼盒成为“羊毛们”热力追捧的不二之选。

回顾OPPO与娇兰的合作始末，从OPPO和娇兰的官方微博的率先发声，到荣获年度影响力新媒体的“COSMO”和“if爱与美好”在内的众多新媒体的跟进，在新媒体端构建起完整的传播矩阵，持续产出优质内容，实现了传播效果的最大化。

双方的互动成功打动了众多年轻人，受到了人们的一致追捧，也成功让OPPO R11热力红成为众多明星手中的时尚单品。彼时，SNH48 TEAM NII成员鞠婧祎、《欢乐颂2》曲筱绡的扮演者王子文等都争相晒出了这一OPPO与法国娇兰携手打造的礼物。

一直以来，OPPO始终坚持精品战略，以用户的需求出发，坚持打造让人心动的产品。与此同时，OPPO也不断在营销方式上推陈出新，以年轻人喜爱的方式与用户保持着沟通，以赢得更多年轻人的选择。

回顾2017年，OPPO除了与法国娇兰的跨界合作，还有着众多让人耳目一新的玩法。跨界时尚，OPPO携手野兽派 和《时尚芭莎》推出了新年花盒，携手上官喆推出了限量版潮流卫衣；跨界娱乐，联合浙江卫视举行了一场有史以来最不一样的年中盛典暨新品发布会；跨界体育，三度牵手巴萨，推出了业内首款一体化金属机身撞色手机——R11 巴萨红蓝撞色限量版①。

项目知识

任务一 认识新媒体和新媒体营销

随着新媒体时代的到来，新媒体逐渐渗入人们的生活。在新的价值理念的变化以及社会信息重整的背景下，新媒体营销应运而生。这不仅在商业领域带来新的商机，而且将社会群体服务引领到了社会的最前沿。作为新媒体最重要的两个领域——互联网和移动增值，不仅在新媒体市场占有着重要的席位，而

① 资料来源：手机之家http://news.imobile.com.cn/articles/2018/0123/184021.shtml.

且在市场格局中占领先地位，一时发展成为目前盈利的主流。新媒体营销将成为人们生活中的重要一环，发展成为时代发展的主流，最终带领社会进入信息化时代。

一、新媒体的界定

新媒体（New media）概念是1967年由美国哥伦比亚广播电视网（CBS）技术研究所所长戈尔德马克（P.Goldmark）率先提出的。新传媒产业联盟秘书长王斌："新媒体是以数字信息技术为基础，以互动传播为特点、具有创新形态的媒体。"美国《连线》杂志对新媒体的定义："所有人对所有人的传播。"联合国教科文组织对新媒体下的定义："以数字技术为基础，以网络为载体进行信息传播的媒介。"清华大学的熊澄宇教授认为："新媒体是一个不断变化的概念。在今天网络基础上又有延伸，无线移动的问题，还有出现其他新的媒体形态，跟计算机相关的，这都可以说是新媒体。"①

关于新媒体的界定，有如下几种观点，一种是以清华大学熊澄宇教授为代表，他认为"首先，新媒体是一个相对的概念，新对于旧而言；其次，新媒体是一个时间概念，在一定的时间段内代表这个时间段的新媒体形态；第三，新媒体是一个发展概念，它永远不会终结在某个固定的媒体形态上"②，即新媒体要不断更"新"；二是美国的《连线》杂志把新媒体定义为：由所有人面向所有人进行的传播（communications for all by all），即新媒体要向更"广"的人群；三是当代新媒体是大众传播向分众传播转变的一个标志，新媒体已经不仅仅是传统的大众传播工具，更是分众传播能够实现的最好方式，即信息传播须更"快"。

新媒体的内涵会随着传媒新技术的发展而不断更新，要准确地界定新媒体，就必须以结合历史、技术、社会来综合理解。本书中所指新媒体，是指利用各种信息化技术，通过不同的渠道以及各种服务终端向用户提供信息和娱乐服务的传播形态和媒体形态，也即是建立在数字技术和互联网基础上的各种媒体形式。

二、新媒体的特征

相对于报刊、户外、广播、电视传统意义上的媒体，新媒体被形象地称为"第五媒体"。新媒体以其形式丰富、互动性强、渠道广泛、覆盖率高、精准到达、性价比高、推广方便等特点在现代传媒产业中占据越来越重要的位置。新媒体体现了科学技术的进步、内容方式的转变、传播语境的变化、传统话语权的解构与转变。新媒体的"新"体现在以下几个方面。

1. 全方位的数字化

新媒体最为显著的特点即数字化的传播方式。科学技术的不断进步，必然带来数字化传播方式。Nicholas Negroponte在《数字化生存》一书中提出："现代信息技术的突飞猛进必然将改变人类的工作、学习、娱乐方式，即人类的生存方式。""当无数产业扪心自问'我在数字化世界中前途将如何'时，事实上，它们的前途归根结底要看它们的产品或者服务能不能转化为数字形式。"而新媒体就是通过全方位的数字化过程，将所有的文本缩减成二进制元编码，并且可以采用同样的生产、分配与储存的过程。

① 百度百科网址：http://baike.baidu.com/view/1299105.htm.

② 熊澄宇：新媒体与移动通讯[J]. 广告大观媒介版，2006（5）.

2. 互动性

提及新媒体最常提到的就是其交互性。传统的大众媒介都是单向式传播，但新媒体则突破了单向传播，增强了传播者与接收者之间的互动性。新媒体以其新兴技术，特别是互联网，可以连接网上任一用户，实现网络信息资源共享，使用户之间无障碍沟通交流。受众不再仅仅是信息的接受者，同时也是信息的传播者。交互性使传播者和接受者极易进行角色转换，这种双重身份的角色使受众可以畅所欲言，及时反馈，使媒体得以与受众在互动中同声同气。

3. 个性化

新媒体实现了信息传播与收阅的个人化。以网络环境为基础，基于信息用户的信息使用习惯、偏好和特点向用户提供满足其各种个性化需求的服务。这种新媒体提供的个性化信息服务，令信息的传播者针对不同的受众提供个性化服务。此外，受众也对信息具有同样的操控权，受众可以运用新媒体选择信息、搜索信息甚至定制信息。所以，新媒体的时代是一个“受众个性化”的时代，传统媒体中具有“被动接受信息”的受众转变为主动寻找和制作信息的用户，这是一个基于用户个人建立起来的双向交流的系统。

三、新媒体营销的界定

新媒体营销是在新媒体发展的基础上，通过新媒体这种渠道开展的营销活动。传统的营销（广告以及公关）追求的是所谓的“覆盖量”（或者叫到达率），在报纸杂志上的体现就是发行量，在电视广播上的体现就是收视（听）率。与传统的营销相比，新媒体的营销模式，突破了传统的营销模式，不仅仅能够精确地获取访问量，甚至能够收集整理出访问的来源、访问的时间、受众的年龄、地域，以及生活、消费习惯等。这样比传统营销更精准、更有效、更节省时间。而且事实表明，采用新媒体营销将会使企业能够由单极向多极发展，选择更多；企业更有效收集客户资料，针对目标客户营销；降低成本，提高效率；更快更好地进行企业品牌宣传。

总的来说，新媒体营销是基于特定产品的概念诉求与问题分析，对消费者进行针对性心理引导的一种营销模式，从本质上来说，它是企业软性渗透的商业策略在新媒体形式上的实现，通常借助媒体表达与舆论传播使消费者认同某种概念、观点和分析思路，从而达到企业品牌宣传、产品销售的目的。

四、新媒体营销的特点

1. 成本低廉

新媒体营销是数字技术发展的产物，相对于传统媒体的购买成本，新媒体成本要低得多。新媒体营销创建网络平台，减少了固定资金的投入，在新媒体营销过程中，可以借助先进多媒体技术手段，以文字、图片、视频等表现形式对产品、服务进行描述，为新媒体营销提供逼真的表现效果，从而使潜在消费者更形象更直接地接受企业的营销信息。另外，只要企业传递的信息满足消费者的兴奋点，消费者就会自动加入到信息传播中去，从而带来信息的免费传播和共享。

同步案例

三星钢铁侠限量版S6 edge：最具收藏价值的手机

2015年6月，三星手机与京东众筹联袂推出三星钢铁侠限量版S6 edge手机。在传播中，打出三星S6 钢铁侠限量版口号，并采用众筹活动交互式和众筹页面，20天支持人数超过35.95万人次，打造了全球众筹人数最多的营销案例。传播中运用“主动式分享”和“被动式分享”相结合的手段生成病毒扩散式传播，让参与粉丝“付出金钱”“付出感情”“付出人脉”，培养高黏度用户。此次品牌营销产生了65万人次的参与、920万人次点赞、筹得9854942万元，创造了新一代“现象级H5传播”，最终市场以溢价4~7倍价格争相抢购，塑成了世界首款“会增值的量产手机”①。

新媒体营销信息的传播无须经过相关行政部门的审批，简化了传播的程序；再者，网络信息传递的互动性使得营销信息能够获得“一传十，十传百”的效果，因此这种便捷式的传播方式，使得新媒体营销时间成本自然降低。

此外，新媒体营销是科学技术发展到一定程度的产物，其技术含量当然会很高，但与高端技术相比，新媒体营销的技术成本不算很高。以微博为例，微博营销对技术性支持的要求相对较弱，具体表现为企业微博的注册、认证、信息发布和回复等功能使用已经接近傻瓜化的程度。

2. 精准定位

数字技术和通信技术的发展，为营销的精准定位提供了很好的技术支持。门户网站的按钮广告、搜索引擎关键词广告以及SNS网站推广，都是基于大数据分析，都可以进行更精准的定位，满足消费者的个性化需求。

要做到精准定位和完成个性化传播，首先要解决的是细分问题，包括市场细分、客户细分、媒介细分、传播策略细分等，即确定在海量的大众消费者中谁是目标消费者？为哪个受众群体提供产品和服务？怎样选择合适的媒介进行品牌传播？传播策略为何？唯此，才能保证用最小的成本实现传播的最高精准到达，用最有效的方式实现个性化的沟通体验。

同步案例

一汽丰田大数据精准投放项目

一汽丰田2016年与市场上6家主流门户（搜狐、新浪、腾讯、网易、凤凰、今日头条）、5家主流视频（优酷、爱奇艺、腾讯视频、搜狐视频、乐视）和4家汽车垂直媒体（汽车之家、易车、爱卡、太平洋汽车）完成了技术及数据的无缝对接，为一汽丰田形成了最强大阵容的数据池，可以实现一汽丰田DMP到第三方技术公司、再到媒体的数据互通，形成了三者之间的cookie数据、人群标签两两交换的数据优化闭环。三方间的数据不断互换校正，使得一汽丰田在广告投放中可以越来越准确地找到目标受众，同时可以根据不同用户所属的人群组，采取相应的投放机制，进行“千人千面”投放，对于唯一车型关注用户、多车型关注用户、未标识用户进行不同机制、不同素材的轮播推送，同时配合跨媒体频次控制等一系列优化手段，使得广告投放更有效率，最终有效助力销售转化②。

---

① 案例来源：东方头条. http://mini.eastday.com/a/160915072223237.html.

② 资料来源：搜狐汽车网站. http://auto.sohu.com/20160812/n463882224.shtml，有删减.

精准细分将成为未来品牌传播的新趋势，以微博、微信公众平台等为代表的新媒体形式以其特有的用户管理功能为精准细分提供了载体。

从微博来说，微博是互动性极强的平台，它的互动性通过关注和被“粉”来实现。一方面，企业或机构可以通过对有潜在消费能力的用户进行关注，来寻找和观察他们的兴趣点，并围绕他们感兴趣的话题发起相应的活动；另一方面，企业或机构通过在微博平台上的活跃发声，也能吸引到一批对他们及他们的产品感兴趣的用户，让这些人自发地成为他们的粉丝。通过这样的用户筛选与吸引，这两部分人就组成了潜在的有效客户群体，使得企业在对这个群体进行品牌传播时，面对的是更加精准定位和细分的群体，从而能大大提高传播的有效性和信息的精准到达率。

微信公共平台为实现客户的精准细分和品牌传播的精准到达所做的设置，包括：第一，用户精准细分与管理。一方面为方便管理，平台对客户群体，按照年龄、地域、性别、特点、喜好、在线时间等进行细分，另一方面，为了更有针对性地服务于目标群体，平台还专门设置了自定义回复功能，通过该功能让品牌机构可根据自身需要自行定义品牌传播的关键词。第二，微信公共账号导航。微信公共账号的导航功能是腾讯公司为了增加微信手机用户的用户体验，方便他们更迅速更精准地找到他们关注和想要关注的公共账号特别推出的，账号按照行业、地区、性质、用途等关键词进行分门别类，并设有“推荐微信账号”和“微信公众账号排行榜”，提醒用户关注最新最热的账号。第三，行业精准细分与个性化客服服务。为了方便不同的品牌行业更精准地设定自己，更精准地抓住目标群体，每个行业的企业或机构还可以根据本行业特点建立自己的微信客服系统，或者进行个性化开发，这让精准传播与有效互动更近了一步。

3. 高卷入度

卷入度指的是被某个活动、事物或产品吸引进去的程度。媒体卷入度是指用户长时间接触一种或某几种媒体会逐渐形成使用习惯，并投入强烈感情。于是，不知不觉地，受众与媒体之间的关系就被定义了，受众会有意识地通过特定媒体加强与类似受众的沟通交流。我们平常所说的“媒介迷”正是这样形成的。

互联网、手机媒体等都是卷入度非常高的新媒体。用户经过一段时间媒介使用后，往往会对其产生强烈的依赖情绪，成为忠实的媒介迷，用户黏性由此形成。“用户黏性”这个词的使用始于新媒体时代，有学者将其定义为吸引和保留消费者的能力，是在互联网上表现用户和服务者之间某种关系的强度指标。传统媒体时代“忠实读者”“忠实观众”这样的用语表达，无形中显露出媒体的高高在上和驯服思维，“用户黏性”则更多了平等的意识，甚至俯下身服务的思维。

在新媒体时代，“用户黏度”被看作是衡量媒介忠诚度的重要指标，“黏度”越高越有助于实现品牌的精准传播和到达。而更为难得的是，经由同样的媒介使用习惯形成的一个个高黏度的忠实媒介迷还会不断聚合，形成一个具有相同的兴趣爱好和消费倾向的受众群，这又为个性化品牌传播打下了坚实的受众基础。

在这样的背景下，企业或机构利用新媒体进行品牌传播时，完全可以根据目标群体的媒介使用习惯，选择与之高度相关的媒体，或微博、或微信、或专业网站、相关产品的专门网络社区等进行信息的定制传播，即让最恰当的内容通过最合适的媒体平台传播到特定的群体，触动他们内心深处的共鸣，从而让他们对所传递的这个品牌产生信任与认同，最终实现有针对性的品牌传播。

同步案例

罗辑思维铁杆粉丝经济

2013年8月，“罗辑思维”开设不到一年，用户数量突破50万。此时，该公众号推出了会员付费制。这个被外界称为“史上最无理”的会员招募通知宣布，招募5000名普通会员，会员费为200元；招募500名铁杆会员，会员费为1200元。普通会员所享受的服务是获得一份礼物和优先参与活动权，铁杆会员在此基础上每月还会获得微信号运营人罗振宇推荐的一本好书以及与其互动的机会。让人意想不到的是，5500名会员资格在半天内就被抢购一空，“罗辑思维”仅用6个小时就收入160万元，甚至在名额已满后仍不断有人询问、申请成为会员，可见“粉丝经济”蕴藏的巨大价值。

在“罗辑思维”承诺公众号内容面向所有用户都免费的情况下，“铁杆粉丝”仍然愿意成为付费会员，说明该公众号具有很高的不可替代性。由此可见，增强用户黏性，不仅可以在激烈的“注意力资源”争夺战中安身立命，还可以形成盈利模式，从而做大做强[①]。

相较于广播、电视等传统媒体，微信本身就具有其独特的传播优势。在共性上，它具备互联网传播海量、及时、快速、便捷的特点。个性上，微信与门户网站、论坛、微博等相比，其互动性更强、互动效果也更好；微信的朋友圈设计使得用户之间更为了解，相互之间的信任度更高，红包、转账功能使得商业价值也更大；基于人际关系六度空间的理论，微信通过“公众号+朋友圈+微信群”形成“大众+圈子”的圈层式传播，以个人为节点，裂变式放大传播的效果。

任务二 理解新媒体营销理论体系

新媒体营销是基于特定产品的概念诉求与问题分析，对消费者进行针对性心理引导的一种营销模式，从本质上来说，它是企业软性渗透的商业策略在新媒体形式上的实现，通常借助媒体表达与舆论传播使消费者认同某种概念、观点和分析思路，从而达到企业品牌宣传、产品销售的目的。

一、新媒体营销演进与发展

新媒体营销的发展与演进和新媒体本身的发展紧密相连，从电子邮件到网络广告、从门户网站到搜索引擎、从论坛到微博微信、从PC端到移动端等，新媒体的形态、结构与技术一直都处在变革之中，以新媒体技术为基础的新媒体营销也在不断地演进与发展。

① 资料来源：新华网2015年11月13日，从“吴晓波频道”看微信公众号如何通过线上线下互动增强用户黏性.

（一）新媒体营销演进

1. Web1.0时代

Web1.0时代是网络发展的初期阶段，互联网以门户网站为核心，电子邮件营销和网络广告是这一阶段常用的新媒体营销方式。电子邮件是在20世纪60年代末、70年代初被发明，在80 年代随着个人电脑的出现得以兴起。电子邮件营销则随着“许可营销”走向成熟。网络广告是在互联网站点上发布的以数字代码为载体的各种经营性广告。搜索引擎的出现为互联网的发展注入了不同的风气，创造了独特的营销手法。

第一代搜索引擎的诞生以1994年雅虎的成立为标志，随着谷歌、百度相继成立，搜索引擎进入一个高速发展的时期。搜索引擎的宗旨是为网民解决在海量信息中搜索出有用信息的难题，基于搜索技术和用户使用特点，搜索引擎的营销目标更精准，用户的消费意愿更强，广告的展示方式也更独特。

2. Web2.0时代

即时通信工具、论坛、博客、微博等，这些打上社交烙印、赋予用户更多主动权的社会化媒体，将互联网带入到Web2.0时代。关系的聚合、用户的参与创造内容（UGC），让营销对象和信息传播格局发生重大变化。企业不能再单独决定营销的内容与形式，消费者与消费者之间的互动和传播变得格外重要。

Web2.0时代的核心是社会化媒体。最早的即时通信工具是起源于1996年11月的ICQ（I SEEK YOU）。ICQ的出现，引领了全球即时通信软件的发展和壮大，几乎每个国家都有本土化的类似ICQ的即时通讯软件产品，我国常见的即时通信工具就是QQ。即时通信工具营销就是企业通过即时通信工具与用户进行即时沟通、品牌推广等营销活动。

根据CNNIC发布的第39次中国互联网络发展状况调查结果显示，截至2016年12月，整体网民中即时通信工具用户规模达6.66亿，占网民总体的 91.1%，其中手机端即时通信用户规模达6.38亿，占手机网民的 91.8%。即时通信工具发展到现在，不再是一个单纯的聊天工具，它已经发展成集交流、资讯、娱乐、搜索、电子商务、办公协作和企业客户服务等为一体的综合化信息平台①。

同步案例

耐克与QQ合作展开危机公关

2008年奥运会，刘翔在众人的期盼中无奈地退赛，随后很多人对为刘翔提供比赛的耐克公司产生了一些质疑，耐克公司因此陷入公关危机。但是耐克公司迅速反应，与腾讯QQ联合展开了危机公关营销。

2008年奥运会之前，很多由刘翔代言的广告商都期待刘翔夺冠的那一刻，其中也包括在刘翔身上投资巨大的耐克公司。但是，就在2008年8月18日，刘翔迫于腿伤而无奈退赛，提前结束了他的北京奥运征程，这个结果对于许多品牌来说不仅仅是巨大的震撼，也带来了巨大的经济损失。很多品牌在比赛前针对刘翔卫冕或比赛失利这两种情况做出了相对应的宣传活动的准

① 中国互联网络信息中心. 2017年1月22日第39次《中国互联网络发展状况统计报告》http://www.cnnic.net.cn/hlwfzyj/hlwxzbg/.

备，但是并没有想到刘翔会退赛，因此，这样的结果让许多品牌措手不及。

作为为刘翔提供比赛服装及比赛用品的耐克公司也非常震撼和错愕。在刘翔退赛后不久，网上就有网友质疑刘翔穿的耐克鞋子可能有问题，导致刘翔脚受伤而退出比赛。另外，也有传言说，刘翔由于受到耐克的“胁迫”而退赛的传闻更让耐克公司觉得尴尬，并且立刻意识到问题的严重性，需要尽快处理好，否则可能会对品牌造成极大损害。在很多品牌还在犹豫，针对刘翔退赛要进行怎样的宣传时，耐克公司已经迅速抓住这个热点，与QQ爱墙合作，展开了网络危机公关行为。

在2008年8月18日当天，耐克公司就与腾讯合作设立了“QQ爱墙——祝福刘翔”，一经推出立刻受到了广大网友的强烈响应。在奥运会期间，每天都有数百万的网友在QQ爱墙上为刘翔祝福。耐克公司通过QQ网络通信平台，使得耐克的营销信息迅速传播扩散，使得数百万QQ用户在最短的时间内接收到此信息。

图1-3　耐克公关广告爱运动，即使它伤了你的心

耐克公司也迅速推出了“爱运动，即使它伤了你的心”的公关广告。广告使用了刘翔的大幅照片，但不再是以往奔跑的形象，而是采用刘翔平静的面孔以及一句“爱比赛，爱拼上所有的尊严，爱把它再赢回来，爱付出一切。爱荣誉、爱挫折、爱运动，即使它伤了你的心”[①]。

不同于即时通信工具，网络论坛是一种电子信息服务系统，提供一种公共电子版，每个用户可以在上面发布信息或评论回复，具有交互性、内容丰富的特点。企业可以利用网络论坛适时发布产品和服务的信息，并配以相关文字或图片、视频，具有较强的吸引力。第一个BBS系统于1978年在美国芝加哥发布，1996年以后，BBS在中国快速发展，猫扑、天涯社区先后

① 资料来源：商界http://event.sj998.com/caizhidao/461586.shtml.

创立。此后，微博、微信的兴起对网络论坛造成了不小的冲击。

博客（Blog）是继E-mail、BBS、ICQ之后出现的第四种网络交流方式。博客来源于Web Log（网络日志），是一种特别的网络个人出版形式，内容按照时间顺序排列，并且不断更新。2001年美国世贸大楼遭受“9·11”恐怖袭击，博客成为重大事件和灾难事件亲身体验的重要信息来源。

博客营销带有私人领地属性，企业可以利用意见领袖，发起话题，引起广泛讨论，进而扩大品牌知名度。但博客不利于信息的即时传播，微博则完美地解决了这个问题，于是，企业营销阵地就从博客转移到了微博。一个影响广泛而粉丝众多的“微博大V”，可以轻松左右一大批潜在消费者，或鼓励或劝阻他们购买某个公司的产品或服务。企业通过与“微博大V”联系，通过“微博大V”推荐或分享转发企业相关的产品服务信息和使用体验，以达到促进销售和提升品牌影响力的目的。

新媒体领域的发展除了社交媒体兴盛之外，就是移动化和多屏化趋势。以智能手机、平板电脑、可穿戴设备等移动端为代表的新媒体成为现在和未来重要的营销阵地。作为传统媒体的电视也开始融入新媒体之中，包括OTT、IPTV等在内的新业态电视能承载内容和交互形式，使得围绕客厅的电视终端的全新大屏产业链和生态圈形成。

移动化和多屏化的核心是手机媒体。手机媒体将服务、新闻、经济等多种功能集于一身，成为一种新的大众化媒体。2017年，全球智能手机销售量增长3%，达14.6亿部[①]。庞大的手机用户规模及手机的便携性和个性化特征，使得手机成为重要的营销载体。企业可以通过手机进行短信、APP、二维码、微信公众号等营销活动。

（二）新媒体营销的现状和趋势

新媒体营销作为一种新兴、快捷、经济的营销方式，在当前引起了中国企业的普遍关注，并呈现不断发展和壮大的趋势。

1. 新媒体营销现状

据中国互联网络信息中心（CNNIC）发布第40次《中国互联网络发展状况统计报告》，到2017年6月，我国手机网民规模达7.24亿，较2016年底增加2830万人。网民中使用手机上网的比例由2016年底的95.1%提升至96.3%，手机上网比例持续提升。上半年，各类手机应用的用户规模不断上升，场景更加丰富。其中，手机外卖应用增长最为迅速，用户规模达到2.74亿，较2016年底增长41.4%；移动支付用户规模达5.02亿，线下场景使用特点突出，4.63亿网民在线下消费时使用手机进行支付[②]。

即时通信、搜索引擎、网络新闻作为基础的互联网应用，用户规模在 2017 年上半年趋于稳定。CNNIC《报告》指出，即时通信市场差异化进一步凸显，领先企业着力流量入口潜力挖掘、内容服务连接能力和商业模式成熟度培养三方面；搜索引擎应用继续保持移动化趋势，人工智能实际应用效果尚未对用户体验带来明显提升，市场成长面临较大压力；网络新闻应用呈现出资讯聚合平台化、跨界竞争激烈化和技术核心化三方面趋势；社交应用内外发力，内部

① 南方网. http://economy.southcn.com/e/2018-01/25/content_180565278.htm.

② 中国互联网络信息中心. 2017年8月4日第40次《中国互联网络发展状况统计报告》http://www.cnnic.net.cn/hlwfzyj/hlwxzbg/.

聚焦优质内容生产，外部积极与多产业拼接融合。

表1-1　2016.12-2017.06中国网民各类互联网应用的使用率

	2017.06		2016.12		
应用	用户规模（万）	网民使用率	用户规模（万）	网民使用率	半年增长率
即时通信	69 163	92.1%	66 628	91.1%	3.8%
搜索引擎	60 945	81.1%	60 238	82.4%	1.2%
网络新闻	62 458	83.1%	61 390	84.0%	1.7%
网络视频	56 482	75.2%	54 455	74.5%	3.7%
网络音乐	52 413	69.8%	50 313	68.8%	4.2%
网上支付	51 104	68.0%	47 450	64.9%	7.7%
网络购物	51 443	68.5%	46 670	63.8%	10.2%
网络游戏	42 164	56.1%	41 704	57.0%	1.1%
网上银行	38 262	50.9%	36 552	50.0%	4.7%
网络文学	35 255	46.9%	33 319	45.6%	5.8%
旅行预订	33 363	44.4%	29 922	40.9%	11.5%
电子邮件	26 306	35.0%	24 815	33.9%	6.0%
论坛/BBS	13 207	17.6%	12 079	16.5%	9.3%
互联网理财	12 614	16.8%	9 890	13.5%	27.5%
网上炒股或炒基金	6 848	9.1%	6 276	8.6%	9.1%
微博	29 071	38.7%	27 143	37.1%	7.1%
地图查询	46 998	62.6%	46 166	63.1%	1.8%
网上订外卖	29 534	39.3%	20 856	28.5%	41.6%
在线教育	14 426	19.2%	13 764	18.8%	4.8%
网约出租车	27 792	37.0%	22 463	30.7%	23.7%
网约专车或快车	21 733	28.9%	16 799	23.0%	29.4%
网络直播	34 259	45.6%	—	—	
共享单车	10 612	14.1%	—	—	

截至 2017 年 6 月，我国使用网上支付的用户规模达到 5.11 亿，较 2016 年 12 月，网上支付用户增加 3654 万人，半年增长率为 7.7%，我国网民使用网上支付的比例从 64.9%提升至 68.0%。其中，手机支付用户规模增长迅速，达到 5.02 亿，半年增长率为 7.0%，网民手机网上支付的使用比例由 67.5% 提升至 69.4%[①]。

企业利用互联网展开营销活动，即时聊天工具营销推广最受企业欢迎，使用率为 64.7%；

① 中国互联网络信息中心．2017年8月4日第40次《中国互联网络发展状况统计报告》http://www.cnnic.net.cn/hlwfzyj/hlwxzbg/.

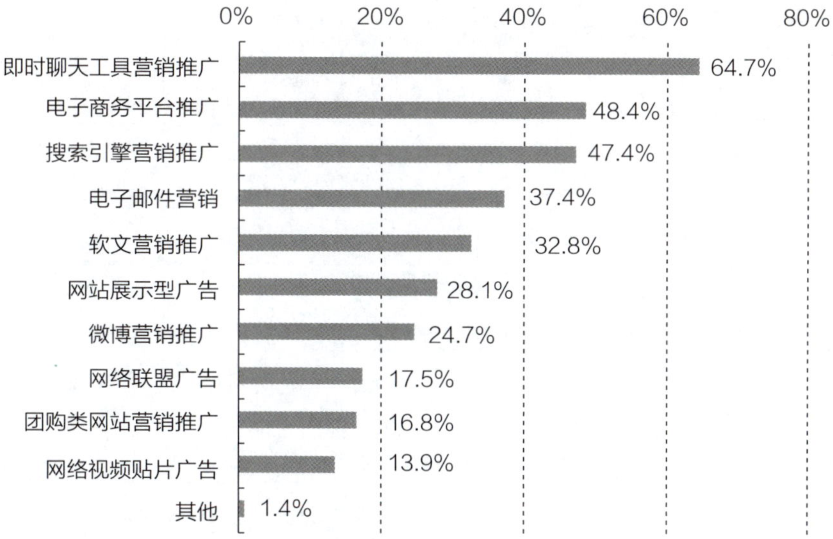

图1-4　企业各种互联网营销方式利用率

电子商务平台推广、搜索引擎营销推广分列二、三位，使用率分别为48.4%和47.4%[①]。互联网在网民生活中的渗透范围不断扩大、渗透程度逐渐加深，企业开展互联网营销的方式也随之不断创新。

与传统媒体相比，新媒体营销呈现网络社区化态势，随着Web2.0的发展，网络社区成为新媒体营销的主要阵地。随着消费者需求的多样化，传统媒体、网络媒体等提供的信息呈现“碎片化”的状态，各种媒体信息需要二次整合。得益于双向的信息流通渠道、畅通的网络平台，在新媒体营销模式呈现多元化的发展趋势的同时，精细营销也是新媒体营销的一个重要体现。当然，由于现有制度和体系的缺失，新媒体营销也有其面临的困境，比如数字营销、评价体系、代理公司角色定位等方面。

2. 新媒体营销的发展趋势

新媒体的快速发展，不仅极大地改变了消费者的媒体接触习惯和消费观念，也改变了企业的营销观念与营销模式。

（1）手机营销凸显其重要地位。智能手机的便携性、个性化、对用户碎片化时间的良好利用率等特征，使其得到了消费者的钟爱。手机营销以广泛的受众群体为基础，为企业营销提供了良好的平台。新媒体的发展导致80后和90后群体的生活形态日益多元化，他（她）们在互联网中长大，沉溺于从网络获取资讯和娱乐，而日常的生活方式又被各种各样的数字户外屏幕所包围，手机更是24小时都伴随的媒体。

（2）社交媒体营销成为主要营销方式。互联网与移动应用改变了人们的生活、工作、娱乐、学习的方式，在消费者的生活时钟里，除了看电视、看报纸、逛街、差旅等传统行为，收邮件、搜索信息、上论坛、写Blog、收发短信、微博、微信以及在线交易等由互联网与移动互联创造的生活方式已成为消费者的生活环节与方式。互联网下的社交媒体就是人们与志同道

① 中国互联网络信息中心. 2016年1月22日第37次《中国互联网络发展状况统计报告》http://www.cnnic.net.cn/hlwfzyj/hlwxzbg/

合的人分享信息、建立网络关系的社群所组成。

图1-4所列企业运用互联网进行营销推广的方式中，基本都属于社交媒体营销的范畴，已成为新媒体营销的主要战场。利用社交媒体展开的营销具有全新的广告投放模式、媒体策略、传播策略、信息传播方式，企业需要转变营销思路和策略，借助社会化媒体优势，根据不同人群在不同社群的行为特点，展开创意策划和营销推广活动，以实现品牌营销目标。

同步案例

罗辑思维："柳桃"就是这样成为了一枚病毒案例

2014年10月8日，柳传志在罗辑思维上发英雄帖，为联想旗下农业品牌佳沃生产的"柳桃"征集营销方案，并点名向雕爷、白鸦、王兴、同道大叔、王珂五人求教。

根据罗辑思维提供的数据，"柳传志卖柳桃"在罗辑思维的微信公众号上累计点击超过500万次，被网友转载至各大社交媒体刷屏。话题发出的几天之后，项目组收到了来自全国各地网友的4000份策划案，他们后来建立微信群，把这些网友经营起来，这就有了柳桃的第一批铁杆粉丝和智囊团。

柳传志的"英雄帖"10月8日发出。9日，同道大叔回应；10日，雕爷回应；11日，社群来稿，从包装、体验、玩法上支招；12日，王珂回应；13日，白鸦回应；14日，王中磊响应；15日，柳桃在罗辑思维上开售；16日，10000盒柳桃在5个小时内售罄。中间，王中磊突然跳出来支招，虽然是为了新戏《撒娇女人最好命》做宣传，但王中磊的方案：订制柳桃"撒娇版"，由女生下单，向男生撒娇求付款，确实被判断可行。况且，这个方案还把柳桃原本的目标用户——女神、辣妈刚好拉进来了。目前，佳沃已经和京东、1号店、天猫、本来生活网、辣妈帮都有合作①。

社交媒体的具体形态还会不断发展演变，在社交媒体时代，企业要真正与消费者互动，需要了解消费者感兴趣的内容，将营销信息更多地融入目标消费者感兴趣的内容中。成功的社交媒体具有彼此之间的联系强度，彼此之间价值观、生活方式的相似度、彼此之间交流信息的可信度三个指标。企业针对某种特定的品牌建立网络论坛，当相关品牌的追随者们遇到志同道合的人，便会建立虚拟论坛以跨越地理、语言和文化的界限，使网络上的志同道合者获得归属感。基于社交媒体建立的品牌社区是目前品牌营销的重要方式，实践证明也是有效的。

（3）视频营销发展迅速。视频营销结合了"视频"与"互联网"优势，以其感染力强、互动性强、传播迅速、成本相对低廉等优势迅速赢得企业青睐。在网络时代，人们的注意力很容易被分散，而视频可以更形象、深入、有趣地与消费者进行沟通，容易得到消费者的免费传播和参与。

集试听、可移动、可参与三位一体的视频更容易取得良好的传播效果，具有更大的营销潜力。随着数字技术的发展和互联网应用形态的改变，手机营销、社交营销、视频营销将走向融合，为用户提供更好的体验，为企业创造更好的营销效果。

① 罗辑思维："柳桃"就是这样成为了一枚病毒案例. 虎嗅网https://www.huxiu.com/article/109751/1.html.

二、新媒体营销的理论基础

1. 参与化与合作营销

以互联网为核心的新媒体，其信息传播具有去中心化的特质，互动、共享、参与成为新媒体时代的核心概念。

（1）开放性的媒体平台。互联网的发展从封闭走向了开放。用户需求从最初的接入互联网到从互联网中获取信息，再到希望企业提供丰富有趣的应用，用户需求多变且多样，互联网也经历了接入为王、内容为王、应用为王到服务为王的阶段。开放性平台成为新媒体的主导趋势和潮流，成为创新者和创业者的乐土。

同步案例

2007年5月24日，Facebook首届F8开发者大会在美国加州旧金山设计中心（San Francisco Design Center）举行，Facebook 创始人、CEO马克·扎克伯格（Mark Zuckerberg）首次登上舞台，面向800多名开发者、投资人和创业家发表主题演讲，称上线刚3年的Facebook将改变互联网。扎克伯格发表言论："如今的社交网络都是封闭平台，Facebook将终结这一现状。演进后的Facebook平台将面向全世界的开发者开放，任何开发者都可以在Facebook的框架内开发完整的面向顶级社交图谱的应用程序。"

Facebook开放平台向开发者们提供了接入2400万Facebook注册用户的权利。如今 Facebook平台由四部分组成：通用注册工具 Facebook Connect，可让应用用户互相分享信息和内容的开放图谱（Open Graph），广告和付费业务以及移动开发平台Parse推出的应用服务。

图1-5　Facebook创始人、CEO马克·扎克伯格（Mark Zuckerberg）

开放平台本身具有多元化、高自由度、需求匹配精确、用户数量巨大等特性。庞大的用户群，开放、便捷的应用搭载，高速、高效的传播，都让开放性的媒体平台成为最热门的营销平台。作为一种媒体平台，新媒体的开放性不仅体现在对应用程序的搭载上，还体现在它对用户的搭载，即用户可以自由地申请、加入博客、微博、微信等媒体平台，将自己的自媒体搭载在这些新媒体平台上。正是对应用程序、对用户的开放态度，让新媒体成为真正的开放性媒体平台。

（2）营销的参与化时代。随着开放性平台的不断发展和完善，消费者能够用来表达自己意见和看法的途径越来越多，也越来越便利。在新媒体时代，消费者的营销参与和传播参与都变得更加方便。口碑营销的影响力在新媒体时代得到前所未有的彰显。

"参与化时代"在菲利普·科特勒看来是营销3.0时代的首要特征。参与化时代的表现就是"人们在消费新闻、观点和娱乐的同时也主动创造它们。"[①]

---

① [美] 菲利普·科特勒，等. 营销革命3.0：从产品到顾客，再到人文精神[M]. 北京：机械工业出版社，2011.

社会化媒体主要有表达性媒体和合作性社会媒体两大类。表达性社会媒体主要包括博客、微博、微信、视频分享网站、照片分享网站及其他各种社交网站。社会化媒体的个人表达性越来越强，消费者的意见和体验对其他消费者的影响越来越大，消费者在各种终端设备中一直在线的状态也越来越常见。

合作性社会媒体主要包括维基百科、百度百科、知乎等网站，主要以开源为特征。像维基百科和百度百科这些网站的内容很多就是由众多网友自发共同完成，为这个共同作品创建了无数主题和条目。知乎以“与世界分享你的知识、经验与见解”赢得广大消费者认可。在最主要的知乎问题页面，用户可以对相关问题进行修改、评论、举报和管理投票。

消费者之间的相互影响和合作正在逐渐影响企业的营销思路，企业更加重视消费者的意见和想法，强调互动和参与，将消费者的参与纳入到企业营销的常规过程体系之中。

同步案例

ALS冰桶挑战赛

“冰桶挑战”由美国ALS协会发起，本意是为ALS患者进行筹款，并呼吁社会关注ALS病人。规则很简单，挑战者需拍摄头浇冰水的视频，上传互联网再提名三人，不应战者捐出100美元善款。受ALS邀请，美国波士顿学院棒球队的前队长皮特·弗拉茨成为第一个浇冰水并上传视频的人。皮特·弗拉茨在27岁时被检测出患有ALS症。

从美国新泽西州州长点名Facebook创始人马克·扎克伯格开始，这场公益活动迅速在互联网行业流传开来。马克·扎克伯格点了比尔·盖茨，后者点了俄罗斯DST创始人尤里·米尔纳。

2014年8月17日，冰桶挑战赛来到中国，雷军等被点名。一加科技CEO刘作虎给了自己一桶冰水，并点名奇虎360CEO周鸿祎、华为荣耀CEO刘江峰、锤子手机CEO罗永浩。中国的“冰桶挑战”仅用53个小时就在新浪微博话题榜上取得了4.4亿的阅读量和53.2万的讨论量。

随着微软创始人比尔·盖茨、NBA球星科比、苹果CEO（首席执行官）库克、百度CEO刘彦宏、歌手王力宏、富士康董事长郭台铭等各界名人纷纷参与，“冰桶挑战”在全球掀起了全民“浇水”的狂欢。截至8月19日，ALS协会新增30万新捐助者，获得2290万美元的捐助，相比2013年同期的190万美元增长逾11倍。①

营销的参与化重塑了消费者与企业之间的关系。消费者积极参与到企业的生产与营销活动的创意中，与企业互动交流，而企业通过与消费者的合作，进一步加强消费者与品牌之间的联系，实现消费者价值最大化。

2. 新媒体时代的关系营销

关系营销的主题一般包括：客户满意度、客户价值、互信、承诺等。关系营销要求企业对客户的需求和特征有深入的、个性化的理解。社交媒体的流行改变了企业与消费者、股东及其他潜在的合作伙伴的联系方式，企业的关系营销面临着新的挑战和机遇。在新媒体时代，企业需要重新思考利益相关者，需要对影响者做出新的定义和理解。

---

① 冰桶挑战：公益活动变成互联网巨头的公关秀？网易科技，http://tech.163.com/14/0820/13/A43JS3RJ000915BF.html.

知识拓展

利益相关者和多重影响者

1．利益相关者

顾客。顾客是企业生存和发展的基础，市场竞争的实质就是竞争顾客资源。只有为顾客提供满意的产品和服务，才能使顾客对产品进而对企业产生信赖感，成为企业的重要顾客。在企业关系营销中，顾客是营销活动的中心和出发点。

渠道合作伙伴：企业供销商。渠道合作伙伴主要是指企业的供应商和分销商。当前，电商、微商成为新的销售平台，淘宝、京东、微信等既是分销渠道，又是营销推广的媒体渠道，它们对企业具有双重渠道意义。

企业内部成员：员工和股东。员工关系是最重要的内部关系，员工与企业有着共同的利益，也是企业形象的主要体现，代表着企业进行各种经营活动，最直接反映企业的形象和声誉。股东是企业的主要投资人，与企业的生存和发展休戚相关。

竞争者。在市场竞争日趋激烈的形势下，企业之间不仅存在竞争，还存在合作的可能，以合作代替竞争，实行强强联合，依靠各自资源优势实现双方利益最大化是大势所趋。

2．多重影响者

对消费者的消费意愿、观念、态度发生影响的个人、群体、组织或社区就是影响者。美国口碑营销协会提出了五种影响者：官方权威、机制认可的专家与提倡者、媒体精英、文化精英、社交联结①。

关系营销能起作用的原因在于，人们总是愿意与他们认识、喜欢、信任的人做生意。社交网络的迅猛发展促使全球沟通方式及经营方式发生巨大转变。企业要能够通过微博、微信、电子邮件等社交媒体来培育关系。

在社交联结、人脉枢纽成为重要影响者类型的网络时代，企业营销需要把握营销的关键节点，以更高的真诚度，“关注整个世界和世界中的所有人”，为其量身打造营销活动，让贴心的感动化为购买的冲动，并且主动向朋友宣传这样难忘的体验。

3. 大数据与新媒体营销

技术是新媒体营销得以实现的基础条件和保障，技术在很大程度上决定了新媒体营销的能力、效果和未来发展的方向。

（1）大数据。数据是沟通企业和用户的信息，具有重要的营销价值。在社会化应用及云计算背景下，网民的网络痕迹能够被追踪、被分析，企业或第三方服务机构借助这些数据为企业的营销提供咨询、策略、投放等营销服务的行为，就是大数据营销。

大数据能够适时反馈和预测社会行为，通过对目标群体网络痕迹的分析获取其生活方式、媒介接触方式及消费习惯等方面的数据，获取大量的消费者信息，帮助企业了解消费者，调整营销策略。

大数据营销主要方式有三个方面：一是基于大数据洞察内容的推广活动。企业通过大数据

① 邱淑华，黄昭谋，黄裕峰.多重影响者：一种公关的操作模式与实践[J].现代公关，2014（12）.

的分析定位出特定潜在需求的受众人群，并对该群体进行定向推广。针对已有消费者，根据其网页浏览痕迹及网络搜索行为，分析消费者的购买偏好及购买特点，进行产品和活动推广。通过消费者的个人特征，将其细分为不同的类型，并对不同消费者类型的特点进行整理和总结，最后对其进行针对性的营销推广。

二是基于用户需求制作和改善产品。消费者遗留下来的数据会成为企业下一轮开发和制作新的产品与服务的依据。

三是提供对未来的预测和决策的依据。大数据技术通过对数据进行统计和分析，并结合一定的模型，可以预测未来某个事件的走势，为企业决策者提供依据。

同步案例

谷歌用大数据预测甲型H1N1流感

在甲型H1N1流感爆发的几周前，互联网巨头谷歌公司的工程师们在《自然》杂志上发表了一篇引人注目的论文。它令公共卫生官员们和计算机科学家们感到震惊。谷歌通过观察人们在网上的搜索记录来完成这个预测，谷歌保存了多年来所有的搜索记录，而且每天都会收到来自全球超过30亿条的搜索指令，如此庞大的数据资源足以支撑和帮助它完成这项工作。

发现能够通过人们在网上检索的词条辨别出其是否感染了流感后，谷歌公司把五千万条美国人最频繁检索的词条和美国疾控中心在2003年至2008年间季节性流感传播时期的数据进行了比较。

谷歌设立的这个系统唯一关注的就是特定检索词条的频繁使用与流感在时间和空间上的传播之间的联系。谷歌公司为了测试这些检索词条，总共处理了4．5亿个不同的数字模型。在将得出的预测与2007年、2008年美国疾控中心记录的实际流感病例进行对比后，谷歌公司发现，他们的软件发现了45条检索词条的组合，一旦将它们用于一个数学模型，他们的预测与官方数据的相关性高达97%。2009年甲型H1N1流感爆发的时候，与习惯性滞后的官方数据相比，谷歌成为一个更有效、更及时的指示标。公共卫生机构的官员获得了非常有价值的数据信息。

谷歌公司的方法甚至不需要分发口腔试纸和联系医生——它是建立在大数据的基础之上的。这是当今社会所独有的一种新型能力：以一种前所未有的方式，通过对海量数据进行分析，获得有巨大价值的产品和服务，或深刻的洞见。基于这样的技术理念和数据储备，下一次流感来袭的时候，世界将会拥有一种更好的预测工具，以预防流感的传播①。

（2）数字营销。随着科学技术的不断发展，每一次技术革新都预示着下一个市场爆发的临界点。数字营销就是利用互联网技术、通信技术和数字媒体交互技术，以精准、有效、节约成本的方式来挖掘新的消费者、维系消费者关系、达到营销目标的营销活动。数字营销和新媒体营销这两个概念通常所指代的其实是一种类型的营销活动，因为数字营销大多数都是基于网络技术的使用，离不开网络新媒体这个重要的介质。但是两者还是略有区别的，数字营销着眼于数字化技术以及由此带来的信息处理能力和计算能力的飞跃，而新媒体营销强调营销开展的新场域，即新媒体的作用和价值。

① 邹晓辉．谷歌流感预测——大数据在公关卫生领域的尝试[J]．中华预防医学杂志，2015(6)．

由于数字营销具有集成性、个性化服务、更丰富的产品信息、更大的选择空间、更低廉的成本优势、更灵活的市场等特点，更多的企业开始尝试运用数字营销方法，数字营销已成为大势所趋。

4. 营销新革命

营销大师菲利普·科特勒提出的营销3.0理念，符合当前参与化和创造性成为社会趋势，也符合充满着全球化矛盾的整体社会环境，他认为营销3.0时代以合作营销为内容、以文化营销为背景，通过提供精神营销的方式来进行营销。他认为营销3.0时代需要的是“价值观驱动的营销”[①]。

知识拓展

营销1.0、营销2.0和营销3.0

菲利普·科特勒把营销分为三个时代，第一个时代就是营销1.0。正如亨利·福特所言：“无论你需要什么颜色的汽车，福特只有黑色的。”这就是以产品为中心的时代。这个时代的核心是产品管理，营销也被局限于支持生产活动的七大功能之一，它的主要功能是为产品创造需求。麦卡锡的4P理论被奉为1.0时代的圭臬：开发产品、制定价格、进行促销和建立渠道。简而言之，此时营销尚停留在战术阶段，它几乎不需要任何创新。营销1.0时代基本上是卖方市场的时代。

从20世纪70年代开始，全球逐渐进入买方市场时代：产品日益丰富，为争夺顾客，企业之间开始了盲目的竞争。这时候更多的营销因素诞生了，比如4C所强调的顾客、成本、便利性和沟通，营销也因为处于顾客需求不足的时代而愈发引起企业重视，逐渐从战术层面上升至战略层面。营销者认识到，要更有效地创造需求，必须改变以产品为中心的方式，转变为以顾客为中心。STP战略的出现是营销2.0时代的核心标志，它强调市场细分（Segmenting market）、目标市场（Targeting market）和定位（Positioning）。事实上，这是当下营销中最常用的营销战略模式。

从20世纪90年代开始，电脑、互联网逐渐进入人们的生活。随着网络化的深入，人类也开始变得高度互联，信息不再是稀缺资源，消费者的消息变得异常灵通，同时也极大地促进了口碑的传播。为了适应这些新的变化，营销者又一次开始了营销变革，更专注于人类的情感需求。新时代的营销概念也应运而生，比如情感营销、体验营销、品牌资产营销等。先前的以消费者为目标的传统市场定位模型已经无法继续创造需求，现在的营销者必须同时关注消费者的内心需求。这就是科特勒所说的营销3.0。

在营销3.0时代，营销呈现水平化趋势，产品管理将由简单的产品打造向协同创新转变。消费者作为一个完整的个体存在，企业品牌价值不能仅仅停留在产品功能描述层面，应关注品牌在消费者心理所占据的地位以及品牌与消费者产生的情感共鸣。

三、新媒体营销的常用方法

新媒体营销常用方法与新媒体营销常用通道是分不开的。新媒体营销常用通道与网络媒体

①（美）菲利普·科特勒，等. 营销革命3.0：从产品到顾客，再到人文精神[M]. 北京：机械工业出版社，2011.

分不开，包括以展示、搜索、联盟、赞助等形式出现的常规网络媒体，新生代的社交媒体，结合移动互联网技术、通信技术和小屏幕装备的移动终端，集互联网、多媒体、通信等多种技术于一体的网络协议电视等。

常用的新媒体营销方法按营销策略的侧重点分为内容营销、参与式营销与个性化营销。

1. 内容营销

内容营销，指的是以图片、文字、动画等介质传达有关企业的相关内容来给客户信息，促进销售，就是通过合理的内容创建、发布及传播，向用户传递有价值的信息，从而实现网络营销的目的。他们所依附的载体，可以是企业的LOGO（VI）、画册、网站、广告，甚至是T恤、纸杯、手提袋等，根据不同的载体，传递的介质各有不同，但是内容的核心必须是一致的。

知识拓展

事件营销

事件营销就是通过把握新闻的规律，制造具有新闻价值的事件，并通过具体的操作，让这一新闻事件得以传播，从而达到广告的效果。事件营销是今年来国内外十分流行的一种公关传播与市场推广手段，集新闻效应、广告效应、公共关系、形象传播、客户关系于一体，并为新产品推介、品牌展示创造机会，建立品牌识别和品牌定位，形成一种快速提升品牌知名度与美誉度的营销手段。

2. 参与式营销

参与式营销就是将品牌建设的“话语权”交到了网络用户手中。伴随着消费者意识的崛起，多元媒体渠道的涌现，人们的消费观念正在发生变化，从最早期的“功能式”消费，演变为后来的“品牌式”消费，再到“体验式”消费，而现在，已经进入了“参与式”消费时代。这也意味着消费需求发生了一次关键的跃迁——消费需求第一次超出了产品本身，不再囿于产品的物化属性，更多延伸向了社会属性：买东西能让我参与到什么样的新体验参与进程中去。

知识拓展

病毒营销

病毒营销又称病毒式营销、病毒性营销、基因营销或核爆式营销，是利用公众的积极性和人际网络，让营销信息像病毒一样传播和扩散，营销信息被快速复制传向数以万计、数以百万计的观众，它能够像病毒一样深入人脑，快速复制，迅速传播，将信息短时间内传向更多的受众。病毒营销是一种常见的网络营销方法，常用于进行网站推广、品牌推广等。

病毒营销是口碑营销的一种，菲利普·科特勒将21世纪的口碑传播定义为：由生产者以外的个人通过明示或暗示的方法，不经过第三方处理、加工，传递关于某一特定或某一种类的产品、品牌、厂商、销售者，以及能够使人联想到上述对象的任何组织或个人信息，从而导致受众获得信息、改变态度，甚至影响购买行为的一种双向互动传播行为。

同步案例

百事可乐2015把乐带回家

2015年伊始，百事在徐家汇标志性的四块LED大屏幕上别出心裁地呈现出“I CAN I UP”的宣言，彰显年轻人“我行我就上”的青春个性，也宣告百事“把乐带回家2015”众创大电影征集活动自2015年1月1日起面向全球华人正式启动。

百事与美拍跨界合作，在线上推出“百事美拍”，同时线下给产品也换了全新包装，直接用手机便可扫二维码参与活动，用镜头记录并分享与家人或朋友过年团圆的快乐时刻，抓住了参与式营销的精髓。消费者不再只能吐槽“烂片”，而是可以自己拿起手机用自己的方式讲故事，践行I CAN I UP宣言，我行我就上，让消费者自发地为品牌传播口碑。

百事抓住了年轻消费群体这一痛点，在春节这个对于华人而言存在特殊情感诉求的节日，号召参与者不仅如平常一样“自拍”，也去拍自己最亲密的家人、朋友，用自己的方式与亲人共同创造出属于自己的《把乐带回家》微电影，真正参与到创作中。

2015年“把乐带回家”的百事家族成员除了黄晓明、蔡依林、罗志祥、郭采洁的参与外，还有新晋男神李易峰以及红爆网络的万万团队加入。

黄晓明首次带上爸妈，一家三口上演包饺子大赛；蔡依林怀抱萌宠比熊Whoo Hoo向所有观众拜年；罗志祥则与七位好兄弟共同出镜，欢笑不断；郭采洁祖孙三代，上演豪华温馨全家福；李易峰与妈妈酷似姐弟，亲密无间；来自“万万没想到”团队的叫兽、孔女神和王大锤齐上阵，鼓励大家在新的一年继续追梦。明星们各显其能，用自己独特的方式真实还原各自家庭的味道，上镜演绎各自最真实的“把乐带回家”。

值得一提的是，明星们参与“把乐带回家2015”与往年最大的不同点在于明星们不再只是“演员”，而是首次自己担当导演，亲身实践百事“I CAN I UP”，玩转参与感，与自己最亲密的家人、朋友共同完成贺岁大片①。

3. 个性化营销

个性化营销即企业把对人的关注、人的个性释放及人的个性需求的满足推到空前中心的地位，建立消费者个人数据库和信息档案，与消费者建立更为个人化的联系，及时地了解市场动向和顾客真正需求，向顾客提供一种个人化的销售和服务，顾客根据自己需求提出商品性能要求，企业尽可能按顾客要求进行生产，迎合消费者个别需求和品位，并应用信息，采用灵活战略适时地加以调整，以生产者与消费者之间的协调合作来提高竞争力，以多品种、中小批量混合生产取代过去的大批量生产。

① 百事玩转参与式营销：把乐带回家怎么拍？你说了算. 网易新闻，http://news.163.com/15/0108/20/AFFB2CL400014AEE.html.

任务三 新媒体营销岗位认知

与新媒体相关的工作岗位包括新媒体运营（包括新媒体策划与推广）、新媒体编辑（包括新媒体文案撰写）等，一般要求对主流的社会化媒体微博、微信、QQ空间的运营要熟悉，有一定的实际操作经验；能撰写内容策划及活动策划，能提高粉丝的活跃度；会撰写促销活动及文案。

一、新媒体运营岗位

新媒体运营岗位主要负责企业新媒体项目的运营以及新媒体团队的建设，要主持、负责企业新媒体如APP、官方微博、微信平台等的策划、运营以及推广，并且及时跟踪评估新媒体营销方案的实施效果，拓展新媒体合作伙伴，维护客户关系。

1. 工作内容

新媒体营销运营岗位主要工作一般包括：负责移动互联网自媒体平台（微信、微博、手机终端为主）的日常运营及推广工作；能够独立运营微信公众号，为粉丝策划与提供优质、有高度传播性的内容；负责策划并执行微信营销线上日常活动及跟踪维护，根据项目发送各种微信内容；负责增加粉丝数，提高关注度和粉丝的活跃度，并及时与粉丝互动；挖掘和分析网友使用习惯、情感及体验感受，及时掌握新闻热点，有效完成专题策划活动；紧跟微信发展趋势，广泛关注标杆性公众号，积极探索微信运营模式；充分了解用户需求，收集用户反馈，分析用户行为及需求。

2. 任职资格

新媒体营销运营岗位一般要求入职者为广告传播、计算机、新闻或文学相关专业；熟练PS、网络技术；有计算机基础；热爱社交媒体，如微博、微信等；有文案、策划、媒体实习经历者优先；对新媒体营销和传播方式的了解；责任心强、亲和力，有良好的沟通、实施能力及团队合作精神；有文字功底，阅读能力。

新媒体运营初始岗位为运营专员，发展岗位为运营主管或运营总监。

同步案例

智联招聘“新媒体营销”岗位

岗位职责：

（1）制定和执行公司线上推广方案，负责线上推广内容设计，包括但不限于EDM；

（2）深度参与公司网站设计优化及品牌推广计划；

（3）负责线上新媒体的日常更新运营，包括日常推送内容的策划、撰写发布、网络推广，粉丝的互动等；

（4）协助公司网站的修改建设、内容更新及后台维护，独立对接网站供应商的沟通、工作进展与监管；评估、分析网站的关键词等；

（5）协助线上、线下相结合的市场活动；

（6）利用各种数字化营销互动机制，提升公司曝光度和美誉度，从而促进品牌形象。

任职要求：

（1）营销、广告、设计类相关专业；会使用PS，Dreamweaver；

（2）对互联网和数字化营销有一定的了解和认识，熟悉主流的数字化营销方式；

（3）有优秀的审美能力，可完成较高质量的H5以及网页设计，会简单的稿件撰写；

（4）热爱市场工作，责任心强，突出的团队合作及沟通能力，能承受一定工作压力；

（5）有网站推广和培训行业经验者优先①。

二、新媒体编辑岗位

新媒体编辑是随着各种新媒体的产生和兴盛而出现的编辑职业群体，他们既与传统报刊、广播、电视等媒体编辑有着传承的关系和共性，同时又有自身基于新媒体的特性。新媒体编辑素养的要求与提升在很多方面与传统编辑是一样的，但由于新媒体编辑职业特性的不同，素养内涵也有自己的特殊要求。

1. 新媒体编辑需具备的素养

（1）IT素养。新媒体编辑只有努力培养和锻炼自己的计算机和网络技能，不断学习、吸收新的网络知识和技能，才能不断改进工作方式、提高工作水平和效率、迎接新时代的挑战。

新媒体编辑必须具备熟练的网络技能，熟练地驾驭网络交互方面的技能是对新媒体时期编辑的基本要求。编辑只有熟悉了网络技术的设计原理，才能根据自身的专业对新闻的传播与制作进行技术处理，进而在掌握网页制作技术的同时，使新闻传播的特性符合网站设计需求，完成新闻传播工作，并符合新闻传播应具有的特性，从而避免时间上的延迟以及效果上的折扣。

（2）信息处理与整合素养。信息处理素养包括对海量信息的甄别力、整合力、策划力、影响力、互动力以及对市场观察的敏锐力等，这是新媒体编辑素养中非常重要的部分。

新媒体编辑要运用独特的选取和编排资料的方法，赋予这些材料以独特的组织结构和表现形式，所以，新媒体编辑素质的高低决定了媒体内容质量的高低，甚至决定着新媒体的命运。

同步案例

智联招聘②：新媒体部编辑岗位职责

岗位职责：

（1）负责公司及客户微信公众平台的运营，包括日常运营管理，内容更新等；

（2）结合热点，策划微信端线上及线下活动，并执行；

（3）通过有效的运营，增加有效粉丝和文章阅读量；

（4）负责分析微信运营数据，撰写运营报告；

（5）完成各种运营指标。

① 智联招聘. http://www.zhaopin.com/zhiwei/xmtyx/.

② 智联招聘. http://www.zhaopin.com/zhiwei/xmtbbj/.

任职要求：

（1）熟悉网络编辑或推广文案写作，有较强的文字编辑能力；

（2）会用简单制图工具，微博控、微信控优先；

（3）有创意，思维活跃，逻辑思维强，表达能力好；

（4）新闻、广告、传播等相关专业优先；

（5）一年以上新媒体运营经验。

2. 新媒体编辑的工作流程

（1）内容生成。选题策划：固定栏目、稳定预期；收集素材：随时收藏（知乎、微博、搜狗、微信、百度）；成文定稿：形成良好的写作习惯，最先敲定标题，重点标粗；预览优化：形成固定的检查习惯，效果和语感；按时发布。

（2）内容运营。用户调研：了解用户的真实生活；数据复盘：有趣公众号，多看转发数据；有用的内容，多看收藏数据；热点事件：精编+预览+发动熟人转发；重点群维护：真诚推荐重点文章；朋友圈推广：话术+态度；精选合集：本周精选、本月精选、分类汇编、阅读100篇等；历史文章追踪：定期查看重点文章；用户反馈整理：截图用户评论，多加用户好友。

知识拓展

新媒体文案撰写岗位

1. 岗位职责

能及时捕获行业热点、大事件，懂得借势营销，结合公司调性找噱头撰稿，策划炒作内容；保证日常PR稿件输出的质与量，文字功底深厚，能将复杂的术语或事件以通俗易懂的文风表达出来，逻辑性强，执行力够；有品位，文艺范，会各种体、各种段子、各种文风、各种场景的可传播性文案；负责公司历史性资料的收集和整理，品牌手册的内容填充，定期整理竞品文案分析报告，负责平台所有对外宣传文字斟酌与润色；根据产品特点和宣传策略规划平面、网络的创意与文案撰写，能够洞察用户心理，以创意方式吸引用户，创意要求与整体宣传策略相匹配；深入理解产品，善于捕捉产品亮点，对产品创意和产品卖点能进行深入发掘和提炼，撰写产品广告文案，产品介绍以及产品特性描述等资料；不断完善产品的素材库，确保产品在推广期、非推广期都有充裕的素材使用。

2. 任职资格

中文、广告、新闻等相关专业；有互联网类记者编辑、品牌文案工作经验，有互联网行业经验者优先；对互联网事件和行业热点把握精准，具备敏锐的市场洞察力、独特的视角，熟悉新媒体传播特点；具备良好的文字驾驭能力和视角独到的文案创作能力，较强的编辑整合能力，有自己的博客或公众号的优先；视野开阔，思维敏捷；有良好的沟通表达能力和团队协作能力，工作效率高，抗压性好；对生活品质有追求且脑洞大。

三、新媒体营销人才素养

随着“互联网+”思维深入人心，互联网企业纷纷与传统企业相结合。在实践中，不仅是传统企业运营新媒体人才缺乏，即便是互联网企业也普遍感觉缺乏合格的、能胜任的新媒体营销人才。要成为一个新媒体运营人才，除了储备专业理论知识外，还应具备以下素养。

1. 网络敏感度

网络敏感度即是“网感”，要求新媒体营销人员了解互联网文化，懂得传播理论与策略，在发生热点新闻事件的时候，可以及时地追踪并做出反应。要积累网感，平时就要及时了解互联网动态，关注热点事件的演化，分析其背后的传播规律。

具体而言，积累网感包括时刻关注微博热搜榜、关注百度新闻“热搜词”、关注微信公众号等互联网热门资讯和前沿动态。

2. 互联网思维

要提升专业度，训练互联网思维，可以主动、系统地阅读有关传播学、营销学、社会心理学、游戏设计等方面书籍，这些专业知识和内容形成的思维与互联网结合，将会产生复合能量效应。

3. 策划能力

对于新媒体运营者来说，要对互联网产品和技术有较强的理解力，能够根据需要制定相应营销策划方案并推动实施。无论针对活动内容还是创意策划，从想法的产生到执行落地、复盘，都需要新媒体运营人员独立完成，实现品牌曝光或粉丝增长。

要提高策划能力，可以搜寻同行业做得较为突出的微博、微信公众号等，借鉴其营销策划做得好的地方；要跳开行业的约束，从各行业的营销策略中汲取灵感，经过团队头脑风暴，可以让灵感发酵，碰撞出创意的火花；还可以多与新媒体行业内的人员沟通和交流，在交流中学习、领会。

营销视角

《纸牌屋》背后的大数据秘密

2013年，大洋彼岸的一部美剧《纸牌屋》大火特火。该剧是一部美国政治题材电视剧，剧本改编自1991年首播的英国广播公司BBC同名剧集，讲述了一个老谋深算的美国国会议员与其野心勃勃的妻子，在华盛顿政治圈运作权力的故事，充满了各种政治暗战和八卦。

《纸牌屋》的制片方既不是电视台，也不是电影公司，而是一家在线视频公司Netflix。Netflix成立于1997年，联合创始人兼CEO是里德·哈斯廷斯，总部设在加利福尼亚州斯加托斯。该公司2002年在美国纳斯达克上市，其主营业务曾是通过邮寄方式租赁DVD的模式赚取利润，费用采取包月制。后来，Netflix又以在线订阅模式开展电影DVD租赁业务，成为北美家喻户晓的在线影片租赁提供商。在网络视频当道的今天，公司将主营业务转向在线流媒体播放，其商业模式是付费用户通过PC、TV、iPad、iPhone收看电影、电视节目。目前，Netflix在美国拥有近3000万付费订阅用户，在全球坐拥3600万用户。而在流媒体播放领域，Netflix面临着HBO、亚马逊、Hulu、YouTube的激烈竞争。

《纸牌屋》的成功有一段曲折的故事。著名导演大卫·芬奇曾拿着《纸牌屋》的改编剧本，找过美国多家电视台，却没有一家敢掏钱，因为谁也说不准一部20年前的老剧是否还有市场。而流媒体服务提供商跨界进行电视剧的原创不亚于一场豪赌，更何况Netflix为此投入了上亿美元。对比艾美奖得主《广告狂人》《斯巴达克斯》等美剧200万美元的制作费用，《纸牌屋》400万美元的单集平均成本大大超过了制作标准。有人测算，拥有3000万注册用户的Netflix，需要新增100万一年期合约付费用户才能收回成本，这相当于增加3%的用户。

为此，Netflix进行了“电视剧消费习惯数据库”分析，他们发现：喜欢观看1990年BBC版本《纸牌屋》的观众，同样是《社交网络》《七宗罪》鬼才导演大卫·芬奇的拥趸，他们喜欢大卫·芬奇导演的影片对社会问题的另类表达。同时，他们还是奥斯卡影帝凯文·史派西的忠实影迷，因为凯文·史派西在刻画各种阴险狡诈的反派人物时出神入化。有了强大的大数据分析支持，Netflix已经完全可以预测受众和市场的反应，将原版《纸牌屋》的粉丝和凯文·史派西与大卫·芬奇的粉丝整合在一起，投拍了新版《纸牌屋》，最后一炮而红。

《纸牌屋》的成功要素之一是Netflix对受众群体的精准定位，其使用的就是被称为“大数据”演算的数据处理方法。其实，在这部剧背后，“大数据”几乎贯穿了包括制作、营销发行在内的所有环节。

Netflix本身就是一个大数据运营商，拥有全球最优秀的用户推荐系统。相比传统收视率统计只抽取数千个样品用户，“算”出《纸牌屋》的数据库却包括了3600万用户的收视选择、400万条评论、300万次主题搜索，是名副其实的“大数据”。这些数据源自Netflix多年来的积累，当用户通过浏览器使用Netflix账号登录网站时，Netflix后台会把用户位置数据、设备数据悄悄地记录下来，这些数据还包括用户收看过程中所做的收藏、推荐到社交网站等动作。

有了大数据，看电视这件小事在Netflix那里就成了一门大学问。Netflix公司专门开设了一个“用户界面管理员”岗位，其中一个头衔叫“10英尺数学家”。由于根据他们的调查，当人们在房间里看视频节目时，电视和沙发的距离大约是10英尺，因而这名工程师每天站在模拟小屋里琢磨，如何让视频节目在屏幕上呈现的状态最好看，能吸引用户目不转睛地看下去。还有“2英尺用户界面管理员”，负责琢磨用笔记本电脑看影片的用户心思；另一个叫“18英寸用户管理员”，他的研究课题是在平板上怎么看片最舒服。

Netflix每晚都会进行一次分析，查看哪些节目在哪些地方最受欢迎。当你打开《纸牌屋》第一集看了几分钟后按下“暂停”键，这个动作就会迅速被Netflix记录、锁定并分析。或许你只是去了趟洗手间，但如果被Netflix发现，在每天数以百万计的用户中，不少人都在此处“暂停”过，那它就会恍然大悟，这大概就是传说中的“尿点”了；当用户扎堆选择“快进”时，那就表明“此处会闷死人，编剧导演你们自己感受下，以后类似情节少用”；而当用户来来回回观看某个片段时，Netflix就知道“此处很动人，或者戏很给力，请务必酌量增戏，以飨用户”。也就是说，如果几百万个观众都在某一个节点做出了快进或者回放的动作，这个动作就具备了可分析的意义，且分析的结果可以用来指导内容生产。《纸牌屋》第一季网友评分只有6.3，但通过“大数据”计算不断优化剧情，后面的评分提高到9分。

长期以来，Netflix一直举办大型比赛招贤纳士，来提高自己的数据挖掘处理能力。2005年底，Netflix开放一个数据集，在大数据竞赛网站Kaggl设立百万美元奖金征集能使其推荐系统性能上升10%的算法和架构。这个数据集包含了超过48万个匿名用户对近2万部电影所做的大约10亿次评分。经过来自186个国家的4万多个团队近3年的较量，一个由工程师、统计学家、研究专家组成的团队BPC夺得了百万奖金，成功地将Netflix影片推荐引擎的推荐效率提高了10%。接着，Netflix又提供了一个百万大奖，目标是为那些不经常做影片评级或者根本不做评级的顾客推荐影片，要求使用一些隐藏着观众口味的地理数据和行为数据来进行预测。新的比赛用数据集有1亿条数据，包括评级数据、顾客年龄、性别、居住地区邮编和以前观看过的影片。如果成功，Netflix就能很快开始向新客户推荐影片，而不需要等待客户提供大量的评级数据后才能做出推荐。

Netflix还一直在寻找与自身匹配的数据挖掘工具。2010年，Netflix完成了两次数据迁移，一次是将Netflix数据中心迁移到亚马逊ASW之上，另一次就是将Oracle数据库迁移到SimpleDB。到了2011年，又从SimpleDB迁移到Cassandra，利用Cassandra提供的路由配置，集群可以被部署在多个大洲，其意义通过一个小故事可见一斑。法国电影《不要告诉任何人》在美国的票房收入惨淡，只有600万美元。可Netflix的工程师并不相信这个数字，他们通过数据挖掘技术，找到了不易察觉的点击量，而这些才是被隐藏的事实。最后，Netflix决定播放这部影片，立即在最受瞩目的节目中排到第四位。

2013年2月1日，《纸牌屋》的第一季13集同时在Netflix视频网站发布，获得的口碑和反响空前热烈。Netflix凭着这部片子打败了最强劲对手HBO（Home Box Office，美国家庭电视广播网），并重新成为资本市场的宠儿，赢回华尔街的青睐。2013年4月23日，在公布超出市场预期的第一季度财报后，Netflix股票狂飙26%，达到每股217美元，这是2012年9月低谷期股价的4倍。与一路飘红的股价一致，Netflix的订户数在一季度也实现了高速增长。根据SNLKagan的一份调查数据显示，Netflix视频下载业务的美国订户数量已达到2920万，超过HBO在2012年底的2870万人，新增用户300万，大大超出人们此前130万~200万的预期数字。

在一炮打响之后，Netflix趁热打铁，从2013年起上线了4部原创剧集:《纸牌屋》《铁杉树丛》《发展受阻》和《女子监狱》。这意味着，Netflix可以逐步降低对版权费用日益高涨的好莱坞剧的依赖。这些剧引起了广泛的关注和讨论，并获得了14项艾美奖提名。纯粹的互联网媒体在行业赢得如此地位和殊荣，这在电视史上还是第一次。

《纸牌屋》打开了影视生产应用大数据的阀门，使Netflix成为数据革命的代表。无论是《纽约时报》《洛杉矶时报》还是《经济学人》，严肃媒体都在研究《纸牌屋》的成功之道。《纸牌屋》的迅速蹿红，让大数据在影视业受到大力推崇，被誉为电视剧行业通过互联网挖掘用户行为数据分析结果的第一次战略应用。正因为如此，美国《福布斯》杂志称此举“可能会动摇美国传统电视产业，传统电视产业的变革即将从《纸牌屋》开始”。

项目要点

新媒体营销是相对于传统媒体而言，新媒体的内涵会随着传媒新技术的发展而不断更新，是指利用各种信息化技术，通过不同的渠道以及各种服务终端向用户提供信息和娱乐服务的传播形态和媒体形态，也即是建立在数字技术和互联网基础上的各种媒体形式。新媒体具有全方位的数字化、互动性、个性化的特征。

新媒体营销是在新媒体发展的基础上，通过新媒体这种渠道开展的营销活动。具有成本低廉、精准定位、高卷入度的特征。

新媒体的形态、结构与技术一直都处在变革之中，以新媒体技术为基础的新媒体营销也在不断地演进与发展。

以互联网为核心的新媒体，其信息传播具有去中心化的特质，互动、共享、参与成为新媒体时代的核心概念。参与化时代、关系营销、大数据是新媒体营销大势所趋，在营销3.0时代，营销呈现水平化趋势，产品管理将由简单的产品打造向协同创新转变。

常用的新媒体营销方法按营销策略的侧重点分为内容营销、参与式营销、个性化营销。

与新媒体相关的工作岗位包括新媒体运营（包括新媒体策划与推广）、新媒体编辑（包括新媒体文案撰写）。除了专业理论知识外，新媒体营销人员还应提升网感、训练互联网思维、培养策划能力。

项目实训

一、实训目的

1. 了解新媒体特点。
2. 了解新媒体营销特点。
3. 学会收集、整理相关新媒体营销案例。
4. 学会分析新媒体营销案例。

二、实训要求

1. 分组进行：每3~5个人一组，选取一名组长（组内成员中注明）。
2. 作业形式：实训报告以小组为单位上交，最后一页要说明组内每位成员的具体贡献。

三、实训所需仪器、设备

连接上互联网的手机、电脑，投影仪。

四、实训内容

以小组为单位收集具有特色的新媒体营销案例，并对案例进行分析、点评。

五、实训步骤

小组成员利用网络收集案例，加以分析、整理，形成案例分析报告，以小组为单位提交 Word 报告，并制作 PPT 进行汇报。

六、总结分析

完成实训报告后，小组互评，老师点评。

项目测评

1. 请判断下列传统媒体是否有借助数字信息技术转变成新媒体的对应形态，如有，请列举具体的项目或产品。

传统媒体	新媒体
报纸	
电视	
广播电台	
户外媒体	
地铁广告屏	

2. 思考题

（1）我国新媒体营销的运用现状如何？主要存在哪些问题？

（2）如何理解大数据的营销价值？请举例说明。

（3）你认为一个新媒体营销人员应具备哪些素质？与传统营销人员相比，有哪些变化？

项目二

新媒体营销调研

项目目标

知识目标

1. 了解新媒体营销市场调研的类型与内容
2. 掌握新媒体营销市场调研程序与方法
3. 掌握用户画像方法与步骤

能力目标

1. 能够熟练使用新媒体营销调研各种方法
2. 能够结合企业需要对用户进行画像
3. 能够进行新媒体营销调研方案的设计与撰写
4. 能够实施新媒体营销调研并撰写调查报告

导入案例

亚马逊利用大数据练就“读心术”

亚马逊利用其20亿用户账户的大数据，通过预测分析140万台服务器上的10个亿GB的数据来促进销量的增长。亚马逊追踪你在电商网站和APP上的一切行为，尽可能多地收集信息。你可以看一下亚马逊的“账户”部分，就能发现其强大的账户管理，这也是为收集用户数据服务的。主页上有不同的部分，例如“愿望清单”“为你推荐”“浏览历史”“与你浏览过的相关商品”“购买此商品的用户也买了”，亚马逊保持对用户行为的追踪，为用户提供卓越的个性化购物体验。

亚马逊通过多种工具在云端扩展其大数据应用，如数据储存、数据收集、数据处理、数据分享和数据合作。亚马逊灵活的MapReduce程序建立在Hadoop框架的顶端，两者很好地互补，帮助零售商高效地管理和利用分析平台。具体来说零售商店15亿的产品目录数据，能通过200个实现中心在全球传播并储存在亚马逊的S3界面中，每周进行将近5亿次更新。同时S3界面上数据的产品目录每三十分钟都要进行分析并发回不同的数据库。

通过向用户提供建议，亚马逊获得了10%~30%的附加利润。拥有两百万销售商，跨越10个国家，为近20亿顾客服务，亚马逊利用其超先进的数据驾驭技术向用户提供个性化推荐。毫无疑问亚马逊是挖掘大数据、提供个性化服务的先驱，它通过提供策划好的购物体验诱导用户买买买。

亚马逊个性推荐的算法包含多种因素，向用户推荐商品前，要分析例如购买历史、浏览历史、朋友影响、特定商品趋势、社会媒体上流行产品的广告、购买历史相似的用户所购买的商品等。为了向用户提供更好的服务，亚马逊一直在不断改进推荐算法。

亚马逊获得了一项“预测式购物”新专利。通过这项专利，亚马逊将根据消费者的购物偏好，提前将他们可能购买的商品配送到距离最近的快递仓库，一旦购买者下了订单，立刻商品就能送到家门口。这将大大降低货物运输时间，同时对实体店的竞争同行也是一次重创。这项专利意味着预见性分析系统将会变得非常精确，以至于它可以预测顾客什么时候和将会购买什么产品。①

项目知识　任务一　新媒体营销调研的类型与内容

展开新媒体营销必须要建立在市场细致而周密的调研基础上。新媒体营销

① 亿邦动力网.亚马逊如何利用大数据练就读心术. http://www.ebrun.com/20160330/170726.shtml.

调研是基于互联网系统进行的信息搜集、整理、分析与研究活动，通过互联网、访谈等形式挖掘和了解顾客需求、市场机会、竞争者、行业发展环境等情况。新媒体营销调研包括对消费者、竞争者及整个市场信息的了解与分析，成功的新媒体营销方案都是建立在一个完善、真实的市场调研的数据分析基础之上的。市场调研是营销管理信息系统和决策支持系统的主要信息资料来源，它在整个营销系统中起着非常关键的作用。新媒体营销调研要及时了解和把握消费者特征和消费者行为模式的变化，为企业进行营销活动提供可靠的数据分析和营销依据。

一、新媒体营销调研类型

1. 个案集群调研

市场调研公司开展个案集群调研，一般包括媒体个案研究、消费者个案研究两大类。媒体个案研究主要是以受众研究为基础，为各类媒体提供内容制作、广告传播、品牌定位、内部管理等研究服务，普遍面向电视台、广播、户外等传统媒体及网络、移动等新兴媒体提供服务。

（1）媒体个案研究。媒体个案研究方法以媒体影响力、传播力、品牌力为核心，评估媒体综合表现，为其提供客观公正的内部管理工具。通过研究影响内容与展示率和满意度的关键要素，预估内容方向与未来营销效果，并提出针对性的改进建议。从用户行为、社会影响和营销驱动三个维度，对媒体的影响力进行评价，客观公正地衡量媒体的传播价值。通过对媒介投放行为与产品品牌成长状况的周期性监测，帮助广告主评估与监测广告传播效果，优化媒介传播策略。

（2）消费者个案研究。不同于媒体个案研究，消费者个案研究是通过对消费者的消费行为、产品使用与态度、媒介接触习惯等方面的研究，帮助企业判断市场趋势、发现市场机会、规划产品营销策略。服务对象包括产品制造商、服务提供商、品牌经营者、传统零售渠道和电商，以及政府公共服务部门。

在不同的领域，面对不同的消费者群体，所采取的调研方式各有差异。

定位策略：通过对消费者需求、消费者行为和态度等方面的研究分析，对市场的未来走势做出预判，并提出针对不同人群的产品设计或者营销策略。

品牌管理：包括品牌健康诊断、品牌形象建设和品牌发展策略三个层次，为客户提供品牌发展不同阶段的管理策略。

满意度调查：通过了解消费者的期望与实际感受的差距，帮助客户发现驱动顾客购买的真正动力，改善用户体验，提升用户忠诚度。

定制分析：包括产品测试、渠道核查、购物者研究、消费者媒体接触点研究、媒体投放策略与广告效果评估等。

2. 规模调查研究

在市场研究中，规模调查研究，是通过对消费者行为、媒介接触习惯等方面，开展大规模、大范围、连续性的同源数据化研究。在这一研究中，消费者是研究的中心，样本量覆盖、媒介形式选择、研究对象细分是规模调查的三个核心问题。

因为消费者的态度和行为与产品或服务的落地体验、使用方式、购买线索、决策依据等密切关联，为了形成密切联系消费者的策略方案，对消费者态度及行为的研究，是规模调查的主要研究对象。

（1）满意度研究。通过对营销关系中的各种利益相关者关系的研究，发现营销期望值及体验与企业服务和产品提供的匹配程度。在这一研究目标中，市场调查者要能够基于语句、字段及数据挖掘，提前发现“隐藏机会”并消除“潜在风险”，在服务或产品价值改进方面提供明确的行动方向，进行有针对性、结果导向的管理。

（2）忠诚度研究。消费者最终购买决策取决于品牌相对特定消费者的心理力量和相应市场的市场力量的结合，通过评估消费者与品牌或品类之间的关系强度对消费者进行分类，并评估消费者对品牌或服务的承诺度，为企业的精准营销和品牌传播策略提供建议。

（3）顾客检查服务。要实现对顾客的现实体察，必须具有接触实际消费者的能力，这一方面要依靠项目经验、管理流程及运作网络的成熟；另一方面依赖于研究水平、渠道管理及咨询能力。

3. 跟踪监测研究

对于大部分企业来说，连续不断地、实时性地了解消费者购买和消费行为，是可遇不可求的营销目标。如果能够对消费者的购买通路、主要零售商的销售方式、商品销售之前的链条，即品牌生产商、零售商、市场咨询公司、广告公司及媒体等做一个明晰的梳理，那么这种即时跟踪监测式的研究方式就可以实现。

对于跟踪监测来说，精准、细分、互动性的信息工具是最核心的。只有了解昨天和今天，才能预测明天。通过建立基于消费者人群、产品通路、产业环节等的分析模型，全面使用国际的条形码扫描、互联网、购物单据扫描等各种测量手段，为客户提供建立核心和潜力消费者的认知和行为模式，从而帮助客户建立对核心和潜力消费者购买与使用的认知。通过追踪市场、洞察消费者和了解零售商，向客户提供可执行的咨询建议，从而帮助客户评估品牌表现、新产品上市、制定合理的价格、分析主要零售商表现和优化促销策略，以有效地进行品牌及品类管理。

4. 网民评估研究

美国的一些调研公司推出了基于网民软件客户端监测的第三方连续研究服务，这种调查方式比过去采用电话调研等方式更为客观真实。通过定量及定性分析相结合的方式对目标网民进行研究，了解其人口统计特征、生活形态、价值观、消费观、产品服务使用动机、决策过程、网上行为习惯等，并对需求变数进行评价，以得出目标网民的共同需求及个性需求。

国内的调研公司如艾瑞公司的iUser Tracker等也进行了引进。iUser Tracker是艾瑞新发布的一款客户端监测软件，通过这款软件，可以监测用户上网搜索等数据。[①]

同步案例

艾瑞数据服务——用户行为产品

艾瑞用户行为产品是由艾瑞咨询自主研发，基于中国PC终端和移动智能终端的用户行为研究产品。通过深入分析多维度PC及移动网民的行为特征，及竞争对手的数据情况，为互联网、移动互联网、广告公司、广告主及电信等行业客户，将PC及移动互联网需求量化呈现，是真实反映中国互联网及移动互联网市场发展状况的数据产品。

iUser Tracker网络用户行为监测由艾瑞咨询自主研发，是基于庞大的网民样本行为监测所

① 艾瑞咨询网．http://www.iresearch.com.cn/product/iUserTracker.shtml.

建立的数据库。该数据库自2006年开始，收集包括用户网络浏览的行为、软件使用行为等详细信息，凭借多年的互联网行业研究经验，通过被监测样本的用户属性标签及多个用户行为竞争分析指标，真实反映中国互联网整体及不同用户市场的客观情况。

iMediaMatrix跨屏用户行为研究这款产品所监测的终端平台包括：电脑PC、手机Phone、平板Pad和智能电视Smart TV。

基于艾瑞在样本池中抽取的PC端网页与软件、移动端APP与Web以及智能电视的样本数据进行跨屏幕行为分析，帮助企业、广告主、投资商等分析多平台用户行为、解析深度跨屏用户潜在需求，提升多屏用户覆盖率。

iMediaMatrix跨屏用户行为研究帮助移动互联网企业及开发者了解市场地位，解决终端差异、探索跨屏市场的核心竞争力，可以快速查看不同目标客户群体的使用习惯以及相关应用的使用频率。

mUserTracker移动用户行为监测帮助企业实现移动用户属性特征分析、行为差异分析；针对各种移动端媒体进行竞争跟踪监测，提供趋势分析和各种指标分析。

mUserTracker移动用户行为监测由艾瑞集团自主研发，基于大移动网民样本行为进行监测所建立的数据库，该数据库由2012年开始，收集包括用户通过移动设备，对APP的使用行为、浏览网站的行为等相关情况。并通过对数据的大量分析建立了多个用户行为指标，真实反映中国移动互联网市场客观情况。并利用对被监测样本的用户属性进行标签设定，从而能够从多个维度对用户市场进行定义和细分。

iVideoTracker网络视频市场监测帮助企业了解网民视频内容收视喜好，以指导片源购买、片源定向，优化网络视频广告投放效果。

iVideoTracker网络视频市场监测由艾瑞咨询自主研发，是基于庞大的网民网络视频收视行为监测所建立的数据库。该数据库运营自2011年开始，收集用户对视频内容的浏览行为记录。提供国内主流视频媒体各视频类别、视频影片的收视情况及收视人群分布数据，真实反映中国互联网在线视频市场客观情况。

5. 网络监测分析

网络监测分析主要以第三方网络广告监测分析业务的形式出现，调研公司通过互联网技术手段，对主流网站进行网络广告的实时监测和抓取，汇总入旗下的网络广告管理系统，并且每天定时更新网络广告相关数据，通过自主开发的营销软件，即时查询各网络媒体/网络广告主在不同时间的网络广告创意、数量、广告位置、广告形式和投放费用等数据。通过开发的Daily日报功能，能使用户便捷地了解到国内网站每天的网络广告最新动态。

这种研究方式的最大特点是涉及面广，客户只需要通过这一款软件就能了解到全国网络广告的投放情况，包括身为广告主、网站的最新广告投放情况，并且可以根据中国互联网广告的投放实际情况，将广告主的行业进行分类，提供差异化的分析报告。

这种面向细分市场的研究报告，以用户的上网日志和用户态度调研为数据基础，分析网民的网络产品及实体产品的购买需要和消费欲望、购买行为和购买习惯等方面的差异，深入挖掘网民差异化需求，把某一产品或服务的市场整体划分为包含若干网民群体的细分市场，帮助客户找到并描述自己的目标市场，确定富有针对性的市场营销战略，以获取最佳收益。

在评估和选择不同的细分市场时，这一分析方法可以对各细分市场的市场规模及增长性、用户规模及增长性、成长性、盈利水平、进入风险等，以及公司的目标及资源进行明确定位，以帮助客户最终确定适合企业进入的细分市场，并制定相应的营销策略。

二、新媒体营销调研的内容

新媒体营销调研的内容与传统的市场营销调研略有区别，主要包括以下几个方面。

1. 市场需求及市场环境调研

研究和分析市场需求情况，主要目的在于掌握市场需求量、市场规模、市场占有率，以及如何运用有效的经营策略和手段。

对企业进行新媒体营销的环境进行调查，主要是调查人口、经济、自然地理、科学技术、政治法律和社会文化等宏观环境因素对企业营销活动的影响。

对企业营销策略如产品的研究、价格研究、分销渠道的研究、促销策略的研究、广告投放的研究等，也是至关重要的内容，有利于企业及时调整新媒体营销策略。

2. 用户及消费者购买行为调研

开展有效的新媒体营销活动必须深入了解用户及消费者群体的需求特征、购买动机和购买行为模式。用户及消费者购买行为研究的方向和内容主要包括：不同地区和不同民族的用户，他们的生活习惯和生活方式有何不同，有哪些不同需要；了解消费者的购买动机，包括理智动机、感情动机和偏爱动机。特别是研究理智动机时产品设计、广告宣传及市场销售活动的影响及产生这些动机的原因；研究用户对特定的商标或特定的商店产生偏爱的原因；具体分析谁是购买商品的决定者，使用者和具体执行者，以及他们之间的相互关系；了解消费者喜欢在何时、何地购买，他们购买的习惯和方式，以及他们的反应和要求等。

同步案例

海尔搭建大数据平台

海尔以用户数据为核心，搭建起SCRM大数据平台，挖掘用户需求，从为产品找用户变为了为用户找产品。当前端用户模型搭建好后，海尔后端的互联工厂生产制造体系，能够将用户的个性化需求及时转化为落地成果。海尔一直坚持“无交互不品牌，无数据不营销”，其大数据平台以人为核心，并借助领先的制造模式实现闭环营销已成为当下企业营销的创新之举。

据悉，为搭建更加开放的大数据平台，海尔利用多种形式进行布局。例如，在海尔电器变网器，构建智慧家庭的模式下，海尔的终端网器便成为智能采集环境数据、运行数据、人机交互数据等的利器。诸如馨厨冰箱、智能自清洁空调等网器的诞生让海尔拥有了最大范围的大数据触点。

海尔还以社群交互、生态合作等方式布局大数据平台。以社群交互来说，目前海尔全国的用户家庭数已超2亿，形成了一个覆盖全国的社群网络，每一位用户都能主动参与到海尔的设计、生产中来。而在合作方面，海尔与苏宁云商就会员数据直连、联合服务等进行了深入合作，实现了互利共赢。据统计，目前海尔会员大数据平台已经建立了3大类10个数据模型，构建7个层级、143个维度、5236个节点用户数据标签体系，总得数据标签目前已超过50亿。以此为基础，海尔SCRM数据平台为营销及销售人员开发了具有精准营销功能的数据产品“营销宝”，可辅助其面向区域、社区和用户个体开展精准营销；此外，还为研发人员开发了具有用户交互功能的数据产品“交互宝”，可帮助研发人员更全面地了解用户痛点、受欢迎的产品特征、用户兴趣分布与可参与交互的活跃用户。

而为满足消费者最佳体验，海尔大数据平台支持海尔互联工厂大规模为用户提供定制化产品，让原本处于被动状态的用户占据了生产主动权。目前海尔已经形成了7大互联工厂体系，并发布了具备自主知识产权、支持大规模定制的互联网架构软件平台COSMO。可以说，海尔拥有全球最领先的智能制造模式，能够最大限度地满足用户的个性化需求。①

3. 竞争对手调研

商品经济社会，是一个竞争激烈的社会，企业要在竞争中取胜，必须“知己知彼”，每个企业都应充分地掌握并分析同行业竞争者各种情况，认真地分析我方优点和缺点。竞争对手调研的主要内容包括：市场上的主要竞争对手及其市场占有率情况；竞争对手在经营、产品技术等方面的特点；竞争对手的产品、新产品水平及其发展情况；竞争者的分销渠道，产品价格策略，广告策略，销售推广策略等情况；竞争者的服务水平等。

任务二 新媒体营销调研的程序与方法

在新媒体时代，市场营销调研的重点是如何利用有效工具和手段实施调查和收集整理资料。获取信息不再是难事，关键是如何在信息海洋中获取想要的资料信息和分析出有用的信息。在市场调研的整个过程中，收集市场信息资料工作量最大，耗时最长，互联网不仅为获得第一手资料提供了良好的途径，而且增加了获取第二手资料的渠道，互联网在市场调研中的优势在收集市场资料阶段更加明显。

一、新媒体营销调研的程序

新媒体市场调研与传统的市场调研一样，应遵循专业的方法与步骤，以保证调研过程数据的真实性，这才能真正做出适合市场需求的营销方案。在企业的新媒体市场营销调研实践中，虽然每项任务不同，但其流程是相同的，都包括准备阶段、信息收集阶段和总结报告阶段，具体步骤和工作内容如下。

（一）准备阶段

1. 根据决策需要的信息确定调查问题

确定市场调查的问题是市场调查的前提，是市场调查成功与否的关键，具有重要意义。调查人员在了解企业营销活动和环境情况的同时，可以与决策者、各方面专家沟通交流，进一步确认调查问题。

① 艾肯网. http://www.abi.com.cn/news/htmfiles/2016-8/175286.shtml.

2. 制定市场调查方案

市场调查方案是市场调查工作的行动纲领，有效的市场调查方案可以保证市场调查工作的顺利进行。市场调查方案设计主要包括以下内容：

第一，市场调查的目的：明确市场调查目的是市场调查工作首先要解决的问题，要明确为什么进行市场调查，否则，无法设计调查方案。

第二，市场调查的内容：确定市场调查的内容是制定市场调查方案的主要工作，即要确定调查什么。

第三，调查对象和范围：根据调查问题确定调查对象和调查范围，现实中大多数做抽样调查，抽样技术关系到整个市场调查的质量。

第四，市场调查的人财物资源配置以及进程控制。

市场调查方案一般要经过市场调查委托者批准后才能实施，审批如果不符合要求要进行调整。

（二）信息收集阶段

这一阶段是市场调查的关键阶段，其主要任务是按照市场调查方案要求收集信息。即调查人员采用各种方法收集调查所需要的二手资料和一手资料。

收集二手资料的方法主要是文案调查，即通过查阅书报、文件等途径收集现成资料；收集一手资料的方法主要是通过观察、询问和实验收集信息的方法。

调查人员要力求以最少的人财物力投入完成信息收集任务。具体工作包括：

第一，信息收集的准备：人财物的准备，如：项目负责人、访问员等工作人员的安排；设备工具的落实；问卷等文件的印制；抽样座谈等调查对象的确定。

第二，预备性研究：问卷试调查、预演、方案修改调整等。

第三，信息收集：充分利用搜索查阅、观察访问等调查方法进行记录、初步核实。

在这一阶段，调查人员面临的实际问题最多、工作量最大，因此，调查团队要齐心协力为做好这一阶段的工作并为下一阶段的工作做好准备。作为市场调查的组织领导者要特别注意做好外部协调和内部指导工作。

（三）总结报告阶段

调查总结阶段是市场调查工作最受各方面关注的阶段，它不仅是市场调查人员工作成果的体现，也是决策者能否做出正确决策的重要依据。这一阶段的工作主要是通过对收集到的大量信息进行审核、检验等，提高信息的质量，然后进一步整理加工并加以解释，从中得出科学的调查结论并给决策者提出建议。具体工作包括：

第一，信息资料整理：对收集到的各种资料进行编码、审核、录入、运算等，为分析报告做好准备。

第二，信息资料分析：把整理好的资料进行频数、集中与离散情况等分析，为提出调查结论和决策建议做好准备。

第三，市场调查报告撰写和提交：市场调查人员把调查分析过程和结论建议等情况一般以书面形式报告提交给有关部门。市场调查报告是市场调查的成果，是总结报告阶段的主要工作。

调查报告提交之后，还要继续完成跟踪调查、补充完善、结算归档等工作。这一阶段的工作不仅要为企业决策提供依据，更重要的是通过总结，评估调查成果，积累成功的经验，吸取失败的教训，从而寻找改进工作的途径和方法。

二、新媒体营销调研的方法

企业进行新媒体营销调研的方法主要有文案调研和实地调研两类。

（一）文案调研

文案调研也是获取二手资料的主要方法。二手资料的来源有很多，如政府出版物、公共图书馆、大学图书馆、贸易协会、市场调查公司、广告代理公司和媒体、专业团体、企业情报室等。其中许多单位和机构都已在互联网上建立了自己的网站，各种各样的信息都可通过访问其网站获得。再加上众多综合型ICP（互联网内容提供商）、专业型ICP，以及成千上万搜索引擎网站，使得互联网上的二手资料的收集非常方便。

利用互联网进行信息搜集的渠道主要有WWW，Usernet News，BBS，E-mail，其中WWW是最主要的信息来源，根据统计目前全球有8亿个Web网页，Web网页涵盖信息包罗万象，无所不在。

利用网络展开文案调查的渠道有网站、网页新闻、论坛、邮件等。一般是通过搜索引擎查找有关站点的网址，然后访问所要查找信息的网站或网页。搜索引擎一般采用分类层次目录结构，使用时可以从大类再找小类，直到找到相关的网站；或者为提高查找效率和准确度，直接键入关键字查找相应内容。搜索引擎一般可以按分类网站和网页来进行搜索。按分类只能粗略查找，按网页可以进行比较精确的查找，但查找的结果比较多，因此搜索最多的还是按网站搜索。由于不同的搜索引擎有一定差异，每一个收集的网站和网页都不够全面，据统计，目前搜索引擎搜集网站仅有实际网站的1/3，因此同时搜索多个网站是非常必要的。

文案调查要取得理想的效果，一般按以下步骤进行：

第一，明确调查的主要目标和基本要求。与其他调查方法一样，文案调查要以调查目标为中心和出发点开展调查工作，满足市场调查委托者或决策者的要求。

第二，拟定市场调查计划。市场调查计划中除了人财物资源配置情况外，还要包括时间进度情况。

第三，以“真、准、新、全”为原则，尽快获取资料。获取资料可以从一般相关资料开始逐步深入到专门可用资料，也可以从广泛充分的大量资料开始到具体必需的适量资料。

第四，资料的筛选与处理。文案资料作为二手资料因来源多数量大而难免出现各种问题，通过筛选既可以去伪存真、去粗取精，又可以使调查资料不偏离调查目标；通过处理，可以使资料为决策者或调查委托者所用。

第五，提交调查报告，总结完善调查工作。调查报告是市场调查的主要成果，调查人员完成调查工作后首先要向决策者或调查委托者提交调查报告。市场调查报告可以是书面的也可以是口头的形式。对决策者或委托者来说，调查报告最主要的价值在于调查结论和建议。

除了提交调查报告，调查人员还要总结完善调查工作，如，跟踪了解报告的使用情况，报告的解释说明等。

知识拓展

互联网信息搜索方法

1．网上搜索法

网上搜索所利用的工具是搜索引擎，网上搜索通常作为收集第二手资料的手段，但是利用搜索引擎强大的搜索功能也可以获得大量第一手资料。利用网上搜索可以收集到市场调研所需要的大部分第二手资料，如大型调查咨询公司的公开性调查报告，大型企业、商业组织、学术团体、著名报刊等发布的调查资料，政府机构发布的调查统计信息等。

2．网站跟踪法

网上每天都在出现大量的市场信息，即使功能最强大的搜索引擎，也不可能将所有信息都检索出来，而且很多有价值的信息并不是随便可以检索得到的，有些网站的信息只对会员才开放，有些搜索引擎的数据库更新比较缓慢，也减弱了信息的时效性，作为市场调研的日常资料收集工作，这就需要对一些提供信息的网站进行定期跟踪，对有价值的信息及时收集记录。

3．加入邮件列表

如果觉得每天跟踪访问大量的网站占用太多时间的话，也可以利用一些网站提供的邮件列表服务来收集资料。一些网站为了维持与用户的关系，常常将一些有价值的信息以新闻邮件、电子刊物等形式免费向用户发送，通常只要进行简单的登记即可加入邮件列表，将收到的邮件列表信息定期处理也是一种行之有效的资料收集方法。

4．对网站访问者的抽样调查

利用一些访问者跟踪软件，按照一定的抽样原则对某些访问者进行调查，类似于传统方式中的拦截调查。例如在某一天或几天中某个时段，在网站主页上设置一个弹出窗口，其中包含调查问卷设计内容，或者在网站主要页面的显著位置放置在线调查表，请求访问者参与调查。也可以对满足一定条件的访问者进行调查，比如来自于哪些IP地址，或者一天中的第几位访问者。

5．固定样本调查

同传统调查中的固定样本连续调查法一样，用合理的抽样技术选定固定样本用户，当然，这些用户必须是可以经常上网的用户，对固定样本用户给予必要的培训，说明调查目的，提出一定的要求，由各样本用户按照要求将所要调查的内容记录下来，定期提交给市场调研项目的负责人。

（二）实地调研

在新媒体营销调研中，实地调研常用的方法有观察调查法、实验调查法和询问法。

1. 观察调查法

观察调查法是指调查者根据调查目的，利用感觉器官和其他科学手段，系统地对被调查者进行调查，以取得所需资料的调查方法，其主要特点是观察过程是经过策划设计的，不同于日常生活的观察，它是有目的地收集、分析、整理资料，为解决问题提供依据的过程；观察过程是系统全面的，防止收集的资料缺乏充分性，以偏概全；观察的方法是科学严谨的，尽可能避免或减少误差；观察结果是当时正在发生的、处于自然状态下的形象，是客观真实的没有人为的假象；观察调查人员是训练有素的，在充分利用本人的感觉器官还能充分选择并利用科学的观察方法和手段。

观察调查法是收集一手资料的传统有效的科学方法之一，它获得的资料生动而具体，不需要被调查者互动配合，简便易行，适用性强；当然，企业在使用这种方法时要注意它的局限性，如：只能观察到被调查者的外部特征难以深入到内部动机，受制于时间、空间等因素，有时因各种干扰而不处于自然状态等。

同步案例

普拉达试衣间的大数据应用

传统奢侈品牌普拉达（PRADA）正在向大数据时代迈进。它在纽约及一些旗舰店里开始了大数据时代行动。在纽约旗舰店里，每件衣服上都有射频识别（RFID）码，每当顾客拿起衣服进试衣间时，这件衣服上的RFID会被自动识别，试衣间里的屏幕会自动播放模特穿着这件衣服走台步的视频。人一看见模特，就会下意识里认为自己穿上衣服就会是那样，不由自主地会认可手中所拿的衣服。

而在顾客试穿衣服的同时，这些数据会传至普拉达总部。包括：每一件衣服在哪个城市哪个旗舰店什么时间被拿进试衣间停留多长时间，数据都被存储起来加以分析。如果有一件衣服销量很低，以往的做法是直接被废弃掉。但如果射频识别码传回的数据显示这件衣服虽然销量低，但进试衣间的次数多。那就说明存在一些问题，衣服或许还有改进的余地。

这项应用在提升消费者购物体验的基础上，还帮助普拉达提升了30%以上的销售量。传统奢侈品牌在大数据时代采取的行动，体现了其对大数据运用的视角，也是公司对大数据时代的积极回应。

值得注意的是，随着观察技术的发展和应用，观察调查的工作质量不断提高，用于观察调查的工具手段从传统到现代，从简单到复杂，越来越多，如，顾客登记卡片、收银系统、录像监控系统等。这些变化既给企业带来了机会，也给企业带来了挑战。

知识拓展

观察调查法的程序

第一步，明确调查目的以及调查对象，做好调查准备工作。观察调查的准备工作包括制订调查计划、设计记录表格、卡片等工具、调试录音录像等设备。

第二步，进行正式调查，收集资料。接近或接触调查对象要凭有效证件或证明并征得有关单位和个人同意，开始调查后要尽快尽可能收集所需资料，调查结尾工作也要做好，换言之，自始至终都要注意沟通合作。

第三步，分析整理调查资料，总结报告调查结果。

观察调查法主要应用于顾客行为、顾客流量、企业服务质量等的观察。顾客的行为是其需求的反映，了解顾客的行为有利于企业制定有针对性的营销策略。如，顾客的购买过程，顾客在购买执行决策前任何确认需求，如何获得有关信息，关注哪些指标，购买者是否实际使用者，购买后的反应如何等。根据顾客流量观察调查做出正确决策的例子司空见惯。反映企业服务质量的问题，如：企业所经营的产品是否满足消费者需求，应如何改进；渠道设计是否合理，商品流通是否顺畅；价格是否需要调整；促销是否有效；营销人员服务态度如何等都可以通过观察调查获得有关资料。

2. 实验调查法

实验调查法是市场调查者有意识、有目的地改变一个或几个影响因素，观察市场现象在这些因素影响下的变动情况，从而认识其本质特征和发展规律的调查方法。

实验调查法是将实践和认识统一的调查过程，是企业经营活动过程中经常使用的调查方法，如：新产品销售、包装改变、价格调整、广告投放等。实验调查法是一种探索问题、解决问题的过程，要达到调查目的必须具备三个要素：首先要有市场实验者和实验对象；其次要有一定的市场环境和改变环境因素的实践活动；最后要有实验活动的检测。

程序规范的实验调查常常按实验设计方法分类，实验调查法可分为单一实验组前后对比实验和实验组与对照组前后对比实验。

3. 询问法

按询问的规范程度分结构性询问和非结构性询问。结构性询问又称为标准化访问，这是社会调查人员在进行资料收集的过程中经常运用的一种方法。即按照事先设计的、有一定结构的访问问卷进行的访问，是一种高度控制的访问方法。由于结构式访问的进行在很大程度上依赖于访问问卷，因而，我们也可以把它看成是以访问的形式进行的问卷调查。根据访问员与被访者是否见面，结构式访问又可以分为当面访问和电话访问。

非结构性询问又称非标准型访问法。这种方法事先不预定表格，也不按固定的问题顺序去问，自由地交谈，适合于探索性研究。

按与询问对象的接触方式分为直接询问（面谈）和间接询问（通过问卷、电话、网络等媒介询问）。直接询问就是调查人员直接对调查对象进行询问，与调查对象交流，从而获得信息。而间接询问则是调查人员运用问卷、电话等调查工具进行询问并记录和保存，然后根据记录和保存的结果获得所需信息。这里主要研究直接询问。

（1）直接询问法。直接询问法可按访问对象多少划分为个人访谈与小组座谈；按访问地点划分的街头拦截与入户访谈都是企业常用的询问方法；按访问方式可以分为电话访谈与面谈。

传统电话访谈是给样本中的调查对象打电话，并向他们提出一系列问题。调查员使用一份纸质问卷并用铅笔记录下回答。通信与技术的进步，使从一个中心地点展开全国范围的电话访谈变得切实可行，因此本地电话访谈的使用近年来已经减少。

知识拓展

电脑辅助电话访谈

电脑辅助电话访谈可以用大型主机、微机或个人电脑产生计算机问卷，调查员带着一副迷你耳机坐在计算机终端前。电脑替代了传统的纸和笔，耳机替代了电话。接到指令后，电脑拨打要呼叫的电话号码，调查员在接通后读出屏幕上显示的问题，并直接将调查对象的答案输入到电脑里，电脑系统地引导调查员完成调查。每次只有一个问题出现在屏幕上；电脑检查答案的恰当性和一致性并根据答案产生个性化问卷；数据收集自然而顺利地进行。

电脑辅助电话访谈缩减了访谈的时间，提高了数据质量；削减了数据收集、问卷编码和输入过程中费力的步骤。因为答案直接进入电脑，因而几乎可以即时提供数据收集和分析结果的中间及最终报告。

进行入户人员访谈时，调查员在调查对象家中与调查对象面谈。调查员的任务是与被调查者取得联系，提问并记录答案。

商场拦截人员访谈是商场的购物者被拦住并被带到商场内的测试设施，然后调查员像入户人员访谈那样进行问卷调查。商场拦截式访谈的优点在于调查对象到调查员所在的地方比调查员去拜访调查对象更为有效率。

知识拓展

电脑辅助人员访谈

电脑辅助人员访谈是让调查对象坐在电脑终端前，用键盘、鼠标或触摸屏回答屏幕上显示的问卷。一些用户友好的软件系统，可以用来设计调查对象容易理解的问题，同时还提供帮助屏和彬彬有礼的错误提示。彩色屏幕和屏幕内外的刺激增加了调查对象对项目的兴趣和参与。这种方法被划分为人员访谈技术，因为通常有一名调查员在现场充当主持人,并根据需要对调查对象进行指导。电脑辅助人员访谈被用来在购物商场、产品鉴定会、会议和行业展会上收集数据。

（2）间接询问法。新媒体时代，市场调研方法随着网络技术发展而发展，呈现出多元结构。在网络上设置在线调查问卷是最基本的调研方式，常用的还有电子邮件调查、对访问者的随机抽样调查、固定样本调查等。

在线问卷法。在线问卷法即请求浏览其网站的每个人参与企业的各种调查。企业网站本身就是一个有效的网上调查工具，然而，网站的网上调查功能常被许多企业所忽视，浪费了从顾客那里直接获得有用信息的机会。在网站上设置调查表，访问者在线填写并提交到网站服务器，这是网上调查最基本的形式，广泛地应用于各种调查活动，这实际上也就是问卷调查方法在互联网上的延伸。

在线调查常用于产品调查、消费者行为调查、顾客意见、品牌形象调查等方面，是获得第一手调研资料的有效工具。但如何提高在线调查结果的质量，是开展网上市场调研过程的关键。

知识拓展

在线调查应遵循的原则

（1）设计专业的在线调查表。在线调查表应该主题明确、简洁、明了，问题便于被调查者正确理解和回答，且便于调查结果的处理，这是所有问卷设计的基本原则。

（2）尽可能让更多的人参与调查。参与者的数量对调查结果的可信度至关重要，问卷设计内容中应体现出“您的意见对我们很重要!”让被调查者感觉到，填写调查表就好像帮助自己或所关心的人，这样往往有助于提高问卷回收率。当然，也离不开有力的宣传推广，网上调查与适当的激励措施相结合会有明显的作用，必要时还应该和访问量大的网站合作以增加参与者数量。

（3）降低无效问卷。提醒被调查者对遗漏的项目或者明显超出正常范围的内容进行完善。

（4）保护个人信息隐私权。应让用户了解调研目的，并确信个人信息不会被公开或者用于其他任何场合。

（5）避免滥用市场调查功能。市场调研信息也会向用户透露出企业的某些动向，使得市场调查具有一定的营销功能，但应该将市场调查与营销严格区别开来，如果以市场调查为名义收集用户个人信息开展所谓的数据库营销或者个性化营销，不仅将严重损害企业在消费者（至少是被调查者）之间的声誉，同时也将损害合法的市场调查。

（6）降低样本分布不均衡的影响。样本分布不均衡表现在用户的年龄、职业、教育程度、用户地理分布以及不同网站的特定用户群体等方面，因此，在进行市场调研时要对网站用户结构有一定的了解，尤其是在样本数量不是很大的情况下。

（7）设置合理奖项。作为补偿或者刺激参与者的积极性，问卷调查机构一般都会提供一定的奖励措施，但这样会出现同一个用户多次填写调查表的现象，即使在技术上给予一定的限制条件，但也很难杜绝。所以合理设置奖项有助于减少不真实的问卷。

在网站上设置在线调查问卷是最基本的调研方式，但并不限于这种方式，常用的网上调研手段除了在线调查表之外，还有电子邮件调查、对访问者的随机抽样调查、固定样本调查等。

专题讨论法。专题讨论法可通过Usenet新闻组、电子公告牌（BBS）或邮件列表讨论组等进行。在站点上提供交互功能，让顾客直接发表意见是调查的一个好方式。

E-mail问卷法。将设计好的调查表直接发送到被调查者的邮箱中，或者在电子邮件正文中给出一个网址链接到在线调查表页面。这种方式在一定程度上可以对用户成分加以选择，并节约被访问者的上网时间，如果调查对象选择适当且调查表设计合理，往往可以获得相对较高的问卷回收率。但采用电子邮件调查方式的前提条件是已经获得被调查者的电子邮件地址，并且预计他们对调查的内容感兴趣。

值得注意的是，随着询问技术技巧的发展和应用，询问调查的工作质量不断提高：用于询问调查的工具手段从传统到现代，从简单到复杂，越来越多，如，电话、电脑等的应用；访员的素质和能力的提高。这些变化既给企业带来了机会，也给企业带来了挑战，企业要不断更新设备、提高访员的素质和能力。

三、新媒体营销调研信息系统

新媒体营销调研信息系统是由人员、机器设备和计算机程序所组成的相互作用而形成的一个复合系统。通过这个系统，可以连续有序地收集、挑选、分析和评估信息，并在此基础上将市场信息进行有效分配，及时、准确地为企业新媒体营销经理在制订、改进、执行及控制营销计划时提供有利依据。它由内部报告、营销情报、营销调研和营销分析四个子系统构成。

1. 内部报告系统

内部报告系统是内控系统也称内部会计系统，是企业在从事营销活动时，管理者经常要使用的最基本的信息系统。其主要功能包括向管理者及时提供产品的相关信息，如产品订货量、销售额、成本、存货水平、现金余额、应收及应付账款等各项反映企业经营状况的信息。

2. 营销情报系统

营销情报系统主要是指营销管理者通过利用各种方法收集、调查并获得企业外部营销环境发展变化信息的系统。信息来源可以分为内部来源和外部来源。

同步案例

淘宝数据魔方

淘宝网2010年3月30日在上海正式对外宣布，将首度面向全球开放数据，商家、企业及消费者将在未来分享到其海量原始数据，数据开放将有原则、分层次地进行。该网站还将与第三方专业研究机构为商家带来基于数据之上的分析、解读、业务建设等服务，协助商家培养其通过读数据指导业务的能力。

每天有数以万计的交易在淘宝上进行。与此同时相应的交易时间、商品价格、购买数量会被记录，更重要的是，这些信息可以与买方和卖方的年龄、性别、地址，甚至兴趣爱好等个人特征信息相匹配。淘宝数据魔方就是淘宝平台上的大数据应用方案。通过这一服务，商家可以了解淘宝平台上的行业宏观情况、自己品牌的市场状况、消费者行为情况等，并可以据此进行生产、库存决策，而与此同时，更多的消费者也能以更优惠的价格买到更心仪的宝贝。

2015年9月，阿里巴巴特将生意参谋作为商家业务数据化的承载地，有效整合阿里官方所有的数据产品，包括“江湖策”“数据魔方”在内的数据产品将逐步升级整合为“生意参谋”。[①]

3. 营销调研系统

营销调研系统的主要任务是系统地、客观地帮助企业识别、收集、分析和传递有关营销活动中所需的各方面的信息，帮助营销管理者制定有效的营销决策。

同步案例

沃尔玛“啤酒加尿布”

沃尔玛“啤酒加尿布”故事的传播源于20世纪90年代的美国沃尔玛连锁超市。故事是这样的：沃尔玛超市管理人员分析其销售数据时，竟然发现了一个十分令人难以理解的商业现象：在日常的生活中，“啤酒”与“尿布”这两件商品看上去风马牛不相及，但是经常会一起出现在美国消费者的同一个购物篮中。

这个独特的销售现象引起了沃尔玛管理人员的关注。经过一系列的后续调查证实，“啤酒+尿布”的现象往往发生在年轻的父亲身上。当然，这个现象源于美国独特的文化。在有婴儿

① 商刻课堂网. http://www.eshangke.com/read/1018.html.

的美国家庭中，通常都是由母亲在家中照看婴儿，去超市购买尿布一般由年轻的父亲负责。年轻的父亲在购买尿布的同时，往往会顺便为自己购买一些啤酒。

年轻父亲这样的消费心理自然就导致了啤酒、尿布这两件看上去不相干的商品经常被顾客同时购买。某个年轻的父亲在某超级市场只能购买到一件商品——尿布或者啤酒，通常有可能会放弃在该超市购物而到另一家商店购买，直到可以一次买到啤酒和尿布两件商品为止。

沃尔玛的管理人员发现该现象后，立即着手把啤酒与尿布摆放在相同的区域，让年轻的美国父亲非常方便地找到尿布和啤酒这两件商品，并让其较快地完成购物。这样一个小小的陈列细节让沃尔玛获得了满意的商品销售收入。这便是“啤酒+尿布”故事。

其后，为了证明“啤酒+尿布”销售的可行性，美国学者艾格拉沃（Agrawal）在1993年从数学及计算机算法角度提出了商品关联关系的计算方法——Aprior算法，即通过分析购物篮中的商品集合，找到商品之间关联关系的关联算法，根据商品之间的关系，找出顾客的购买行为。

在此基础之上，从20世纪90年代开始，沃尔玛尝试将艾格拉沃提出的Aprior算法引入POS机数据分析中，此举大获成功。

实际上，沃尔玛是最早通过分析大数据而受益的传统零售企业。在大数据这个概念提出以前，沃尔玛一度拥有世界上最大的数据仓库系统。沃尔玛通过该系统对消费者购物行为等数据进行了跟踪和分析。沃尔玛无疑是最了解消费者购物习惯的零售商。

早在1969年，尽管微型计算机在当时还尚未普及，但是沃尔玛已经开始使用大型计算机来跟踪存货的相关情况。1974年，沃尔玛就在其分销中心与各家商场运用计算机进行库存控制。1983年，沃尔玛所有门店都开始采用条形码扫描系统。1987年，沃尔玛完成了公司内部的卫星系统安装，该系统使得总部、分销中心和各个商场之间可以实现实时、双向的数据和声音传输。

沃尔玛正是采用在当时还是小众和超前的信息技术搜集和运营消费者的行为数据，才为其高速发展打下了坚实的基础。如今，在沃尔玛全世界最大的数据仓库中存储着数千家连锁店在65周内的每一笔销售的详细记录，这使得业务人员可以通过分析购买行为更加了解他们的客户[①]。

4. 营销分析系统

营销分析系统由统计库和模型库构成。统计库的主要任务是利用各种统计分析技术和方法从大量数据中提取有效的信息。模型库则包含了由管理科学专家建立的解决各种营销决策问题的数学模型，如新产品销售预测模型、产品定价模型、竞争策略模型等。

四、新媒体营销调研信息系统管理

实践证明，企业可以通过营销信息系统低成本、高收益满足顾客不同需求。营销信息系统要发挥其应有的作用不仅要通过内部报告系统和外部情报系统收集信息，还要通过信息分析系统处理信息，更要通过营销调研系统研究应用信息。因此，企业要特别注意做好

① 白灵，唐婷，傅文俊. 我们的未来能否被预测？什么样的男人容易找到老婆？[J] 商业，2012（11）.

以下工作。

1. 建立健全营销信息系统

明确决策对信息的需求和建立健全系统的目标；提出方案并进行可行性分析；确定方案；购买设备、安装软件、培训有关人员；系统调试并投入使用和维护。

2. 运用营销信息系统开展经常性的专业调研工作

营销信息系统联结着企业、社会公众和顾客，它提供的信息帮助企业发现营销机会，改进营销活动工程中出现的问题。

企业应配备足够的资源利用营销信息系统进行调研，一般企业都设立职能部门承担调研任务或者委托专业调研公司承担部分甚至全部调研任务，有的企业还设有首席执行官（CEO）直接领导的首席信息官（CIO）全面负责信息资源管理。

任务三 消费者洞察：用户画像

大数据使得企业能够通过互联网便利地获取用户更为广泛的反馈信息，为进一步精准、快速地分析用户行为习惯、消费习惯等重要商业信息，提供了足够的数据基础。伴随着对人的了解逐步深入，一个概念悄然而生：用户画像（User Profile），完美地抽象出一个用户的信息全貌，可以看作企业应用大数据的根基。

交互设计之父阿兰·库珀（Alan Cooper）最早提出了用户画像的概念，认为“用户画像是真实用户的虚拟代表，是建立在一系列真实数据之上的目标用户模型”。通过对客户多方面的信息的了解，将多种信息集合在一起并形成在一定类型上的特征与气质，这就形成了用户的独特的“画像”。早期的用户画像相对简单，类似于个人档案信息，区分度和可用性都不强。但是随着大数据的发展，数据量的爆发式增长和大数据分析技术的成熟使用户可捕捉的行为数据越来越多，用户画像才真正可以称为更加具备价值的画像。

一、用户画像的思路

用户画像就是用户信息的标签化，其核心工作是为用户打标签，打标签的重要目的之一是为了让人能够理解并且方便计算机处理。用户画像的构建思路可以围绕显性画像和隐性画像两个方面展开。

显性画像：即用户群体的可视化的特征描述。如目标用户的年龄、性别、职业、地域、兴趣爱好等特征。

隐性画像：用户内在的深层次的特征描述。包含了用户的产品使用目的、用户偏好、用户需求、产品或服务的使用场景、产品或服务的使用频次等。

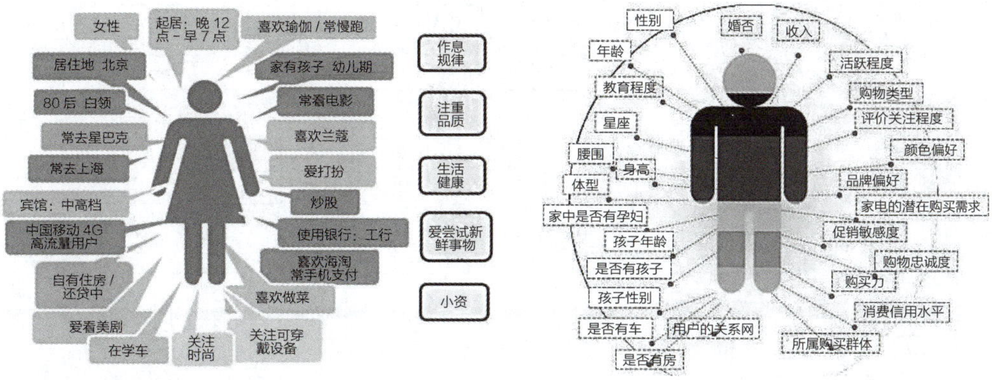

图2-1　用户画像

表2-1　用户画像标签维度

一级维度	二级维度	具体项目
显性画像	基础特征	年龄、性别、职业、地域分布、兴趣爱好
	网络使用习惯	上网时间、上网时长、上网影响因素
	产品使用习惯	使用时间、使用时长、使用频次、行为特征
	其他特征	注册时间、用户分级、用户等级、用户分类、活跃情况、了解产品渠道
隐性画像	使用产品或服务的目的、偏好、需求、场景、频次	

大数据处理离不开计算机的运算，标签提供了一种便捷的方式，使得计算机能够程序化处理与人相关的信息，甚至通过算法、模型能够“理解”人。当计算机具备这样的能力后，无论是搜索引擎、推荐引擎、广告投放等各种应用领域，都将能进一步提升精准度，提高信息获取的效率。用户画像随着社会大数据信息的激增，越来越丰富，越来越精细，用户画像也被应用到某些行业自身客户的营销中，如互联网精准营销，以标签、画像为基础的精准定向广告投放盛行。通过对人群基本属性、行为习惯、商业价值等多种维度信息数据综合分析，精准地进行目标受众的画像和定位，实现基于大数据的精准营销。

二、用户画像构建步骤

用户画像中的标签通常是人为规定的高度精练的特征标识，如年龄段标签、地域标签等。标签呈现出两个重要特征：一是语义化，这使得用户画像模型具备实际意义，而且人也能很方便地理解每个标签含义。二是短文本，用户画像要求每个标签通常只表示一种含义，标签本身无须再做过多文本分析等预处理工作，这为利用机器提取标准化信息提供了便利。人制定标签规则，并能够通过标签快速读出其中的信息，机器方便做标签提取、聚合分析。用户标签向我们展示了一种朴素、简捷的方法用于描述用户信息。

为了让整个用户画像的工作有秩序，有节奏地进行，可以将用户画像分为以下几个步骤：基础数据采集、行为建模、构建画像（图2-2）。

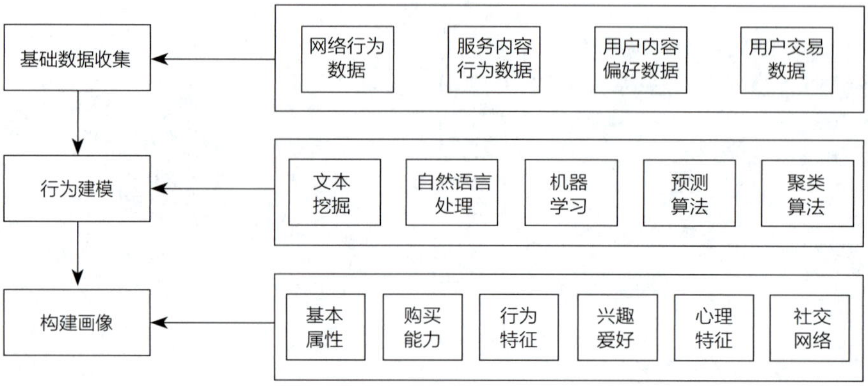

图2-2　用户画像步骤

（一）基础数据采集

数据是构建用户画像的核心依据，在基础数据采集方面可以先通过列举法列举出构建用户画像所需要的基础数据。

用户数据划分为静态信息数据、动态信息数据两大类。静态信息数据是用户相对稳定的信息，主要包括人口属性、商业属性等方面数据。动态信息数据是用户不断变化的行为信息，如浏览网站首页、浏览网页、搜索相关信息、发表有关言论到微博、微信等，都视作互联网用户行为。

用户数据采集可以从宏观层、中观层和微观层进行，具体思路如表2-2所示。

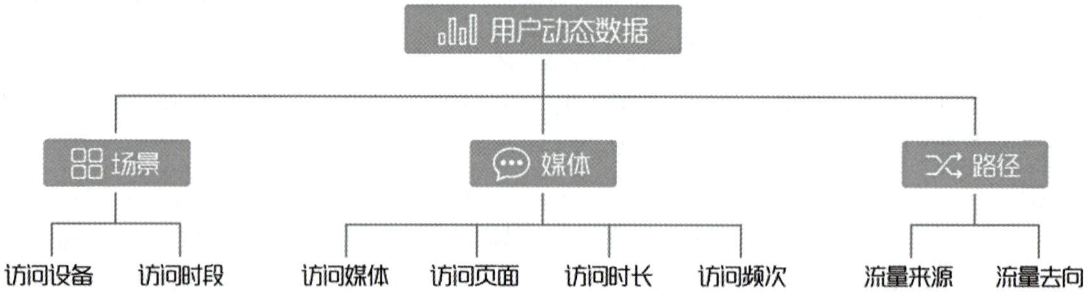

图2-3　用户动态数据图

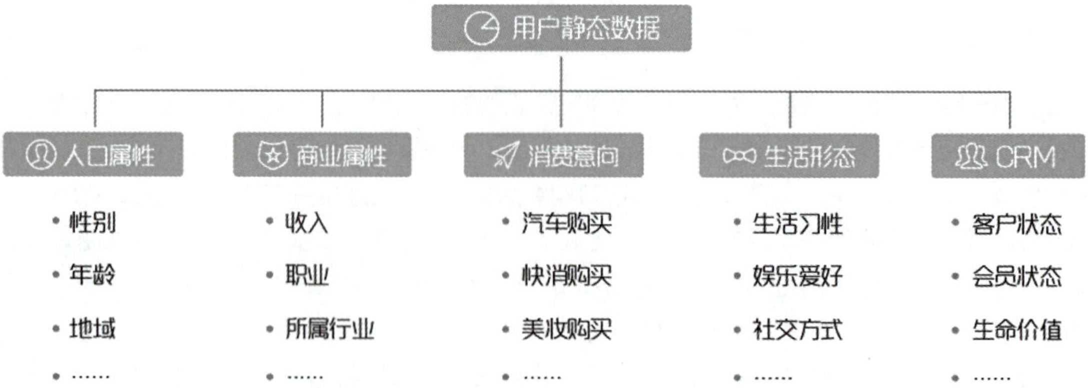

图2-4　用户静态数据图

表2-2 用户数据采集

一级维度	二级维度	具体数据项目	数据来源
宏观层	行业数据	用户群体的社交行为、用户群体的网络喜好、用户群体的行为洞察、用户群体的生活形态调研	行业研究报告
	用户总体数据	用户总量、不同级别用户分布、用户活跃情况、转化数据	前台和后台 第三方数据平台研发导出
	总体浏览数据	PV、UV、访问页面数	
	总体内容数据	社区产品的用户发帖量（含主题数、回复数、楼中楼等数据）、不同级别用户发帖数据	
中观层	用户行为数据	用户黏性数据：访问频率、访问时间间隔、访问时段	前台和后台 第三方数据平台研发导出
		用户活跃数据：用户的登录次数、平均停留时间、平均访问页面数	
		用户的留存数据	
	用户成长数据	网络使用习惯	
		产品使用习惯	
		新老用户数据、用户的生命周期、用户的等级成长	
	访问深度	跳出率、访问页面数、访问路径	
	模块数据	产品各个功能模块数据	
	问卷调研	问卷调研过程中各个问题的情况反馈	调研和访谈
	用户访谈	访谈用户的问题和需求反馈	
微观层	用户参与度数据	用户资料修改情况、用户新手任务完成情况、用户活动参与情况	数据平台 第三方数据平台研发导出
	用户点击数据	用户各个功能模块和按钮的访问和点击情况等	

表2-2中列举的数据维度相对比较多，在构建用户画像过程中，企业根据需求进行相关的数据筛选。

在基础资料和数据收集环节，可以通过一手资料和二手资料获取相应的基础数据。一手资料主要来自于问卷调研情况、用户访谈情况、产品前台反馈出的数据和用户行为、产品后台数据等。二手资料主要通过文献资料和研究报告获取。

（二）行为建模

当我们对用户画像所需要的资料和基础数据收集完毕后，需要对这些资料进行分析和加工，提炼关键要素，构建可视化模型。用户画像的标签体系就是把用户分到多少个类里面去。当然，每个用户是可以分到多个类上的。标签体系的设计要求既便于检索，又要效果显著。

知识拓展

用户标签类型

结构化标签体系就是标签组织成比较规整的树或森林，有明确的层级划分和层级关系。结构化标签体系看起来整洁又比较好解释，在面向品牌广告主时比较好用。性别、年龄这类人口属性标签是最典型的结构化体系。

半结构化标签体系没有结构化标签那么规整，在用于效果广告时，标签设计的灵活性就大大提高了。用户标签往往是在行业上呈现出一定的并列体系，而各行业内的标签设计则以解决关键问题为最高指导原则，并不可拘泥于形式。

非结构化标签体系就是各个标签就事论事，各自反映各自的用户兴趣，彼此之间并无层级关系，也很难组织成规整的树状结构。非结构化标签的典型例子是搜索广告里用的关键词和Facebook里的用户兴趣词。

1. 准确识别用户

用户识别的目的是为了区分用户、单点定位。用户识别的方式有很多种，如cookie、注册ID、邮箱、微信/微博/QQ等第三方登录、手机号等，这些都是互联网用户相对于传统线下渠道所特有的身份标识，其中手机号是目前移动端最为准确的用户标识，但随着用户的注册意愿越来越低，微博/微信/QQ等第三方登录成为越来越多企业的折中选择。

2. 动态跟踪用户行为轨迹

用户网络行为动态跟踪主要包括三个维度：场景+媒体+路径，应用到互联网中，场景主要包括访问设备、访问时段，媒体指某一时段下用户具体访问的媒体，如资讯类、视频类、游戏类、社交类等，路径指用户进入和离开某媒体的路径，可以简单理解为用户的站内与站外行为，如是通过搜索导航进入还是直接打开该APP，离开时是站内跳转到其他网页还是直接关闭，一方面有助于媒体自身优化流量运营，另一方面帮助广告主有效控制不同页面的投放频次，避免产生用户倦怠。

3. 结合静态数据评估用户价值

静态数据获取后，需要对人群进行因子和聚类分析，不同的目的分类依据不同：如对于产品设计来说，按照使用动机或使用行为划分是最为常见的方式，而对于营销类媒体来说，依据消费形态来区分人群是最为直接的分类方式。

静态数据主要包括用户的人口属性、商业属性、消费特征、生活形态、CRM五大维度，其获取方式存在多种，数据挖掘是最为常见也是较为精准的一种方式，如果数据有限，则需要定性与定量结合补充，定性方法如小组座谈会、用户深访、日志法、Laddering阶梯法、透射法等，主要是通过开放性的问题潜入用户真实的心理需求，具象用户特征，定量更多是通过定量问卷调研的方式进行，关键在于后期定量数据的建模与分析，目的是通过封闭性问题一方面对定性假设进行验证，另一方面获取市场的用户分布规律。

知识拓展

问卷调研和用户访谈思路

问卷调研思路包括：确立调研目标、问卷设计、问卷投放、问卷收集汇总、调研结果分析几个部分。

问卷调研因为需要用有限的问题来获取有价值的信息，因此问卷的设计是一门较深的学问，问卷设计需要有特定的思路、方法和技巧。

用户访谈的具体操作思路为：确定访谈目标、设计访谈提纲、选择访谈对象、访谈和结果记录、访谈结果分析。

在分析访谈结果时，一般采取关键词提炼法，即针对每个用户对每个问题的反馈进行关键词提炼，然后对所有访谈对象反馈出的共性关键词进行汇总，即关键词提炼、关键词频次排序、共性关键词提取。

4. 用户标签定义与权重

根据特征值对群体进行定义，有助于企业一目了然掌握该群体的特性。同时，一个群体会有多个标签，不同的群体之间也会有标签的重合，此时标签的权重反映了不同群体的核心特征。通常，一个好的用户画像，不同人群之间的标签重合度较小，只有在那些权重较小的标签上会有些许重合。

5. 不同人群优先级排列

目前，大部分画像只完成上述4步就结束了，然而最后一步决定了最终效果的落地，对于企业来说可以理解为媒介的组合策略。组合策略可以按照频率的高低、市场的大小、收益的潜力、竞争优势等，根据企业自身情况排列不同组合。

同步案例

95用户群标签

假设产品是面向95后的用户群体，需要了解整个95后群体的性格特征、行为喜好等，通过搜索可以获取到以下资料：企额智酷《透视95后：新生代社交行为》、QQ空间独家大数据《“95后”新生代社交网络喜好报告》、百度《00后用户移动互联网行为洞察》、中国大数据产业观察《2015年95后生活形态调研报告》等，接着对这些报告进行分析和关键词提炼，概括出整个95后群体标签。

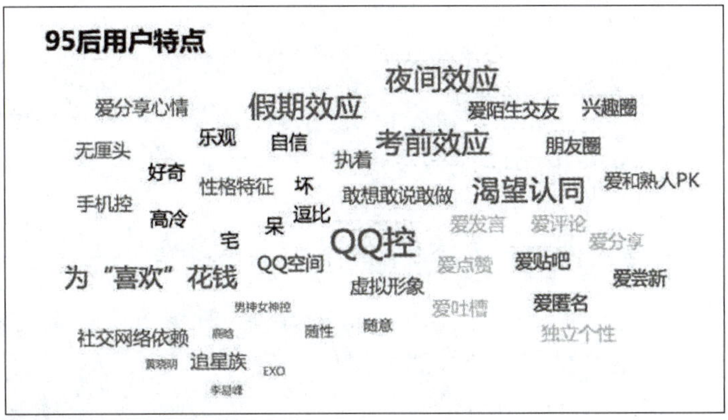

图2-5　95后用户特点

如果品牌刚刚建立，需要快速提升知名度，可以按照不同媒体目标人群覆盖率的高低进行预算分配；当品牌具备一定知名度，企业核心领域营收处于快速增长期时，可以按照不同媒体目标人群贡献的市场大小进行分配；当企业想开拓新市场时，可以按照不同媒体目标人群的收益潜力进行分配，另外如企业品牌需增强差异化的竞争优势时，可按照不同媒体目标人群的竞争优势进行投放。

（三）构建画像

用户画像就是给目标用户群体打标签，从显性画像和隐性画像两个方面来进行，因此，整个用户画像的呈现也需要从这两个方面进行。

同步案例

某在线教育社区进行客户画像呈现

1．显性特征

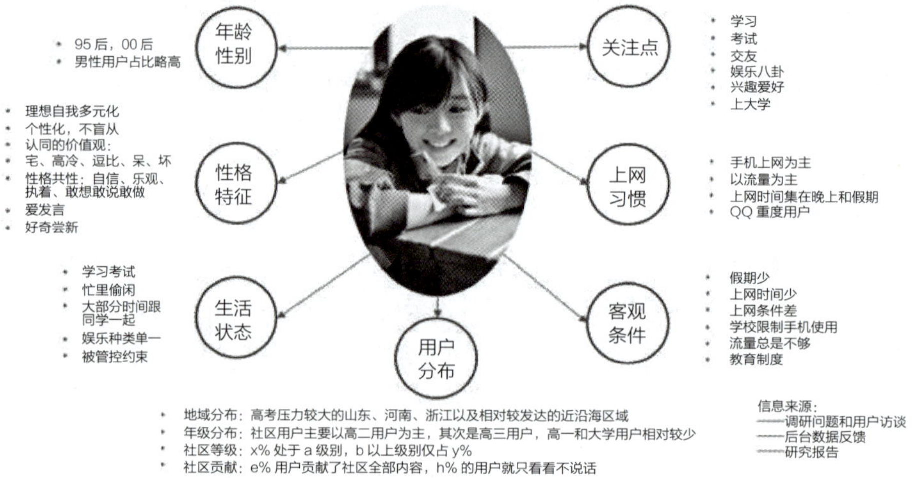

图2-6　某在线教育社区进行客户画像显性呈现

2．隐性特征

成长路径	高一	高二	高三	大学
主要目的	交友、学习、改善心情、帮助别人（价值实现）			
偏好（关注点）	生活、趣事	学习、兴趣	志愿、学习、心理	生活、社会实践、考研、求职
需求	适应和融入校园	学习解惑 兴趣交友	志愿填报指导 快速提升复习效果 心理问题排解	适应融入校园 综合素质提升 生涯指导
活跃关键	内容质量、圈子效应、认同感、责任感（版主）			

图2-7　某在线教育社区进行客户画像隐性呈现

在构建用户画像的过程中，随着用户标签的累积，使用户形象逐渐丰满，依稀呈现，这是一个具象的过程——从一张白纸（你对用户一无所知）到勾勒出清晰的轮廓（对用户有基本的了解），甚至进行更深一步的描绘（深度了解）。

营销视角

腾讯的用户标签

每个用户人均被腾讯标记的标签高达2000多个，通过这些标签腾讯可以不断分析我们是谁、我们要干什么、我们想干什么。

你的手机支付信息、你在理财通的理财习惯和风险偏好、你的公众号都关注了什么、你在朋友圈或微信群打开过哪些链接、你平常关注哪些财经新闻、你都参与了什么类型的微信/QQ群、你担任群主吗、你是游戏玩家吗、你爱玩哪款游戏、你是不是很爱喝星巴克、你是不是爱吃麦当劳、你有没有信用卡、你的账单日、你的充话费频率、你买过保险吗、你有车贷吗、你收红包多还是发红包多、你日常行车路线、你一般都在哪些商圈消费、你爱看电影吗、打车会经常取消吗……这些都是腾讯给我们每个人标记的标签。

在腾讯的眼里，我们每个用户都会生成一个用户画像，而“画”出我们样子的，就是刚刚说的以上种种标签。这还远不是全部，腾讯标记在我们每个人身上的标签，人均2000多个。

之所以能够搜集并标记多类型标签，首要原因当然是腾讯庞大的有效用户数。沉淀下来的海量用户数据，大概可以归类为账户数据、交易数据、商户数据、QQ平台数据、微信平台数据、安全平台数据。而腾讯为了能“画”出我们，无时无刻不在对这些数据进行计算，日均计算量达到1.5万亿次。

是的，1.5万亿次。这是腾讯云高管在出席由证券时报举办的AI金融探路者峰会上透露的数据，而另外一个令人吃惊的数据是——腾讯目前累积了1000亿条用户关系链。

这些数据会被用来干什么？一言以蔽之：多层次身份分析、多维度行为刻画、多场景风险评分。腾讯可以基于用户历史购物行为，分析出用户偏向于哪种消费轨迹：是喜欢手机支付还是网络购物，常去的商圈和用户自身地理位置又分别如何。然后，这些数据会被实时提取到后台数据仓库，通过机器学习、模型分析等方式后，腾讯可以逐步得到精准营销客户方式的依据：比如有些用户适合在微信窗口渠道推荐、有些广告适合在部分客户的朋友圈投放、有些客户适合在理财通应用的内部渠道里推荐等。①

① 和讯网. http://news.hexun.com/2017-09-18/190897964.html.

项目要点

展开新媒体营销必须要建立在市场细致而周密的调研基础上。新媒体营销调研包括对消费者、竞争者及整个市场信息的了解与分析。

新媒体调研的类型包括个案集群调研、规模调查研究、跟踪监测研究、网民评估研究、网络监测分析等几种。新媒体营销调研的内容包括市场需求及市场环境调研、用户及消费者购买行为调研、竞争对手调研三个方面。

新媒体调研的程序包括准备阶段、信息收集阶段和总结报告阶段。新媒体营销调研的方法主要有文案调研和实地调研两类。新媒体营销调研信息系统是由人员、机器设备和计算机程序所组成的相互作用而形成的一个复合系统。由内部报告、营销情报、营销调研和营销分析四个子系统构成。

用户画像就是用户信息的标签化，其核心工作是为用户打标签，用户画像分为以下几个步骤：基础数据采集，分析建模，构建画像。

项目实训

一、实训目的

1. 掌握问卷设计、投放及回收的基本流程。

2. 掌握调研数据分析方法。

二、实训要求

1. 分组进行：每3～5个人一组，选取一名组长（组内成员中注明）。

2. 实训形式：以小组为单位提交电子版（Word）访问调查问卷、访问提纲、调查报告，最后一页要说明组内每位成员的具体贡献。

三、实训所需仪器、设备

连接上互联网的手机、电脑，投影仪。

四、实训内容

以小组为单位设计针对某互联网热点话题、某产品/品牌的新媒体营销调研。

（1）关于双十一大学生网购消费情况的调查

（2）对在校大学生网络直播平台使用情况及看法的调查

（3）大学生共享单车使用情况的调查

（4）大学生对人工智能的了解程度及看法的调查

（5）关于大学生知识付费平台使用情况及态度的调查

（6）针对大学生分期付款问题的调查

（7）高校学生使用智能手机品牌和价格的调查

（8）对在校大学生创业想法的调查

（9）对在校大学生职业生涯规划情况的调查

……

五、实训步骤

1. 小组成员撰写调研方案，在小组内进行讨论并修改；设计访谈问卷或访谈提纲。

2. 利用各种新媒体手段，展开调研。

3. 回收访谈问卷、整理访谈提纲。

4. 整理、分析访谈数据，撰写调研报告。

5. 以小组为单位提交 Word 报告，并制作 PPT 进行汇报。

六、总结分析

完成实训报告后，小组互评，老师点评。

项目测评

1. 操作题

请根据小组访谈项目，采集该项目消费者群体的数据，设计该项目消费者群体的用户标签指标。

该项目消费者数据来源：______________________________

____

____

该项目消费者群体标签为：______________________________

____

该项目消费者群体画像呈现为：

显性特征	隐性特征

2. 思考题

大数据背景下，市场营销调研有哪些新变化？

项目三

新媒体营销策划

项目目标

知识目标

1. 了解新媒体营销策划
2. 掌握新媒体营销策划的主要内容
3. 掌握新媒体营销策划的步骤与方法

能力目标

1. 能够撰写新媒体运营方案
2. 能够分析新媒体营销案例

导入案例

从昵称瓶、歌词瓶到密语瓶：卖萌的可口可乐

☆案例背景

在2013年的夏天，印有“喵星人”“小清新”“吃货”的可口可乐昵称瓶红遍了中国的大街小巷，在收获口碑与销量的同时，也为可口可乐的市场团队赢得了业内多项大奖和普遍好评。

图3-1　可口可乐昵称瓶

2014年夏天，“你是我最重要的决定”“阳光总在风雨后”“我和我最后的倔强”“我愿意为你”等几十款流行歌曲歌词被印在可口可乐的瓶身和易拉罐上。据可口可乐公司提供的数据显示，仅2016年6月份，“歌词瓶”带来可口可乐整个汽水饮料销量的增长高达10%。可口可乐将每一瓶“歌词瓶”化身为表情达意的载体，让消费者可以向家人、朋友、爱人、同事或同学“唱出”心声，分享情谊。

图3-2　可口可乐歌词瓶与点赞瓶

继“昵称瓶”“歌词瓶”“姓名瓶”“表情瓶”“盲文瓶”后，2015年可口可乐携手优酷，共同推出“台词瓶”。作为中国最大的视频平台和全球最大的饮料厂商，优酷和可口可乐基于庞大的用户数据，结合用户调查反馈，在《万万没想到》《后会无期》《咱们结婚吧》等几十部热门影视剧，以及《唐人街·探案》等几部大电影中，共同筛选出49句最耳熟能详的台词。

这些台词大多数来自优酷平台上热门内容，总播放量已经过百亿，赢得了广泛认知与喜爱，而且更覆盖了多种生活情境，包括表白（一见你，我就挺钟情的）、热恋（如果爱，请深爱）、求婚（咱们结婚吧）、分享友情（下辈子，还做兄弟）等。可口可乐将消费者熟知的台词印在瓶身上，和生活场景紧贴在一起，表白神器、道歉神器、孤独神器……每个人都能在台词瓶中，找到自己的专属回忆，让这个夏天更有戏！

2016年，可口可乐在里约奥运营销中，再次引入个性标签的元素——“金

牌点赞瓶”，并赋予它具有一次分享多种组合的特性。一支表明社交关系，另一支以直接热烈的网络热词表达赞扬，二十几种称谓配搭十几种赞美，混搭出的近400种“点赞”，带来更生动有趣的表达。使原本略显正式的感恩，通过“夸赞”的轻松方式，含蓄而又有新意的向支持者表达谢意与欣赏，切合国人的情感表达方式。

图3-3　可口可乐密语瓶

2017年这个夏天，可口可乐又来“搞事情”了，5月27日，可口可乐鹿晗主题快闪店在上海7-11限时开业，现场揭秘了密语瓶新品，并与消费者开展了多种形式的互动，传递“密语”的主题理念。可口可乐推出了37款“密语瓶”，密语包括“今天星期五、躺倒、握拳、碰杯、乖巧、小情绪、吃瓜群众、讲道理、种草、一起嗨、承包、套路”等众多流行词汇，希望可乐迷们分享手中的密语瓶，“让夏天更有聊”。同时，可口可乐利用微信小程序“让夏天更有聊”，让消费者一键查询不同密语的来由与含义。另外，利用微信小程序生成照片，再以小程序二维码为宣传渠道投放广告。

☆**案例启示**

可口可乐的瓶身营销从曾经风靡的昵称瓶、歌词瓶、台词瓶、点赞瓶，再到密语瓶，瓶身在以前只是传统的作为品牌的展示窗口，随意广告营销的不断升级与创新，瓶身超越了简单的包装功能，成为新营销的绝佳载体，在这样的尺寸空间，品牌连接消费者，拉近消费者与品牌之间的距离。瓶身渐渐成为品牌的传播媒介，展现产品特色的同时，自带社交属性，不管是昵称、歌词、经典台词，基本每一句都深深地戳中消费者的心，引起消费者自传播，将瓶身拍照发布社交媒体，进行二次传播。可口可乐通过独具洞察力的创意互动策略，引发粉丝自动转发、评论和回复，取得出色的营销传播效果，最终将互动成果转变为商业价值，增加销量。[1]

项目知识

新媒体营销策划就是利用微信、微博、贴吧等新兴媒体平台进行品牌推广、产品营销的整体规划过程。企业通过策划与品牌相关的优质、高效的传播内容，整合线上与线下资源开展活动，向顾客推送或广泛或精准的信息，提高顾客参与度，充分利用粉丝经济，达到相应营销目的。

① 市场部网. http://www.shichangbu.com/article-25515-1.html.

任务一 理解新媒体营销策划

一、新媒体营销策划

现代信息技术的发展促进了信息传播方式的多元化发展，社会化媒体、移动网络迅速发展，打破了传统营销方式，新媒体时代企业的营销模式发生了很大的转变，整合运作模式逐步完善，社会化、网络化、移动化和大数据成为传播的主流趋势，新媒体环境下，营销方式如何更好地为企业服务，起到事半功倍的效果是现代化企业必须深入研究的重点。

1. 新媒体营销方式的转变

（1）社会化媒体成为营销的主流趋势。社会关系网络、合作词条网络和视频分享网站被称为广义上的社会化媒体。狭义上的社交媒体以微博和SNS为代表，互联网的发展和变革使得营销方式开始转变。社会化媒体成为新媒体时代的核心，利用移动互联网进行营销和扩张成为整合营销的趋势。

（2）移动互联网高速发展带来巨大商业价值。移动互联网的迅速发展和智能手机的普及带来了巨大的营销价值。2015年，中国互联网信息中心发布的《第36次中国互联网络发展状况统计报告》指出手机搜索用户数达4.54亿，2015年网民互联网生活重心向移动端转移，消费者对于电视、报纸、杂志的注意力下降，手机移动端占据了消费者的碎片时间。

（3）电商的发展使得产品和信息消费无缝对接。互联网的发展给电商行业带来了巨大的飞跃，基于价格的优势，传统商业开始向电商转型，网民逐渐形成了网购的习惯。互联网技术的发展也实现了产品服务与信息消费的无缝对接，改变了企业传统的营销模式和习惯，传统营销方式开始转变。

（4）大数据营销改变了营销方式。电信、网络拥有了用户上网的数据和海量信息，对于信息的分析和挖掘是了解消费者的重中之重。大数据已经逐渐渗透到各行各业的营销中，成为营销的重要资源，必将引领新媒体营销整合运作模式的转变。

2. 新媒体营销格局下的传播主体和消费者

（1）媒体主体趋于多元化。新媒体技术的营销打破了传统大众传播的格局，激烈的变革开始重构。在传统的大众传播时代，电视、报纸、广播垄断了新闻的生产和输出，受众是一个被动的接受者，而随着新媒体营销格局的形成，传播格局发生了变革，媒体主体不断增长，呈现多元化趋势。在未来的传播中，互联网、自媒体、微博、网络、移动平台等都将成为传播的主流渠道。社会化媒体开启了个人传播时代，多元化的媒体主体促使新媒体营销格局的形成。

（2）消费者主动参与到信息生产传播中。新媒体的多元化发展改变了消费者在营销中的地位，消费者不再只是信息的接受者，他们开始参与到营销中来，成为信息的生产者、传播者、接受者，社会化使得消费者与媒体的关系越来越密切，便捷的营销方式和渠道增强了消费者参与信息传播的主动性和积极性，这对于整合营销运作模式有非常重要的影响。

3. 新媒体营销环境下广告、公共关系和数字营销的融合

新媒体营销环境打破了原有产业的边界，随着技术的发展和社会的进步，广告行业、公共关系和数字营销开始逐渐融合，形成新的产业格局。

传统的广告行业依托传统媒介，主要核心是广告策划和创意，而传统的公共关系传播模式依托大众传播媒介传播新闻。但是随着社会化媒体的广泛发展，广告公司和公共关系开始打破原有的运作模式，开始跟随时代的潮流走向数字化营销时代。面对瞬息万变的市场，探索适宜的营销模式成为当前广告行业和公共关系行业的重点工作内容，整合营销传播模式开始逐步转变。未来整合营销的数字化和协作发展必将成为行业发展的趋势。

二、新媒体营销策划内容

1. 洞察消费者消费行为

市场调研了解市场和消费者是整合营销的前提和基础，针对消费者进行消费心理的研究和消费行为的调研，深入了解消费者的行为，洞察消费者之后才能够具有针对性地进行营销策略的制定。洞察消费者即发现消费者的消费需求，企业营销针对消费者的消费需求展开，采用适宜的营销战略和营销模式成功占领市场。

消费行为的洞察主要根据消费群体的年龄、性别、职业、生活习惯、爱好等进行充分调查。新媒体条件下的消费者主要以年轻人为主，网络消费成为时下消费的主流，从产品到服务，越来越多的年轻人习惯网络消费，因此传统营销方式的转变势在必行，企业需要根据消费者的行为进行整合营销策略的制定，转变传统营销方式，将传统方式与社会化网络媒体相结合，线上线下共同合作，企业可以开通官方微博、微信，发布产品信息和相关文章，进行品牌、产品、服务内容的营销，与网络端结合，冠名消费者喜爱的节目，举办线上有奖活动，全民参与达到宣传的目的。

2. 创新整合营销核心内容

洞察消费者行为之后就是对内容的创意，内容创意是整合营销的核心，只有拥有创新的内容才能够吸引消费者，营销时代内容为王，社会化媒体的兴起和网络时代的发展，使得吸引消费者注意力变得越来越难，激发消费者的兴趣必须从创意内容出发，让消费者参与到营销过程中来，改变传统的单向传播。新媒体整合营销模式以互动为主，让消费者成为主角，只有参与到营销中来才能深入体验，乐于分享和传播，最终达到营销的目的。

成功的创意内容不仅仅能够吸引消费者，还能够让消费者积极参与、激发讨论、乐于传播，引发消费者共鸣，通过创意的营销内容让消费者了解品牌文化、产品内容，对产品产生认同感、主动传播给家人朋友，分享到社交平台，带来巨大的价值。内容营销关注创意内容，是提高消费者忠诚度的重要营销方式。

3. 整合新媒体营销传播渠道

拥有创意的内容需要考虑的是传播，新媒体环境下，整合应用传播渠道和平台，全方位立体化传播才能够达到预期效果。传统媒体和新媒体的整合应用是当前形势下的最佳策略。

报纸、电视、广播、户外等传统形式与微博、微信、自媒体、互动、视频等多样化传播渠道的整合推广能够全方位渗透式对企业的产品进行传播。整合模式效果相对于传统媒体或者新媒体的单一应用效果更佳，消费者可以在线下了解，线上参与、讨论、分享，线上与线下的结合能够实现营销的动态发展，效果更加深远。

知识拓展

新媒体营销渠道大全

推广渠道分为付费渠道、自媒体渠道、口碑渠道。付费渠道分为线上广告、媒体广告、户外广告、社会化广告、APP广告、BD联盟。自媒体渠道分为官方渠道、论坛渠道、社群渠道。口碑渠道分为名人渠道、媒体渠道、粉丝渠道。

一、付费渠道

（一）线上广告

1．搜索渠道：以百度为例：百度品专、百度华表、百度知心、百度阿拉丁、百度关键词、百度网盟、百度DSP、百度橱窗等

2．联盟广告：百度网盟、搜狗网盟、360网盟、谷歌网盟等

3．导航广告：hao123，360导航、搜狗导航、2345导航、UC导航等

4．超级广告平台：广点通、新浪扶翼、今日头条、陌陌、网易有道等

5．T类展示广告：腾讯网、新浪、网易、凤凰等

（二）媒体广告

1．电视广告：央视、卫视

2．报纸广告：人民日报、南方周末、南方都市报

3．杂志广告：汽车、财经、旅游杂志

4．电台广告：城市FM/音乐FM

（三）户外广告

1．分众广告：分众传媒、巴士在线

2．地铁广告：品牌列车、品牌冠名直达号、各类展示位

3．公交广告：公交车身广告、公交站牌

4．其他：火车站、飞机场、电影院、高速路牌、广场液晶屏等

（四）社会化广告

1．微信：公众大号、朋友圈、微信深度合作

2．微博：微博大号、粉丝通、话题排行榜

3．社群：各类社群组织

（五）APP广告

1．应用市场：360、百度、小米、华为、应用宝、VIVO、OPPO、金立、联想、三星等

2．联盟广告：积分墙、返利联盟、移动广告平台，如：AdWords、有米、多盟、亿玛、爱赚等

3．预装：手机厂商、分销厂商、芯片厂商等

4．超级APP：滴滴、uber、美团、WIFI万能、美图秀秀、锁屏

（六）BD联盟

各类联盟：协会联盟、校园联盟、同业联盟、异业联盟、媒体联盟、社群联盟等。

二、自媒体

（一）官方渠道

1．站内：自身网站与APP广告位，短信通道，站内信，弹窗等

2．SEO：官网排名，百科，知道，贴吧，新闻源

3．官方媒体：服务号、订阅号、微博官号、官方博客、官方社区

4．新闻自媒体：虎嗅、36Kr、百度百家、今日头条号、搜狐、网易、腾讯、新浪自媒体

5．视频自媒体：优酷、土豆、爱奇艺、搜狐、新浪视频

6．其他：如客服、销售、门店、代理商等

（二）社群渠道

1．综合：QQ空间、人人网、豆瓣、知乎、天涯

2．垂直：携程旅游、马蜂窝旅行；汽车之家、易车网；搜房、安居客；辣妈帮、宝宝树

3．社交：微信群，QQ群，豆瓣小组

整合营销传播渠道和平台的应用需要依据前期对于消费者的调查，根据消费者特点、产品特点，结合宣传时期进行不同传播平台的整合应用，不可盲目结合，以免造成资源的浪费以及传播效果的减弱。此外，传播渠道的选择以及营销的最终效果，需要企业在传播过程中实时监测效果，及时调整策略。

4. 监测整合营销产生的收益

任何时期，企业进行营销的目的是产生利润，促进企业的发展。无论是传统形式下还是新媒体发展时期，营销的目的都是为了销售服务，产生利润才是其存在的根本，是推动企业前进的手段。因此，企业在营销策略制定之前与之后，首先都要考虑营销推广为企业带来的利润，如果投入与产出不成正比，那么就失去了营销的意义，企业也将无从发展。整合营销策略不仅仅要顺应市场需求和消费者心理，更重要的是在保证企业受益的前提下使利润达到最大化。因此，评价营销投资的收益也是新媒体整合营销的一项重点工作内容。

任务二 新媒体营销运营方案

在新的营销形势和传播环境下，企业应该将自己视作消费者集体体验的汇总。对营销参与者的准确界定和合理规划，重视和激发用户的积极性和参与性，才能受到消费者的欢迎，才能有力地进行品牌传播。

一、确立新媒体营销参与者

消费者不是被动的旁观者或目标对象，是品牌积极的参与者。企业必须以消费者为中心来组织协调用户需求，因为公司的声誉不是来自该公司有时尚或多酷的消费者，而是这个公司是否关心他们的消费者，是否了解他们的消费者，是否积极主动地与他们的消费者互动，是否能够充分地调动消费者的参与。

同步案例

小米手机新媒体营销

小米利用论坛、微博、微信和QQ空间四个平台来做新媒体营销。微博和QQ空间具有一对多的传播特点，可以做事件的传播以及新客户的吸引；微信具有很强的社交属性和定制开放性，可以做客服平台；论坛是小米最早的社交媒体平台，可以用来反馈问题、沉淀用户。

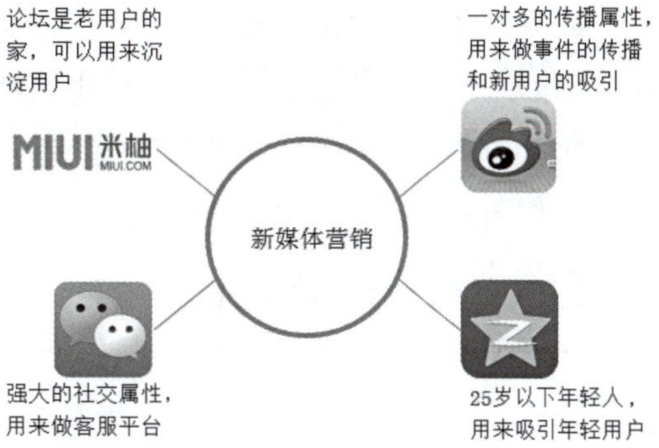

图3-4　小米新媒体营销

每当小米有新款手机发布时，年轻消费者预购抢购的狂热现象都是有目共睹的。小米手机将饥饿营销玩转的游刃有余，以供不应求营造狂热的销售氛围，分析小米手机的饥饿营销主要遵循以下几个步骤。

（一）饥饿营销——米粉总在排队

1．研发期激发消费者兴趣

从产品研发开始，小米便开始为产品炒作和前期预热做准备，小米开放MIUI和米聊论坛，让许多热爱科技的公众参与讨论，表达消费者对手机的需求和期望，这种用户参与产品研发的互动，充分激发了消费者的兴趣，使消费者感觉到小米对他们的重视，预订期高调炒作话题。

小米手机发售之前，有个网上预订购阶段，广大网友被小米官网发售的低价小米手机所吸引，网上话题不断，各种网络声音丰富。例如，就小米手机是偷来的负面消息，小米官方也放任媒体的猜测，犹抱琵琶半遮面的模糊和神秘，为小米手机吸引了更多的关注度。

2．发售期消费者疯狂抢购

小米手机打着“为发烧友而生”的口号，经过充分的前期炒作，受求新心理及小米低价的营销，许多消费者已迫不及待抢购小米，这也导致了小米手机官网几分钟抢购完的情况时有出现。

（二）口碑营销——微力无边，助品牌突围

新媒体营销与传统媒体最大一点区别便是互动性，而参与感正是新媒体营销的灵魂。新媒体营销时代，企业借助网络新媒体实现与受众之间的良性互动，从而使口碑营销成为一种低投入高回报的推广方式。小米手机基于其专注于网络销售的商业模式，充分利用口碑营销的作用。

1．微博：主攻小米品牌传播

微博是新媒体营销中不可或缺的一部分，以方便快捷影响面大而备受欢迎，各个企业将微博

作为宣传品牌信息的重要手段。小米手机当然不甘落后，小米公司CEO开通微博账号，另外，小米公司有独立的微博账号，查看这些微博可以发现，小米公司经常与消费者互动，或告诉消费者小米手机的新产品即将发售；或号召消费者参与小米的互动活动；或转发消费者感兴趣的热点话题。小米通过微博增强与消费者的黏度，与消费者交流互动的同时，提升消费者与小米之间的感情。例如，在2012世界末日谣言甚嚣尘上时，小米手机和新浪微博合作举办“末日”购物活动，通过微博抢购的全新购物方式，使小米手机很快一抢而空。小米专注热点敏感话题，利用微博这一广为人知的新媒体工具，成功打响品牌知名度。

2．微信：专做优质的客户服务

小米手机创造了9：100万的粉丝管理模式，在微信上宣传小米手机的一对一优质服务，利用新媒体提高小米手机美誉度。小米微信的客服人员还会进行一对一的回复，小米也是通过这样的方式大大地提升了用户的品牌忠诚度。另外，微信做客服也给小米带来了实实在在的益处。相关负责人表示，微信同样使得小米与消费者的互动成本降低，新媒体营销给小米带来的益处不可言喻。

（三）精准营销——大数据下的个性化服务

新媒体的真正价值在于用户的精准性，小而美的精准营销，能挖掘出数据亮点，使企业瞄准目标消费群，用正确的信息传递给正确的人，使营销活动一针见血。

1．解读消费密码，与消费者一起玩

小米手机的核心用户是80后90后，他们崇尚时尚潮流，却苦于收入水平不高，因此，一款高配置、高性能、低价格的小米手机得到了他们的青睐。“80后”“90后”一代可谓是指尖上的一代，互联网、移动互联网体验是他们的生活方式之一，他们喜欢用网络分享自己的想法和喜好。小米充分抓住了目标消费群的消费特征，旨在解决普通用户对高端智能手机的需求，小米的论坛MIUI提出为发烧友而生的口号，小米成功抓住了主要消费群，这些消费者在享受小米手机特色营销的同时，也将自己的感受告诉身边的朋友家人，如歌迷、粉丝般追捧宣传，在这看似自然的环节中，小米已经潜移默化的受益获利。

2．一对一，维系营销关系

传统媒体下，企业营销一般采用单方面的信息传播，在市场营销发展迅猛的今天，买方市场已经形成的情况下，企业需要在激烈的市场竞争中及时了解目标用户的需求，及时获取用户反馈，积极应对调整。而新媒体渠道刚好可以做到双方信息传播，企业可以通过与目标用户的互动沟通，获取反馈信息，借以给用户带来更好的产品与服务。新媒体营销可以以满足顾客的个性化需求为导向，将每个人作为一个细分市场，采取针对性的传播活动，而实施一对一营销。小米公司就是运用“一对一”营销，小米团队借助微博、微信、米聊社区等新媒体渠道深入直接地同消费者进行沟通交流，这样一方面了解消费者的个性化需求，准确获取消费者的反馈，从而生产出个性化的产品与服务，以满足“米粉”们的需求；另一方面提升用户对小米品牌的参与感和认同感，维系和加强同消费者的情感纽带，使得双方的联系更紧密①。

进行新媒体营销策划，营销者首先需要确立谁是营销的参与者。从“消费者”到“参与

① 王灵利，汪蕾．小米营销的吸“心”大法[J].中小企业管理与科技，2014（4）.

者”，这一概念的转变体现了营销理念的重要转变：首先，消费者同时也是营销者，也是企业生产的参与者，是营销信息的传播者和内容的制造者；其次，营销的参与者包含但不限于目标消费者，因为在新媒体时代，尤其是伴随着社交媒体的兴起，消费者的消费决策受到更多因素的影响。比如，某些匿名网友并非产品的目标顾客，但他们对产品的评论却对潜在消费者产生影响。在新媒体时代，企业营销需要比以往更多地考虑到消费者之间的人脉驱动、社交联络以及网络口碑的作用，合理地界定营销参与者的范畴。

好的营销规划一般从消费者或顾客的角度出发，这个环节被称为“参与者写真”①，认为参与者写真的要素主要有一般档案、数字档案和个别档案。一般档案指顾客的基本资料，包括人口统计学、交易行为信息、顾客的生活形态数据、参与者的特有语言以及对先前促销和营销活动的回复率等。做好一般档案，对数字营销的主题、内容、信息传递及启动策略都十分有帮助。数字档案指身为数字媒体用户的顾客的资料，包括他们的数字媒体使用习惯、内容使用偏好及消费者自创内容档案。个别档案是以数据库为技术所建立的关于顾客的个人资料，这是要求营销者竭尽所能地了解个别顾客，分辨出拥有高终生价值的顾客，实现一对一营销。企业应该利用大数据，追踪顾客现有的网络活动，从中找到有价值的信息，通过掌握客户占有率、客户忠诚度和客户终生价值达到获利性增长。

开展新媒体营销，要求企业学会从消费者的角度出发，了解目标参与者的新媒体使用习惯，了解他们的回复、评论、传播信息的习惯，捕捉起需求和特点，以找出如何与他们进行有效对话。

1. 参与者的新媒体接触习惯

企业了解消费者的新媒体接触习惯，主要涉及这样一些问题：参与者平均每天在新媒体上停留的时间有多长？参与者喜欢浏览哪些网站？参与者什么时候最喜欢逗留在网上？参与者中男性和女性的新媒体接触习惯有哪些差异？

2. 参与者内容偏好

新媒体的超文本和多媒体特性，决定了其内容海量且丰富精彩，新媒体成为获取高质量、可靠信息的主要来源。了解参与者的内容偏好，就是企业必须思考和掌握的，一般来说，企业需要了解这样几个问题：参与者偏好的信息来源是什么？参与者对竞争对手内容的态度怎样？参与者是如何评论、回复、传播品牌相关信息的？参与者是如何分享自己的消费体验的？参与者偏好的内容是什么？参与者微信、微博创作的是什么样的内容？

企业要深层次地了解消费者，而回答这些问题的过程，就是收集和分析处理消费者数据的过程，这将有助于企业正确选择媒体类型和赞助的节目内容与形式，通过分辨出拥有高终生价值的顾客，更好地实施会员制营销和一对一营销。

3. 制定营销目标

在确定营销的参与者，对参与者进行画像之后，企业应深入市场，结合实际制定清晰的营销目标。目标可以是获得新顾客、提高企业销售量、建立顾客忠诚度；也可以是改变现有顾客的观念、习惯或解决未满足的客户需求；还可以是建立详细的参与者数据库、提升客户服务、加强消费者内在认知与响应等。

---

①（美）肯特·沃太姆. 奥美的数字营销观点：新媒体与数字营销指南[M].北京：中信出版社，2009.

二、搭建新媒体营销传播平台

新媒体营销时代，用户在社交网络中的动作、反应、关系网的扩展与收缩都体现了这些个体的社会资本形态；而社会资本同样也是用户社交图谱的大小、质量和范围的体现，同时也能通过其在社交网络中言论的情感倾向及对生活带来的影响来衡量。因此，当消费者分享内容时，他们也在以社会资本进行投资；有意义的联系源自共同的价值取向。因此，新媒体营销平台的搭建不是凭空设想的，而是一系列的生态系统的构建。

1. 为新媒体营销平台确定总体营销主张

新媒体时代，媒体的数量和类型大大增加，因此，企业应整体布局，构建良好的新媒体营销平台框架，合理利用每一种媒体平台的力量，充分发挥整合的作用。在搭建平台的基础上，提出企业明确的营销主张，贯穿所有新媒体营销平台。平台主张应根据消费者利益来界定，如消费者通过互动平台看到的内容、拥有的体验等。新媒体营销平台还应是企业品牌定位的延伸，因此，平台主张应提供明确的平台定位，用文字清晰地表述，说明企业新媒体营销平台的长期发展方向。

新媒体营销平台包含多个新媒体单元，所有的新媒体单元都应该服从新媒体营销平台的总体营销主张。企业在激烈的市场竞争中，要想胜出就必须个性化，与竞争对手形成市场区隔，提供与竞争对手不一样的服务，树立与竞争对手不一样的品牌形象。另外，企业必须将产品或服务和消费者紧密结合起来，以此激起消费者的积极性。当企业希望持续和消费者互动时，更不能忽视消费者和产品与服务之间的关联。在此基础上，利用大数据将企业平台的服务个性化、私人化，从而增强企业对消费者的凝聚力，使企业和消费者保持更为紧密的联系，以实现企业对消费者的有效控制。平台主张一旦确定，就能进一步界定创意途径，制订内容计划。

2. 制订媒体组合计划

在媒体组合策划阶段，营销者必须根据平台主张选择媒体组合，需要营销者以更宏观的角度考虑营销渠道，包括网站、手机网站、微博、个性化的音乐网站等，通过精彩的创意，为各种媒体注入灵魂，为每件传播作品设计正确的基调，以实现平台主张。

媒体组合计划就是实现媒体组合最优化、实现新媒体平台传播的最优化。由于沟通渠道较多，企业在设计媒体组合最优化时必须设定媒体优先等级。这就意味着企业要致力于规划最佳的媒体组合。制订媒体组合计划应考虑以下因素：

（1）参与者数字行为。洞察参与者数字行为，不仅能确定参与者喜欢哪种媒体渠道，了解其数字媒体使用习惯，而且能协助营销者排定沟通渠道的优先级，使媒体组合达到最优化。最优化媒体组合有助于企业与关联消费者进行沟通。企业可以通过全方位引领消费者互动，使之在互动过程中自然形成对企业的印象及相应体验。

相关新媒体渠道在参与者决策过程中的不同阶段将以何种方式扮演何种角色，会因产品属性不同、参与者特质不同，参与者路径也大不相同。

（2）媒体衡量机制。没有媒体数据分析，就没有参与者数字行为的洞察。即使同一媒体，不同的参与者路径所运用的机制也会不同。企业的媒体组合计划要真正实现优化，还必须根据营销目标判断哪些渠道更有可能发挥效益。因此，企业就要知道每个媒体所希望达成的目标是什么。为了更清楚地说明想要达成的目标，营销者要先设置衡量活动成效的标准，也就是媒体衡量机制。例如在汽车营销中，营销者通过手机与已购车的车主进行后续联系，手机媒体肩负的任务是提供客户服务以提升客户忠诚度，营销者所设定的衡量机制则可能是客户服务满意度分数或通过手机回复购买售后服务的人数。

（3）进行媒体选择与组合。进行媒体的选择与组合是通过对各种类型的新媒体进行选择和组合，搭建一个理想的新媒体平台推广渠道。企业要在众多新媒体渠道中选择参与者偏好的渠道。为此，企业需要收集大量数据，并随时保持与消费者的联系，定期追踪参与者对企业信息的反应，有效地评估参与者的兴趣，最终根据他们的新媒体渠道偏好决定营销渠道的选择，根据他们对信息的需求来决定信息传播频次。

3. 提出创意概念

新媒体营销需要能触动消费者的新鲜点子以获取消费者的注意和兴趣。当企业选择媒体渠道后，首先要做的就是决定平台呈现的基本内容，也即营销的主题和主要创意概念。出色的创意是实现新媒体营销平台主张的关键所在。创意始终是品牌传播的灵魂。

一方面，企业提出的创意概念应该能彰显品牌形象。新媒体传播的本质仍然是品牌传播，其目的仍是提升品牌的影响力与价值。企业不管是开设网站、微信、微博，还是举办其他活动，新媒体营销仍只是整体营销的一环，必须服务于企业的整体营销。

另一方面，企业提出的创意概念表现形态多样。企业在运用新媒体进行营销时，需要把创意摆在足够重要的位置上。企业必须不断思考自己的创意能否持续吸引参与者。新媒体创意概念可以是幽默的、感人的、权威的等，可以采取多种风格，企业的新媒体营销创意概念的表现形态也应是多样化的，应针对不同类型的新媒体实施不同的创意风格和概念。

三、新媒体营销内容规划

各媒体渠道都需要相关内容，因此内容规划相当重要。企业要谨慎评估自己提供内容的能力及参与者可配合创作的内容。企业进行内容规划的目的就是为了详细分析内容资源，包括有什么可用的内容、从何处获取内容及如何持续更新、如何规划真正吸引参与者的内容。

1. 官方内容规划

规划官方内容就是规划支撑平台主张的内容类型。在策划阶段仅需勾勒出内容的大致轮廓，到了执行阶段，需要进一步针对特定内容规划进度及具体详细的内容。企业在规划官方内容时应注意这样三个问题：一是内容安排要彰显平台主张。内容安排一定要合理，以有助于新媒体平台营销主张的传播。不管是以文字形式还是视频形式，在内容规划时，要使内容能够新鲜、有趣地呈现营销主张。二是内容优化要提升用户体验。新媒体营销平台内容可以形式多样，但要使参与者满意而且愿意持续回访，就应该根据消费者的内在需求，优化内容，使其能轻松地在平台上找到自己所需。三是内容形态要动静结合。新媒体营销环境下，消费者对内容相当挑剔，保证有效的内容来源很重要。内容来源有企业自身的，也有第三方机构的。如果平台内容需要第三方提供，应该保证内容来源相对固定、值得信赖且内容本身可信。

同步案例

百度音乐内容优化

图3-5　百度音乐推广

百度音乐是音乐门户，为用户提供海量正版高品质音乐、极致的音乐音效和音乐体验、权威的音乐榜单、极快的独家首发歌曲、极优质的歌曲整合歌单推荐、极契合用户的主题电台、极全的MV视频库、人性化的歌曲搜索，让用户更快地找到喜爱的音乐，为用户还原音乐本色，带给用户全新的音乐体验。

“世界很复杂，百度更懂你”，一直以来，百度音乐搜集了上千万用户的搜索行为和收听习惯，让百度音乐成为了解听众喜好的音乐平台之一。通过用户的搜索痕迹，可以看出哪些内容成功地引起了用户的兴趣，这样可以进一步优化内容。①

2. 消费者自创内容规划

新媒体营销时代是一个由企业和消费者共创品牌的时代，对消费者自创内容进行规划是新媒体营销最具特色的部分。当购物成为社交话题，消费者客观上就会触发、引导更多参与者和营销者之间展开互动。在新媒体营销时代，消费者分享购物体验和产品评论，都将影响到品牌口碑。

消费者可以通过各种开放式数字媒体创造他们更希望创造的各种事物，营销者能够运用各种工具和推销手法来刺激消费者参与，根据平台主张设定主题，让消费者成为创造者和参与者。

在规划消费者自创内容时，企业应该注意体现平台营销主张。消费者可以参与的内容种类繁多，企业策划的所有参与环节都应紧扣平台营销主张，引导消费者创造与品牌相关的内容。企业参与社交网络倾听消费者心声，跟踪并辨识出不同的接触点，可以有意识地将企业价值推荐给消费者，保证新媒体营销的前后一致。

① 百度百科. https://baike.baidu.com.

企业在规划消费者自创内容时，还应该充分利用数字媒体渠道接触消费者，创造分享环境，发展自己相关的网络，形成良好的社交生态环境。在这个目标下，企业不仅要提供一个简单的视频上传系统以鼓励参与者轻松分享视频，还应提供更复杂的工具与消费者互动。

同步案例

李维斯“活出趣”

图3-6　李维斯“活出趣”

2014年8月，李维斯创建了一个数字互动平台“Live in Levi’s Project”，以交互式电影为主线，片中展现了身穿李维斯服饰人们的生活、工作以及休闲时光。而在中国，除了少量的传统媒体广告、户外广告，李维斯重点发力数字营销，尤其是微博、微信、豆瓣等社交平台，微信更成为最主要的信息传播中心。李维斯也制作了很多便于社交媒体传播的短视频，以吸引消费者兴趣，从而引流到网站去看一些完整版较长的故事和纪录片。“Live in Levi’s”想传达“牛仔裤不只是衣物，李维斯能让你活在其中，活出趣味，有自己的故事”。李维斯投入1亿美元用于此项活动的全球推广。

同时，李维斯也注重将数字营销融入线下渠道，比如在店铺、路演、户外广告中加入互动元素，实现O2O闭环营销。例如2015年新春李维斯推出主题为“过年#活出趣#”的广告，以微信为平台，联动线下门店，创造了有趣的线上线下互动体验：李维斯通过HTML5互动网站打开一扇时光之门，带领消费者穿越回纯真童年，细数一个个温馨的过年场景，追忆那些快乐的瞬间，从而引发消费者的共鸣，并启迪他们“#活出趣#寻找最简单的快乐”；在线下李维斯打造了一款配备KINECT设备和技术的互动装置——李维斯新年愿望门，愿望门被安置在11个城市的大型商场内，消费者只要选择“趣旅行”“趣探险”等新年愿望，就能感受自己置身于不同的愿望场景中，每一个场景都能根据消费者的动作呈现出真实有趣的互动效果，这些“活出趣”瞬间还可以通过微信保存到消费者的手机上。“过年#活出趣#”上线一天就被领取了近万份微信优惠券，微信优惠券带动了人流，优惠券最高单店使用率达到57%，活动也有效地提升了销售，最高店铺同比增长了270%，两周内线上线下共有超过15万消费者参与互动[①]。

企业应该创造环境，让人与人之间的分享更简单，使参与者创造的内容更容易分享，为消费者提供一个能够彼此分享的空间，让病毒传播大行其道，实现营销价值最大化。

要想最大化地激发消费者的积极性，企业还应开展适当的激励和推销活动，也就是要建立

① 成功营销．http://www.vmarketing.cn/index.php?mod.

激励机制。即使在网站上提供使用工具，也难以保证消费者一定会参与其中，因为人的热情是需要激发的。企业可以从消费者自创内容中有效获悉消费者的想法，当企业即将推出新产品时，可以运用新媒体有效平台搜集消费者对产品特征的想法，与消费者交流，鼓励消费者分享图片、视频，表达看法，企业据此洞察消费者。

在很大程度上，企业所进行的消费者自创内容规划是一种有策略的引导和未雨绸缪。企业需要事先设计对企业最有利，同时又最能被消费者所接受的传播内容，综合利用线上线下的媒体平台设计互动的环节与内容，为消费者提供参与的渠道，创造分享的氛围和环境。同时，企业还需要设计必要的激励措施。这些活动的设计都是为了引导、促进顾客对营销活动形成积极参与的热情，以消费者自创内容的形式，传递更大价值，让消费者产生非凡体验。在确定基本思路后，营销者需要详细分析消费者可能会出现的各种情况，针对每类人群、每种情况，进行详细的内容设计，并给出应对突发状况的措施和方案。

四、新媒体营销数据管理与整合营销

在消费者增权的营销时代，消费者会前所未有地参与整个营销过程。企业较之前更容易掌握大量的消费者数据的同时，也面临着庞大数据的困惑。数据管理、分析及优化是数字营销的基石，对于一个成功的企业来说，数据管理、分析及优化不可或缺，企业需要在大数据规划上做好准备，才能抢先竞争对手发现市场新的趋势。企业创造出数字平台时，要在千千万万的网站中发出自己独特的声音，营销人员需要做好数据管理与整合营销。

1. 数据管理

数据不仅是数字时代的货币，也是数字营销的命脉。数据管理需要好的数据，从而做到内外部的整合，完善数据管理基础架构。

（1）数据规划。数据规划是数字营销策划的核心，企业利用数据信息描绘出消费者的心理及行为特征，形成企业自己的市场竞争力。

企业结合自己的市场定位，设定相应的目标，以便在海量信息中分辨出所需数据并进行管理。如企业的预设目标是开发新客户，那么新客户率就是关键绩效指标。企业要保证数据的准确性，就要保持与消费者的互动，掌握最新资料，定期对数据进行更新。在大数据时代，还必须要保证消费者信息安全。为了让参与者放心企业对个人数据的使用，企业应该尊重消费者，做好数据保密工作。否则，愤怒的消费者会使企业的形象毁于一旦。

（2）数据分析。数据分析是对收集来的大量第一手资料和第二手资料进行分析，以求最大化地开发数据资料的功能，发挥数据的作用。企业必须根据消费者自创的内容和对他们行为分析，随时准备调整之前的计划，利用实时的资料分析做出迅速判断，不断地根据实际情况来修正数字营销策划活动。

同步案例

Nike+用大数据做营销

Nike+是Nike的一个服饰附件，也是Nike的一个品牌，它能通过对用户的跑步信息的收集帮助Nike找到用户、了解用户，从而更加精准地开展营销活动。

通过Nike+这个硬件、软件、社区配合在一起的大平台，Nike每天都能收获源源不断的用

图3-7　Nike+数字营销

户数据。通过Nike+这个平台，Nike发现它的销售对象应该是17岁左右的青少年，他们比成年人更具有购买冲动。获悉之后，Nike就会把广告投放在青少年青睐的社交平台，减少在电视上的广告投放。Nike+就使Nike降低了对明星代言的依赖。众所周知，早期的Nike都是请大牌明星来代言，但这些人的代言费是天价，对于公司来说是笔很大的预算。然而，明星代言的效果却无法衡量。放眼未来，这种代言已经减少，现在Nike的代言明星很多都不是最当红的，而是一些处在上升期的明星。因为它通过Nike+发现，用户群对这些新兴明星的讨论非常多。

Nike+这个平台还能给Nike带来什么呢？

1．产品的改进

无论哪个公司在做新产品的研发时，都需要了解消费者的需求。但Nike+的存在使Nike免去了这项工作，它收集到的数据足够指导Nike精准地调整未来的产品。

2．用户关系的维护

Nike如果研发出新产品或者健身计划，他们可以通过Nike+很快地与用户建立关联，然后与其产生互动。精准投放通过Nike+提供的数据，Nike不但可以精准地在用户的跑步路线上投放户外广告，还可以通过对用户什么时间上Facebook或Twitter的分析，在准确的时间点投放广告。

3．精准营销

通过对用户的身高体重以及社会化行为的分析，Nike生产出最适合用户的产品。

4．发现代言人

Nike+上每天有1000万个人在上传信息。在这1000万人中，Nike可以找到具有良好运动天赋的人，然后资助他们，这些人便成为忠实用户。他们也会影响到周边的人，这是培养未来用户的好方法。

5．联合营销

Nike可以把从Nike+上面获得的数据卖给其他品牌来获得盈利。当然，它也可以在用户的跑步路线上设立休息站，使其成为一个个广告位，然后把这些广告位卖给其他品牌，这也是盈利的一个渠道。Nike2011年在北京做的10公里慢跑的活动中就出现过这样的模式。

像Nike+这样的owned media（自有媒体）是未来营销中一个很重要的渠道，它会推动earned media（免费媒体），即口碑等渠道信息的获取，同时沉积数据，带来很多其他的商业利益①。

2. 营销计划的实施

提高网站的知名度和影响力，是营销计划顺利实施的必要条件。在消费者自创内容的时代，建立知名网站的起点就是通过传播信息直接接触参与者，鼓励每个参与者访问品牌网站以获取更多信息，并且激励他们转发和评论，与更多人分享。在信息传递过程中，需要注意这样几个问题：

（1）遵从参与者自主意愿。企业要了解消费者的欲望与需求，运用数字科技制作个人化信息，要与竞争对手形成区隔，吸引更多消费者自愿参与各种创意活动。

（2）传播反应迅速。新媒体让信息的传播范围和传播速度都大大提升，有些信息一经发布，就会产生病毒式迅速、疯狂的传播效果。因此，营销者必须对信息传播快速反应。

（3）沟通气氛活跃。企业在直接与消费者进行沟通时，要注意沟通的语气和气氛。消费者不仅会注意企业说了什么，也会注意企业是怎么说的。在虚拟世界中，网络流行什么词汇，都会有相应的语气、表情包等，企业要与消费者打成一片，坦诚且接地气地与之沟通至关重要。

（4）信息公开透明。企业选择新媒体作为信息传播平台，即表明企业愿意与消费者分享信息，是一个值得信赖的企业。当企业遇到公关危机时，企业更应该将信息公开透明，消费者希望看到企业开诚布公，而不是一味地掩饰。

3. 营销计划的监控

营销计划的监控能帮助企业随时掌握情况、发现问题，以便企业及时调整策略。新媒体为企业实施营销计划监控提供了更多手段和条件。

（1）营销计划的引导。在新媒体时代，企业不仅要利用数字媒介与大众对话，还要以最快速度跟上热点话题，并试着去影响话题，用大众易于接受的方式自然地将品牌融入网络热点讨论话题中，在与消费者的互动中增强品牌威望，提升企业信誉，强化品牌的正面形象。

企业可以通过微博、微信公众号、手机终端等方式与消费者保持联系，随时分享信息，无形中塑造自己的企业文化、提升品牌形象。企业还可以发动品牌爱好者来建设自己的品牌。

（2）营销计划的监控。消费者的抱怨和问题一般会在第一时间出现在网络上，因此，企业需要制订网络监督计划，否则就有可能错过公众的讨论。企业通过数据挖掘找出消费者提起次数较多的关键词，分析消费者讨论的核心所在，与消费者沟通时就能做到有的放矢。

当企业执行数字营销计划时，必须监控消费者所创造的内容，引导和回应消费者的言论。消费者自创内容虽然可以由企业先期进行规划、为之创造条件、实施一定程度的引导，但是，消费者自创内容毕竟是消费者自由创作的，其间可能会发生各种意想不到的状况和结果，企业必须监控消费者创作的内容。企业监控的方面主要包括：消费者的参与度、实际参与状况与语气是否有落差、最好及最差的活动成效、造成最好或最差参与状况的促销、激励手段等，通过分析参与者分享信息，进一步修正、优化内容规划。

① 成功营销网站. http://www.vmarketing.cn，有删减.

（3）危机处理计划。任何企业在发展过程中都有可能遇到突发事件，危机处理计划的制订与实施对损害组织形象的危机进行预防和处理，并化危机为机会，是现代组织管理工作的主要内容。制订危机处理计划时，要分析企业面临的潜在危机，检查所有可能对企业和品牌有影响的问题和事件，分析这些问题或事件与本组织生存、发展和利益相关性及对社会的潜在影响。

4. 整合营销

整合营销包括渠道整合营销和内容整合营销。

（1）渠道整合营销。新媒体在精准、互动和参与性方面有绝对优势。但是，如果缺乏线下的亲身体验，消费者参与的程度和类型会大打折扣；如果缺乏传统媒体或人机传播的印证与呼应，网上的口碑也难以一力支撑整个品牌的形象。线下及传统渠道还是拉动销售、产生令消费者难忘体验的重要途径。因此，新媒体营销一般都会与线下的实体渠道整合呼应。为了充分发挥每种营销渠道的优势，实现最大化营销，企业一般都会考虑将线上与线下渠道、传统媒体与新媒体进行整合，尽可能强化传播和沟通，给消费者更深刻和更全面的印象。

同步案例

伊利金领冠

2016年11月11日，圣元国际（NASDAQ: SYUT）旗下优博品牌婴幼儿配方乳粉在微博、微信等社交平台上尝试新媒体营销。

优博双11话题讨论在社交平台上引起不错反响，据不完全统计，仅仅#双十一最霸道的表白#话题阅读人数就高达1700万，讨论人数在13万左右。

图3-8　圣元双十一最霸道的表白

2016年11月11日11点，圣元优博销售突破2300万元，最终收官业绩达到3100万元。

无论是双11还是双12，作为圣元国际拳头产品，圣元优博积极借助新媒体营销，甚至以自家CEO张亮“承包”奶粉的微博活动方式，迅速引发粉丝转发互动，在短短一天内，就引发了上千万网友对品牌话题的密切关注，顺利问鼎微博热搜榜，并最终成功导流，刺激圣元优博当日销售。

除了#双十一最霸道的表白#话题，#亮出萌范，别样承包#话题和#双十二承包你的不甘心#话题阅读人数分别约为1291.3万和3444.5万，讨论人数各自约为3.1万和5.2万。

图3-9　圣元亮出萌范别样承包

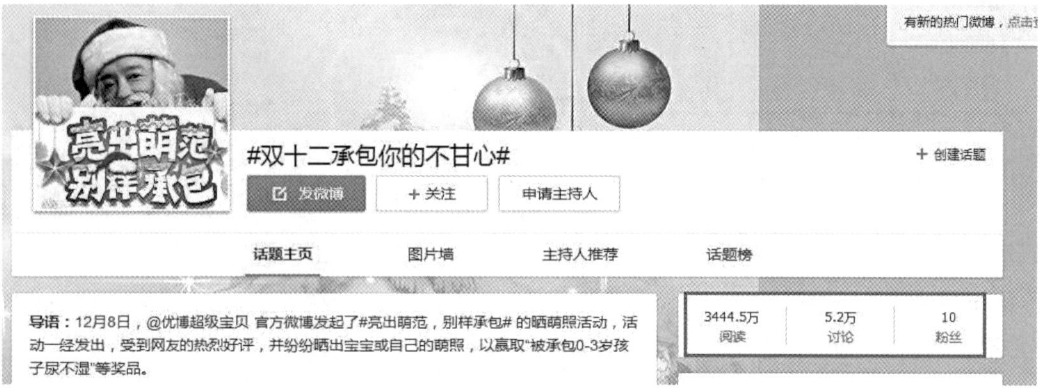

图3-10　圣元双十二承包你的不甘心

双11和双12，圣元优博准确抓住时下网络热门，把热词、网红、电商引流等营销思路创意融合，打出“亲民牌”，出其不意地征服了广大网友。①

（2）内容整合营销。企业可以整合传统营销与数字营销的内容，增强与消费者的互动，提升品牌传播力。央视春晚与新浪微博的“让红包飞”的台网联动新尝试，贯穿整个播出周期的新媒体创新，马年央视春晚与新浪微博的台网联动新尝试，吸引了更多年轻用户的参与，给马年央视春晚带来了客观的全媒体收视率。

① 搜狐新闻. http://www.sohu.com/a/122575886_270752.

项目要点

新媒体营销策划就是利用微信、微博、贴吧等新兴媒体平台进行品牌推广、产品营销的整体规划过程。新媒体营销格局下的传播主体和消费者、运营方式都发生了转变。

新媒体营销策划内容包括洞察消费者消费行为、创新整合营销核心内容、整合新媒体营销传播渠道、监测整合营销产生的收益。

新媒体营销运营方案整体上包含确立和界定新媒体营销参与者、搭建新媒体营销传播平台、做好官方和消费者自创内容规划、做好数据规划和管理、实施及监控整合营销计划等。

企业应根据自身的营销目标、营销参与者的新媒体渠道偏好以及各个新媒体特征，合理选择和组合新媒体，搭建最佳的新媒体营销传播平台，根据平台总体营销主张，安排布局平台内的所有新媒体，使平台成为一个有机的整体。

项目实训

一、实训目的

1. 了解新媒体策划的内容。

2. 掌握新媒体运营整体方案。

3. 学会撰写新媒体营销策划方案。

二、实训要求

1. 分组进行：每 3 ~ 5 个人一组，选取一名组长（组内成员中注明）。

2. 实训形式：以小组为单位提交电子版（Word/PPT）新媒体营销策划方案，最后一页要说明组内每位成员的具体贡献。

三、实训所需仪器、设备

连接上互联网的手机、电脑，投影仪。

四、实训内容

以小组为单位，在针对某产品 / 品牌的新媒体营销调研基础上，撰写该产品 / 品牌的新媒体营销策划方案。

五、实训步骤

1. 小组成员分析、研究前期的调研报告，在此基础上完成新媒体营销策划方案。

2. 以小组为单位提交 Word 报告，并制作 PPT，以比稿形式在班级内进行汇报，接受提问。

六、总结分析

完成实训报告后，小组互评，老师点评。

项目测评

1. 案例分析题

早在 2008 年，宝洁就开始开发和测试名为鹰眼的精准广告投放项目，该项目是宝洁自行搭建的一个私有程序化广告投放平台，这是一个大工程，宝洁需要预先购买互联网媒体流量，之后通过鹰眼在这些流量中进行跨品牌、跨媒体的精准和优化投放。

近两年，宝洁压缩了广告预算，他们认为自己把更多的广告预算投放转移到了更好衡量投资回报、更有价值的互联网广告上，这样提升广告投放效率的举措使得砍掉预算并没有影响整体广告效果。

而从 2017 财年开始，经历了连续两年业绩下滑之后，在 2016 年 8 月的年度财报会议上，宝洁表示要在 2017 财年增加广告投入。因为在过去两年大刀阔斧地削减广告费，已经影响到了业绩增长。

宝洁终于认识到他们在将大量广告预算投入到以 Facebook 为代表的精准广告上这一策略方向上走得太极端，并认为精准广告的效果是有限的，将缩减这部分广告预算规模，开始重新把目光转移到传统电视上。从 2016 年开始，宝洁已经增加了电视广告投放预算。①

请继续查阅相关资料，分析宝洁公司的营销策略为什么要调整？这样调整科学吗？

2. 思考题

（1）在新媒体营销传播中，企业应如何规划官方内容和消费者自创内容？

（2）选取最新企业新媒体营销实战案例，评述其得与失。

① 市场部网. 宝洁：新媒体营销的初学者http://www.shichangbu.com/article-29293-1.html.

项目四

网络营销与搜索引擎营销

项目目标

知识目标

1. 了解网络营销的基本形式
2. 了解搜索引擎营销的内涵与特征
3. 掌握搜索引擎营销的基本方法

能力目标

1. 能够熟练分析网络营销各种形式和特点
2. 能够运用搜索引擎营销的基本方法

导入案例

《三生三世十里桃花》的花式营销

2017年完结的《三生三世十里桃花》相当有话题度，该剧讲述了青丘帝姬白浅和九重天太子夜华的三生爱恨，三世纠葛。这部超级IP热门大剧，刚播出到第10集播放量就超过20亿，以每天高于4.2亿的网播量在增长，相关视频花式虐狗，在全网引起轰动。而优酷的花式营销，不但采用独特的营销方式，更有“花式上热搜”的新技能，从策划营销开始，每一个节点都能刷新关注，每一个活动都能引爆流行话题，每一个话题都能产生意想不到的效果。

图4-1 《三生三世十里桃花》桃花专列

借力打力，“花”样百出步步为“赢”

《三生三世十里桃花》自上线以来，其创新的花式营销模式和极具正能量的传播话题，获得亿万网友的支持点赞，引发社会各界的强烈关注与追捧。在业内也引起巨大的反响，实现了从传统的营销模式到新型花式营销模式的彻底转变，为行业树立了新标杆。

就在《三生三世十里桃花》的开播前期，优酷为了锁定目标人群，在1月24日推出定制“桃花专列”，包下开往春天的地铁。上线后，优酷还在2月14日当天包下了北京地铁4号线西单站F口，开通“桃花隧道”，抽桃花签、求桃花运、领鲜花礼品，满眼桃花伴随着主题曲与桃花香，视觉、听觉、嗅觉全方位感受“桃花情人节”；同时优酷联合星座大神为观众量身定制的新年开运桃花签，桃花剧情搭配桃花运势灵活借势超强吸睛。一条专列、一条隧道，穿越花海的浪漫氛围，使得广大群众积极响应，优酷宣发的美照顿时刷爆朋友圈。大家纷纷表示照片中粉红色的列车如一条长龙在花海中蜿蜒前行，那美得让人睁不开眼睛的就是优酷打造的“桃花专列”；而种下桃林的地铁通道浪漫绵延，让人们在情人节当天收获来自《三生三世十里桃花》的陪伴和喜悦。

随着技术和营销理念的不断升级，营销也在不断地创新中向前发展，新营销环境下的一个特点便是“互动”。优酷的花式营销是“线上和线下”的互动，智能化媒体手段让网络营销和消费者高效结合，不留痕迹地植入到日常生活中。

图4-2 《三生三世十里桃花》桃花运

优酷充分利用移动平台的互动优势，创新推出“预约开年桃花运”的看剧活动，激发用户关注。同时其pop-layer技术独家预约开年桃花，基于APP端的交互特效，利用技术优势，以桃花满满的互动玩法，满足用户“看玩”的猎奇心理，给用户带来差异化的观看体验。

优酷把营销视作是“技术+创新”的融合，网友打开优酷APP，粉色桃花悬于屏幕，未见内容先见声势，能够起到引导和渲染气氛的场景营销的作用。所谓场景营销，是预示网络营销大时代已经进入到一个整合的花式营销体系，资源的叠加、受众的感受、场景的配置相融合，从而达到扩大营销效果的目的。

把脉营销趋势，精准定位锦上添“花”

除了线上的视觉互动体验外，线下也是各大品牌抢夺的阵地。优酷此次充分把握线下的优势，在十大城市机场铺设主题活动户外广告，并有超过30家合作品牌合力宣推，通过对庞大用户群的分析和精准定位，发展成为一个在营销终端上完整的生态链条。

图4-3 《三生三世十里桃花》线下推广

当互联网、网络化营销、花式营销成为营销业内的新课题时，对传统营销方式和营销人来说不啻为一个挑战。优酷利用其自身庞大的平台曝光量，搭载黄金资源位广告，播出贴片等线上线下黄金资源，为这部剧集的开播做足了广告宣传，通过高曝光率挖掘目标受众。

图4-4 《三生三世十里桃花》花式营销

优酷在正片上线前日更发布独家正片片花，进一步满足粉丝的观剧需求，同时再次引发话题热度。其独家正片剪辑正式拉开“剧透”帷幕；首发预告片联动PGC剧刀叨、姐不能忍、片场女流盲等独家合作；正片上线后，剧中主角参与“弹幕聊天”，引发粉丝尖叫浪潮；放剧场前独家片头彩蛋，明星主角推荐重磅看点……如此深谙用户心理的营销方式，很快就制造出该剧“未播先火”的现象。由此可见，高明的营销不仅要充分整合多种网络资源，而且要使这些资源的价值发挥得淋漓尽致，线上线下活动的联合开展则可以为大剧营销锦上添花。

图4-5 《三生三世十里桃花》花式营销

持续发力，多措并举“花”开不败

开播伊始，优酷就着重在社交新媒体上发力推广《三生三世十里桃花》，上线当天，优酷播放量全网首先破亿；3天后，破5亿，占全网播放量42.43%；今日，优酷仍旧力压全网，播放量近百亿，成为今年开年电视剧话题之最。这些与优酷创新的传播策略密不可分，网络播放及传播方式、强大的平台优势、平台粉丝的高契合度，加上优酷线上线下配套创新营销，使得这部现象级剧占据了天时地利人和的优势。

如果说优酷联动各方资源通过桃花专列、桃花雨、桃花饮、桃花妆还有西单地铁十里桃林等一系列的花式营销来传达品牌概念的做法是聪明之举，那么接下来开展的联合闲鱼平台拍卖《三生三世十里桃花》戏服的动作，则充分彰显了大品牌的大智慧。优酷联手闲鱼，在闲鱼平台中拍卖剧中杨幂、赵又廷穿着的戏服等周边产品，将拍卖所得悉数捐献给芭莎慈善公益“乡土艺术学习包”项目，这不仅是花式营销的一个精彩案例，更为新时代营销提供了很好的借鉴。优酷的桃花拍卖活动，整合了明星资源、媒体资源，完成了一次具有创新性的公益营销活动，得到了网友的热烈响应，将营销价值发挥到了极致。

图4-6 《三生三世十里桃花》花式营销

优酷的此次花式营销根植网友内心，借天时地利人和之优，也尝到了花式营销创新玩法的硕果。所谓地利，在于优酷在推《三生三世十里桃花》不遗余力的各种花式包装。除了各种硬广资源的支持以外，还非常懂得借势包装，让本该落幕的“桃花”依旧可以笑春风。所谓人和，是因为长久以来客户的积累一直是优酷所倚重的重要资源。优酷《三生三世十里桃花》得到了香飘飘的总冠名，同时获得伊利、云南白药、爱茉莉、兰蔻、南孚电池、雅诗兰黛、娃哈哈、苏菲、美素、优信二手车、拜耳、Dior、Chanel、立白、惠氏、yum集团、海伦凯勒、DHC、点点乐、御泥坊、迪士尼等品牌的青睐。从定制“桃花专列”到十里桃林，从预约看剧到联动闲鱼拍卖戏服，优酷的花式营销模式环环紧扣，无缝衔接，成功创造出了一场内容方、用户方双丰收的营销传奇①。

项目知识 任务一 网络营销

一、网络营销

网络营销（On-line Marketing或E-Marketing）是随着互联网进入商业

① 中国网.《三生三世》，来一场“桃花式”的营销总结. http://science.china.com.cn/2017-03/08/content_9378450.htm.

应用而产生的，尤其是万维网（WWW）、电子邮件（E-mail）、搜索引擎、社交软件等得到广泛应用之后，网络营销的价值才越来越明显。其中可以利用多种手段，如E-mail营销、博客营销、微博营销、网络广告营销、视频营销、媒体营销、竞价推广营销、SEO优化排名营销等。

总体来讲，凡是以互联网或移动互联为主要平台开展的各种营销活动，都可称之为整合网络营销。简单地说，网络营销就是以互联网为主要平台进行的，为达到一定营销目的的全面营销活动。

二、网络营销常见形式

网络营销目前常见的形式主要有搜索引擎营销、即时通讯营销、网络病毒式营销、BBS营销、网络博客营销、聊天群组营销、网络知识性营销、网络事件营销、网络口碑营销、网络直复性营销、网络视频营销、网络图片营销、网络软文营销等。

1. 搜索引擎营销

搜索引擎营销是目前主要的网站推广营销手段之一，尤其基于自然搜索结果的搜索引擎推广，因为是免费的，因此受到众多中小网站的重视，搜索引擎营销方法也成为网络营销方法体系的主要组成部分。

搜索引擎营销主要方法包括：竞价排名、分类目录登录、搜索引擎登录、付费搜索引擎广告、关键词广告、搜索引擎优化、地址栏搜索、网站链接策略等。

2. 网络广告

通过网络广告投放平台来利用网站上的广告横幅、文本链接、多媒体的方法，在互联网刊登或发布广告，通过网络传递到互联网用户的一种高科技广告运作方式，包括注册独立域名，建立公司主页；在热门站点上做横幅广告（Banner Advertising）及链接，并登录各大搜索引擎；在知名BBS（电子公告板）上发布广告信息，或开设专门论坛；通过电子邮件（E-mail）给目标消费者发送信息等。

与传统的四大传播媒体（报纸、杂志、电视、广播）广告及近来备受垂青的户外广告相比，网络广告具有得天独厚的优势，是实施现代营销媒体战略的重要一部分。很多网络营销方法也都可以理解为网络广告的具体表现形式，并不仅仅限于放置在网页上的各种规格的BANNER广告，如电子邮件广告、搜索引擎关键词广告、搜索固定排名等都可以理解为网络广告的表现形式。

3. Web2.0营销

（1）BBS营销。BBS营销又称论坛营销，就是利用论坛这种网络交流平台，通过文字、图片、视频等方式传播企业品牌、产品和服务的信息，从而让目标客户更加深刻地了解企业的产品和服务，最终达到宣传企业品牌、产品和服务的效果，加深市场认知度的网络营销活动。

BBS营销就是利用论坛的人气，通过专业的论坛帖子策划、撰写、发放、监测、汇报流程，在论坛空间提供高效传播，包括各种置顶帖、普通帖、连环帖、论战帖、多图帖、视频帖等。再利用论坛强大的聚众能力，利用论坛作为平台举办各类踩楼、灌水、贴图、视频等活动，调动网友与品牌之间的互动，而达到企业品牌传播和产品销售的目的。

（2）博客营销。博客营销是通过博客网站或博客论坛接触博客作者和浏览者，利用博客作者个人的知识、兴趣和生活体验等传播商品信息的营销活动。

博客营销本质在于通过原创专业化内容进行知识分享，争夺话语权，建立起个人品牌，树立自己“意见领袖”的身份，进而影响读者和消费者的思维和购买行为。

（3）聊天群组营销。聊天群组营销是即时通信工具的延伸，具体是利用各种即时聊天软件中的群功能展开的营销，目前的群有微信群、QQ群、旺旺群等。

聊天群组营销时借用即时通信工具具有成本低、即时效果和互动效果强的特点，广为企业采用。通过发布一些文字、图片等方式传播企业品牌、产品和服务的信息，从而让目标客户更加深刻地了解企业的产品和服务。

（4）即时通讯营销。即时通讯营销又叫IM（（Instant Messaging））营销，是企业通过即时工具IM帮助企业推广产品和品牌的一种手段，包括网络在线交流和广告两种形式。中小企业建立了网店或者企业网站时一般会有即时通讯在线，这样潜在的客户如果对产品或者服务感兴趣自然会主动和在线的商家联系。中小企业可以通过IM营销通信工具，发布一些产品信息、促销信息，或者可以通过图片发布一些网友喜闻乐见的表情，同时加上企业要宣传的标志。

知识拓展

即时通讯的类型

根据即时通讯属性的不同，可以将IM即时通信工具分为以下几个类别。

1．个人IM

个人IM主要是以个人用户为主，非营利目的，方便聊天、交友、娱乐，例如QQ、雅虎通、网易POPO、新浪UC、百度HI、移动飞信（PC版）的及时通信软件。这类软件通常以网站为辅、软件为主，免费使用为辅，增值使用为主。

2．商务IM

商务IM通常以阿里旺旺贸易通、阿里旺旺淘宝版为代表。商务IM的主要作用是为了实现寻找客户资源或便于商务联系，从而以低成本实现商务交流或工作交流。此类IM用户以中小企业、个人实现买卖为目的，外企也可以方便地实现跨地域工作交流。

3．企业IM

企业IM一共有两种，一种是以企业内部办公用途为主，旨在建立员工交流平台；另一种是以即时通信为基础，系统整合各种实用功能，如企业通。

4．行业IM

行业IM主要局限于某些行业或领域使用的IM软件，不被大众所知，例如盛大圈圈，主要在游戏圈内盛行。行业IM也包括行业网站所推出的IM软件，如化工类网站推出的IM软件。行业软件，主要依赖于单位购买或定制软件①。

（5）SNS（Social Networking Services）营销。SNS即社会性网络服务，如中国人人网、开心网等都是SNS型网站。这些网站旨在帮助人们建立社会性网络的互联网应用服务。SNS营销就是利用SNS网站的分享和共享功能，在六维理论的基础上实现的一种营销。通过病毒式传

① 孙羽．网络整合营销[M].北京：电子工业出版社，2013.

播的手段，让企业的产品、品牌、服务等信息被更多的人知道。

知识拓展

六度理论

六度理论（也被称为六度空间理论、六度分隔理论、小世界理论）。1967年，哈佛大学的心理学教授Stanley Milgram（1934—1984年）创立了六度分隔理论，简单地说：“你和任何一个陌生人之间所间隔的人不会超过6个，也就是说，最多通过6个人你就能够认识任何一个陌生人。”按照六度分隔理论，每个个体的社交圈都不断放大，最后成为一个大型网络。

4. 网络口碑营销

网络口碑营销也称病毒式营销，是Web2.0时代网络中最有效的传播模式。网络口碑营销是把传统的口碑营销与网络技术有机结合起来的新的营销方式，是在应用互联网互动和便利的特点，在互联网上，通过消费者或企业销售人员以文字、图片、视频等口碑信息与目标客户之间进行的互动沟通，两者对企业的品牌、产品、服务等相关信息进行讨论，从而加深目标客户的影响和印象，最终达到网络营销的目的。

同步案例

雀巢“笨Nana”冰淇淋营销

雀巢新推出的全新笨Nana冰淇淋（一种不同寻常的冰淇淋，可以像真正的香蕉一样吃）上市之后，如何迅速打出品牌获取用户的品牌认知就成为迫在眉睫的事情。好在笨Nana冰淇淋在产品上开创了一种有趣的食用体验：食用时当从顶部咬上一口可剥离的果冻壳，就可以像剥香蕉皮那样剥出美味的冰淇淋。不过如何在品牌上获取成功，仍然任重道远。

从营销的角度，笨Nana冰淇淋“好玩”的食用体验无疑是一个绝佳的卖点，而崇尚分享的

图4-7 Nana冰淇淋的趣味营销

社会化网络自然成为最适合的平台。事实上对于这款产品微博上的讨论也大多集中于此，比如“史上第一只可以剥开吃的冰棍”“吃香蕉不吐香蕉皮”等带有趣味的评价得到了大量转发。

雀巢发现，中国的年轻人几乎都是互联网、手机用户，他们喜欢谈论新鲜事物，并且尤其相信口碑传播；他们花费在传统电视频道上的时间已经越来越少。而雀巢笨NANA的“剥开”，可以满足年轻人追求新鲜、好玩、时尚，并且乐于分享的消费心理。

为此，雀巢在社交巨头QQ上建立了互动的微型网站，在一个满是猴子的热带岛屿背景的网站里，都是动画笨NaNa游戏，并鼓励网友分享笨NaNa的可剥离，可食用外皮的有趣体验，这是笨NANA的关键卖点。同时微博用来宣传造势。电视、户外及搜索等媒介作为辅助宣传。

2012年2月，雀巢“笨NANA”开始全国范围预热，一边开始投放电视广告，一边在微博上发表“大陆也能吃到笨NANA了”的信息，为消费者带来切合实际的期盼，此时笨NANA开始在广州小范围上市。3月2日“笨NANA”开通新浪微博，之前的预热显出效果来，第一条微博转发量一天内超过1000。

从3月份开始，随着更多的人在本地吃到笨NANA，网络上热传的笨NANA微博内容就更丰富起来了。如“心急吃不了笨NANA”“有一种崩溃叫买不到笨NANA……有一种甜蜜叫今年我们一起追的笨NANA”。这些微博在不知不觉中形成转发或创造相同主题的内容进一步传播。在3月份，笨NANA登上新浪话题榜第一名，并7次登上新浪热搜榜。

据了解，整个活动期间，雀巢的互动微型网站获得了1000万网站独立访问用户，活动官方微博账号收获7.5万微博粉丝，获得大于450万微博推送，“在新浪微博上，笨NANA的主动传播者已经达到百万名。”雀巢大中华区冰淇淋业务及品牌发展经理翟威尔（Oliver Jakubowicz）在接受采访时表示。

雀巢“笨Nana”冰淇淋营销充分运用了网络资源，利用微博、QQ等宣传造势，利用粉丝消费者的影响力不断扩大产品和品牌影响力，多种宣传方式的相互配合让雀巢“笨Nana”冰淇淋突出重围，收获了众多粉丝和消费群体，可以说，雀巢“笨Nana”冰淇淋的营销方案是经典宣传案例了，值得冰淇淋加盟店经营者去慢慢思考[①]。

网络口碑营销的过程模式为TIAS。

（1）T（Touch）接触消费者。在满足用户情感交流、SNS互动、APP娱乐、垂直社区、同好人群等需求方面提供了多种服务和产品，这些产品为广告主接触用户创造了大量的机会。通过精准定向广告直接定位目标消费者。

精准定向的Banner广告创意与用户群的契合会带来用户更高的关注度，同时来自好友关系链的Feeds信息、与品牌结合娱乐化的APP更容易引起用户的兴趣，这些兴趣可能是用户的潜在消费欲望，也有可能是受广告创意的吸引。

（2）I（Interactive）消费者与品牌互动。通过参与活动得到互动的愉悦与满足感。也可以通过APP植入与消费者进行互动，APP植入广告在不影响用户操作体验的情况下传递品牌信息。

（3）A（Action）促成行动。通过消费者与品牌的互动，在娱乐过程中消费者潜移默化地

① 全球冰激凌网. “笨Nana”冰淇淋营销案例如何进行话题营销. http://www.zgbql.com/cgal/1540.html.

受到品牌信息的暗示和影响，提升了消费者对品牌的认知度、偏好度及忠诚度，从而对用户的线上及线下的购买行为和选择产生影响。

（4）S（Share）分享与口碑传播。用户与品牌互动及购买行为，可以通过自己的博客进行分享，而这些基于好友间信任关系链的传播又会带来更高的关注度，从而品牌在用户口碑传播中产生更大的影响。

知识拓展

口碑传播三要素

1．发声：第三方的身份，品牌身份以外的相关或者无关干系人。

2．传播：发声的渠道平台，进行传播和曝光。

3．评价：对发声的信息接收以后进行互动交流，实现用户到用户的信息口碑传播。

5. 电子邮件营销

电子邮件营销EDM，即E-mail Direct Marketing的缩写，是在用户事先许可的前提下，通过电子邮件的方式向目标用户传递价值信息的一种网络营销手段。E-mail营销有三个基本因素：用户许可、电子邮件传递信息、信息对用户有价值。三个因素缺少一个，都不能称之为有效的E-mail营销。电子邮件营销是利用电子邮件与受众客户进行商业交流的一种直销方式。同时也广泛地应用于网络营销领域。电子邮件营销是网络营销手法中最古老的一种，可以说电子邮件营销比绝大部分网站推广和网络营销手法都要老。

6. 网络知识性营销

网络知识性营销是利用百度的“知道”“百科”或企业网站自建的疑问解答板块等平台，通过与用户之间提问与解答的方式来传播企业品牌、产品和服务的信息。

网络知识性营销主要是因为扩展了用户的知识层面，让用户体验企业和个人的专业技术水平和高质服务，从而对企业和个人产生信赖和认可，最终达到了传播企业品牌、产品和服务的信息。

7. 网络事件营销

事件营销（Internet Event Marketing），是指企业通过策划、组织和利用具有新闻价值、社会影响以及名人效应的人物或事件，以网络为传播载体，吸引媒体、社会团体和消费者的兴趣与关注，以求建立、提高企业或产品的知名度、美誉度，树立良好品牌形象，并最终促成产品或服务的销售的手段和方式。

网络事件营销其实是事件营销（Net Event Marketing）的一个专业分支，是企业、组织主要以网络为传播平台，通过精心策划、实施可以让公众直接参与并享受乐趣的事件，并通过这样的事件达到吸引或转移公众注意力，改善、增进与公众的关系，塑造企业、组织良好的形象，以谋求企业的长久、持续发展的营销传播活动。

事件营销已经是国内外企业在品牌营销过程中经常采用的一种公关传播与市场营销推广的手段了。互联网时代的事件营销则自然过渡到网络事件营销阶段，然而国内专业对于“网络事件营销”这个行业和职业进行研究的并不多，其实企业只要适时地抓住那些广受社会关注的时事新闻事件及人物的明星效应，结合企业和产品在传播上的最终目的就可以策划出创造性的活动和事件。

同步案例

百事可乐借势六小龄童做营销

2016年1月末，关于六小龄童不上2016央视春晚的话题引爆社交网络，浓烈的怀旧情绪被迅速点燃并传播。广大网友纷纷在各大媒体平台发声，表达对《西游记》美猴王童年记忆的追忆和对央视春晚未邀请六小龄童的遗憾。新浪微博上关于这一话题的讨论量和阅览量迅速过亿，网民对这一话题的关注程度可见一斑。

与此同时，2015年12月29日，百事可乐力邀六小龄童、《大圣归来》原画作者齐帅、90后“守艺人”梁长乐共同参与推出了三部猴王情怀微电影，从章家四代对猴戏的坚持到年轻人心中的猴王形象，演绎他们各自把乐带回家的故事，也由此开启了“把乐带回家”活动的第五年。在微信朋友圈推出猴年微电影广告《把乐带回家之猴王世家》，把六小龄童一家的经历与百事可乐的新年宣传活动相结合，其制作精良，得到了各方称赞。相比央视春晚的冷漠回应，百事可乐的热情博得网友一致好评。广告微电影在原定的宣传周期过后，又得到了网友自发的二次传播。

百事可乐在投放《把乐带回家之猴王世家》微电影广告时，同时推出主题商品乐猴王纪念罐百事可乐。随着微电影广告话题讨论频次的快速增多和网友自发的人际传播，百事可乐“把

图4-8 百事可乐借势六小龄童“把乐带回家”

图4-9 百事可乐乐猴王纪念罐

乐带回家”主题活动认可度和美誉度随之提升，更重要的是取得了可观的营销实效。乐猴王纪念罐百事可乐数日之内在京东商城等各大销售渠道迅速售罄，更有网友主动要求品牌商提供更多的纪念罐。

百事可乐首先选择在微信朋友圈推出微电影广告《把乐带回家之猴王世家》，其耳目一新的视频形式、精良的内容制作迅速收获网友好评。次日，百事可乐又在新浪微博投放这则广告，并在各大视频网站上线，在网友浏览量集中的几大网站宣传品牌活动，扩大覆盖范围。在六小龄童不上春晚事件引发网友关注时，百事可乐发起“微电影广告中最动人台词”调查和“扫码送乐猴王纪念罐”等小游戏，延续营销活动的话题性，多网络平台立体传播，将营销功效发挥到了最大。[①]

8. 网络视频营销和网络图片营销

网络视频营销指的是企业将各种视频短片以各种形式放到互联网上，达到宣传企业品牌、产品以及服务信息的目的的营销手段。网络视频广告的形式类似于电视视频短片，它具有电视短片的种种特征，例如感染力强、形式内容多样、肆意创意等，又具有互联网营销的优势，例如互动性、主动传播性、传播速度快、成本低廉等。可以说，网络视频营销，是将电视广告与互联网营销两者“宠爱”集于一身。

网络图片营销就是企业把设计好的有创意的图片，在各大论坛、空间、博客和即时聊天等工具上进行传播或通过搜索引擎的自动抓取，最终达到传播企业品牌、产品、服务等信息，来达到营销的目的。

9. 网络软文营销

所谓软文就是带有某种动机的文体，而软文营销则是个人和群体通过撰写软文，实现动机，达成交换或交易的目的的营销方式，可以相对于硬广告而言。软文营销，就是指通过特定的概念诉求、以摆事实讲道理的方式使消费者走进企业设定的“思维圈”，以强有力的针对性心理攻击迅速实现产品销售的文字模式和口头传播。如新闻、第三方评论、访谈、采访、口碑等。

网络软文营销，又叫网络新闻营销，通过网络上门户网站、地方或行业网站等平台传播一些具有阐述性、新闻性和宣传性的文章，包括一些网络新闻通稿、深度报道、案例分析等，把企业、品牌、人物、产品、服务、活动项目等相关信息以新闻报道的方式，及时、全面、有效、经济地向社会公众广泛传播的新型营销方式。

同步案例

锤子坚果手机互联网软文大赛

锤子科技官方微博发起了“锤子杯”首届中文互联网软文大赛，该活动要求提交一篇包含指定商业营销信息的软文，要求参赛者在精彩绝伦的文章中悄然无声地植入坚果手机降价200元的广告，京东现货的营销信息，而且文章字数、体裁和题材无限制，小说、诗歌、散文、评论均可。而该活动的奖品也非常吸引人：一等奖人民币1万元，二等奖MacBook Air，三等奖为

① 黄梦帆. 从六小龄童事件看百事可乐的借势营销. 新闻研究导刊［J］. 2016（2）.

Smartisan T2手机一部+坚果手机一部。从锤子科技微博近期的造势来看，不少的网友都提交了其所发布的相关“软文”。

其中获得一等奖的作品为《呆子不开口》。

吴震怎么也想不到，他小心翼翼这么多年，竟然在今天落网了。

他们是网上诈骗犯，通过盗取个人资料、账号、密码和钓鱼等手段，欺骗受害者给他们汇款。

吴震雇着一帮客服在福建诈骗，另外一个成员刘巍在兰州找些小镇负责转移赃款。

他俩非常谨慎，他们之间平时没有电话短信往来，更不会在网络上聊天。他们连每一张银行卡的密码都是不一样的。他们知道警方有能力监控他们的所有联系渠道。

刘巍每收到一张银行卡，就会去把钱取出来。这些银行卡都是吴震在网上买的黑卡，户主都是不相干的人。警方通过监控也无法找出刘巍，他每次都戴着帽子。

可是这一次，刘巍输入的密码却怎么也不对，这是他以前从来没有遇到过的。密码错误三次后，账号被锁定了，得24小时才能解锁。刘巍怒了，踹了一脚提款机，出门时，还一拳砸了一棵小树。

回去后，刘巍又拿出信封，详细地对了下密码，确认了没有错。他打算第二天晚上再试试。

第二天夜里，他输了密码，却还是错误。“吴震你傻吧”，刘巍吼了出来。

可是刚吼完，旁边窜出来的警察就把他按住了。警察已经等了他一天了。

没几天，吴震也落网了。他俩再见面时互相埋怨着对方。

通过审讯，警方慢慢了解了他们的作案细节。但警察也好奇，为何这次他们却出了意外。

当分析结果出来时，警察叔叔们哈哈大笑道：“法网恢恢啊，他们大意了。”

原来，吴震每次给刘巍寄卡都会附上小纸条写上密码信息，当然不会直接写密码，而是写了两个网址。每一个网址都是京东网上的一个商品，价格都是三位数的。两个商品的价格连起来就是取款的密码。

可怜的吴震和刘巍，可能到死也不会知道为什么他们的密码是错的。

因为就在这段时间，第二个网址的商品，坚果手机，降价了，从899变成了699。①

三、网络营销的社交化趋势

具有社交属性的网络应用呈现爆发式增长，社交化的互联网生态环境已经成型，网络营销的社交化成为大势所趋。

1. 网络社交化的主要表现

社交在不同的历史时期有着不同的表现形式及内容，网络社交主要表现形式包括两种：一是以物质交换为主的网络社交，其主要目的就是买卖双方在不谋面的情况下，借助互联网实现各种商贸活动，最典型的就是电子商务。二是以精神交换为主的网络社交，其主要作为现实人际关系沟通的辅助手段，强化人与人之间的情感联络，扩大人际交流的范围与规模。

2. 营销的社交化

社交媒体的繁荣，使得在线成为人们生活的一个重要部分，人们通过社交媒体完成生活、

① IT之家网. https://www.ithome.com/html/android/207123.htm.

消费、娱乐、情感交流、信息共享等几乎一切有关交往和生活的活动。在这种趋势下，营销更多地依赖于消费者与消费者之间、企业与消费者之间的社会关系，关系和口碑成为衡量营销效果的两个重要因素。营销的社交化策略包括以下几个方面：

（1）确定目标群体，实施社群化营销。在网络世界里，用户既可以保持自己独特的个性，也可以根据其特征和爱好被划分为一个个群体。企业可以根据自己的市场定位，确定目标群体进行社群化营销，让被同一事物联系在一起的人聚集起来交流，利用群体关系引爆某个传播点。

同步案例

鹿晗的粉丝帝国

鹿晗单条微博回复破一亿评论的世界吉尼斯纪录，到百度贴吧动辄百万的回复，以及QQ电子唱片五元每张，一个粉丝一次买两千张，五天破百万的销量，每条微博几十万评论。除了疯狂的数据之外，还有大型活动时的粉丝自动且有序，粉丝行动的规律和统一性，充满激情的粉丝集体行动中，他们形成了统一的价值观和行事风格。2016年3月18日，鹿晗在微博上发布了一条“新气象，新朋友，新盟主和小新”的帖子，仅两天时间，就收获了12万转发，9.3万评论以及56万点赞。

2014年10月10日，鹿晗发布微博：“我回家了。”不久后，一个名为“离家七载，荣耀归来：百万粉丝欢迎鹿晗回家”的帖子出现在百度鹿晗吧，号召鹿饭们用最快速度回帖。149分钟后，回帖数突破了一百万，当时联合发布的站点有100多家，“百站声明”欢迎鹿晗回家，时隔一年，帖子的数量已经超过了两百个。

2014年，鹿晗的一条微博以上千万条评论创下吉尼斯世界纪录，时隔一年，这一数据突破了一亿条。纪录达成之前，新浪微博最多只能显示9999万条评论。在鹿饭们的反复呼吁下，微博甚至专门为此修改了系统后台。

鹿晗的首张音乐专辑《Reloaded》首唱会在半个月前，专辑在QQ音乐上线预售，售价5元，一个小时内，就卖出35万张。一个女孩一次性买下了两千张。从收听角度而言，买一张和买两千张没有任何区别，但她没有丝毫犹豫。“必须要支持他。得让路人知道，我们鹿饭有多么强大。虽然我一个人的力量是薄弱的，但我们大家一起努力的话，一定是很强大的。最起码也要超过一百万张。”如她所愿，短短5天，专辑销量突破百万①。

（2）加强互动沟通，形成病毒式营销。企业在营销中要强化互动沟通，一方面是企业与消费者之间的互动沟通，另一方面是消费者与消费者之间的互动沟通。企业充分利用消费者的社交圈子，让消费者自觉自愿地参与传播，自动成为活动的传播者和营销者，达到病毒般扩散的传播效应。

（3）利用社交媒体，进行整合营销。企业应结合社交媒体进行整合营销，在各类社交媒体之间、社交媒体与其他新媒体之间、社交媒体与其他传统媒体之间的整合。在新的营销传播环境下，营销推广需要有针对性地进行整合营销。

① 腾讯财经. https://finance.qq.com/a/20171011/037025.htm.

3. 消费者自创内容与参与式营销

随着数字技术的进步，社会化媒体的个人表达越来越强，消费者的意见与体验对其他消费者的影响也与日俱增，企业广告对消费者购买力形成的作用逐步下降。拒绝干扰式营销，实施参与式营销策略的现象越来越普遍。

参与式营销的核心，就是企业以消费者为中心，通过消费者的有效沟通，建立良好的关系，使消费者参与到企业产品创新和营销的过程中，进而参与到企业的成长过程。

4. 社交媒体时代的口碑营销

社交媒体时代，广告对网民的作用日渐式微，网民更愿意通过“朋友圈”里的意见领袖或有经验的其他消费者来获取相对可靠的信息。

口碑营销时代，企业需要提高产品质量，提升消费者体验。成功的口碑营销不是来自完美的创意广告，而是来自产品或服务本身的优势和良好的消费者体验。企业要善用意见领袖，提升口碑传播效果。网络意见领袖拥有庞大的粉丝群，其言行会得到海量的回复、转发、评论，能产生强大的传播效果。企业还要理性处理负面口碑，维护企业形象。企业如果有负面信息出现，要以诚恳负责的态度第一时间和消费者进行沟通，应最大限度地维护企业形象。

任务二 搜索引擎营销

一、搜索引擎营销的内涵

搜索引擎营销的英文是search engine marketing，简写为SEM。搜索引擎营销是基于搜索平台的网络营销，利用网民对搜索引擎的依赖和使用习惯，在检索信息的时候尽可能地将营销信息传递给目标客户。搜索引擎优化设计主要目标有2个层次：被搜索引擎收录、在搜索结果中排名靠前。搜索引擎营销的基本模式主要包括：免费登录分类目录、搜索引擎优化、收费登录分类目录、关键词广告、关键词竞价排名、网页内容定位广告等。

知识拓展

搜索引擎的类型

1. 全文索引

全文搜索引擎是名副其实的搜索引擎，国外代表有Google，国内则有著名的百度搜索。它们从互联网提取各个网站的信息（以网页文字为主），建立起数据库，并能检索与用户查询条件相匹配的记录，按一定的排列顺序返回结果。

根据搜索结果来源的不同，全文搜索引擎可分为两类：一类拥有自己的检索程序（Indexer），俗称“蜘蛛”（Spider）程序或“机器人”（Robot）程序，能自建网页数据库，搜索结果直接从自身的数据库中调用，上面提到的Google和百度就属于此类；另一类则是租用其他搜索引擎的数据库，并按自定的格式排列搜索结果，如Lycos搜索引擎。

2．目录索引

目录索引虽然有搜索功能，但严格意义上不能称为真正的搜索引擎，只是按目录分类的网站链接列表而已。用户完全可以按照分类目录找到所需要的信息，不依靠关键词（Keywords）进行查询。目录索引中最具代表性的莫过于大名鼎鼎的Yahoo！、新浪分类目录搜索。

3．元搜索引擎

元搜索引擎（META Search Engine）接受用户查询请求后，同时在多个搜索引擎上搜索，并将结果返回给用户。著名的元搜索引擎有InfoSpace、Dogpile、Vivisimo等，中文元搜索引擎中具有代表性的是搜星搜索引擎。在搜索结果排列方面，有的直接按来源排列搜索结果，如Dogpile；有的则按自定的规则将结果重新排列组合，如Vivisimo。

4．其他非主流搜索引擎形式

（1）集合式搜索引擎:该搜索引擎类似元搜索引擎，区别在于它并非同时调用多个搜索引擎进行搜索，而是由用户从提供的若干搜索引擎中选择，如HotBot在2002年底推出的搜索引擎。

（2）门户搜索引擎:AOL Search、MSN Search等虽然提供搜索服务，但自身既没有分类目录也没有网页数据库，其搜索结果完全来自其他搜索引擎。

（3）免费链接列表（Free For All Links，简称FFA）：一般只简单地滚动链接条目，少部分有简单的分类目录，不过规模要比Yahoo！等目录索引小很多。

搜索引擎营销得以实现的基本过程是：企业将信息发布在网站上成为以网页形式存在的信息源：搜索引擎将网页/网站信息收录到索引数据库，用户利用关键词进行查询和检索，检索结果罗列相关的索引信息以及链接URL，用户选择有兴趣的信息并点击URL进入信息源所在的网页，从而完成了企业从发布信息到用户获取信息的全过程。

由此可见，搜索引擎营销的基本要素有五个：信息源、搜索引擎信息索引数据库、用户的检索行为和检索结果、用户对检索结果的判断分析以及对选中检索结果的点击。信息源是基础，需要通过对用户、网站管理维护和搜索引擎的优化来构造适合搜索引擎检索的信息源。然后，应尽量创造网页/网站被搜索引擎收录的机会，让更多的网页被搜索引擎收录，但这还远远不够。大多数网民的检索习惯是仅仅关注搜索结果的前几页，如果企业信息出现的位置较后，被用户发现的机会很低，甚至几乎为零，因此要想方设法让网站信息出现在搜索结果中比较靠前的位置。同时，要对搜索引擎收集信息的方式进行针对性的研究，以便在有限的搜索结果中引起用户关注并最终点击搜索结果进入网站。最后要与其他网络营销工作紧密联系，如在线销售、客户服务、网站信息发布等，为客户获取信息提供方

图4-10　常见搜索引擎

便优质的服务，使其成为潜在客户，甚至直接购买商品。

二、搜索引擎营销的基本方法

1. 免费登录分类目录

免费登录分类目录是最传统的网站推广手段。由于目前大多数搜索引擎都开始收取费用，免费登录分类目录的营销效果已经不尽如人意，以当前的发展趋势，这种方式已经逐步退出网络营销的舞台。

2. 付费登录分类目录

付费登录分类目录是当网站缴纳相应费用之后才可以获得被收录的资格。固定排名服务是在付费登录基础上展开的。此类模式与网站本身的设计基本无关，主要取决于费用，但其营销效果也存在日益降低的问题。

3. 搜索引擎优化

搜索引擎优化（Search Engine Optimization，SEO）是按照一定的规范，通过对网站功能和服务、网站栏目结构、网页布局和网站内容等网站基本要素的合理设计，增加网站对搜索引擎的友好性，使得网站中更多的网页能被搜索引擎收录，同时在搜索引擎中获得较好的排名，从而通过搜索引擎的自然搜索尽可能多地获得潜在用户。SEO的着眼点不仅考虑搜索引擎的排名规则，而且更多地考虑到如何为用户获取信息以及服务提供方便，此外，细分目标客户群，分析消费者心理，研究他们对关键词的界定，帮助企业在关键词的选择上有的放矢。

4. 关键词竞价排名

网络关键词竞价排名是搜索引擎服务商（以下简称“服务商”）向客户提供的以网络关键词付费高低为标准，对购买同一关键词的网站链接，在网民的搜索结果中进行先后排序的一种网络营销模式。网站缴纳费用后才能被搜索引擎收录，费用越高者排名越靠前。竞价排名服务，是由客户为自己的网页购买关键词排名，然后按点击计费的一种服务。通过修改每次点击付费价格，用户可以控制自己在特定关键词检索结果中的排名，也可以通过设定不同的关键词捕捉到不同类型的目标访问者。

竞价排名的见效快，只要充值并设置关键词价格后即刻进入搜索引擎排名前列，但搜索引擎优化的效果较慢，一般要三个月以上才能见效。同时竞价排名具有精准投放和关键词无限量等优势。但其同时也存在费用高和有可能被竞争对手和广告公司恶意点击等缺点。

竞价排名和网站优化各有优势，对于预算充足的公司可以先做竞价排名，与此同时进行SEO，当SEO工作结束，排名达到要求后，再停止竞价排名，这样可以顺利过渡也不会对营销造成影响。

5. 固定排名

固定排名是一种收取固定费用的推广方式，企业在搜索引擎购买关键词的固定排位，当用户检索这些关键词信息时，企业的推广内容就会出现在检索结果的固定位置上。这种方式可以避免非理性的关键词价格战，但当某一关键词变成“冷门”时，可能会使得企业资源浪费。

6. 购买关键词广告

关键词广告即在搜索结果页面显示广告内容，实现高级定位投放，用户可以根据需要更换关键词，相当于在不同页面轮换投放广告。关键词广告显示的位置与搜索引擎密切相关，有些出现在检索结果的最前面，有些出现在检索结果页面的专用位置。

在搜索引擎中检索信息都是通过输入关键词来实现的，因此关键词的确非常关键。它是整个网站登录过程中最基本，也是最重要的一步。那么如何才能找到最适合你的关键词呢？首先，要站在客户的角度，调查目标客户的搜索习惯，考虑消费者在搜索产品时最有可能使用的关键词有哪些。其次，在选择关键词时，要选择相关的关键词，也就是挑选的关键词必须与企业的产品或服务有关；要选择具体的关键词，避免拿含义宽泛的一般性词语作为主打关键词，而是要根据企业的业务或产品的种类，尽可能选取具体的词或词组。企业还可以用专业概念词汇来限定来访者，使关键词组足够明确专业，不至于太过宽泛。

企业需要根据自己的实力和资源，选择自己能力范围之内和自己网站主题内容相关的关键词，只保留能够带来“有效流量”的关键词。

三、搜索引擎营销的基本步骤

1. 构造适合于搜索引擎检索的信息源

信息源被搜索引擎收录是搜索引擎营销的基础，这也是网站建设之所以成为网络营销基础的原因，企业网站中的各种信息是搜索引擎检索的基础。由于用户通过检索之后还要来到信息源获取更多的信息，因此这个信息源的构建不能只是站在搜索引擎友好的角度，应该包含用户友好，这就是我们在建立网络营销导向的企业网站中所强调的，网站优化不仅仅是搜索引擎优化，而是包含三个方面：即对用户、对搜索引擎、对网站管理维护的优化。

2. 创造网站、网页被搜索引擎收录的机会

网站建设完成并发布到互联网上并不意味着自然可以达到搜索引擎营销的目的，无论网站设计多么精美，如果不能被搜索引擎收录，用户便无法通过搜索引擎发现这些网站中的信息，当然就不能实现网络营销信息传递的目的。因此，让尽可能多的网页被搜索引擎收录是网络营销的基本任务之一，也是搜索引擎营销的基本步骤。

3. 让网站信息出现在搜索结果中靠前位置

网站网页仅仅被搜索引擎收录还不够，还需要让企业信息出现在搜索结果中靠前的位置，这就是搜索引擎优化所期望的结果，因为搜索引擎收录的信息通常都很多，当用户输入某个关键词进行检索时会反馈大量的结果，如果企业信息出现的位置靠后，被用户发现的机会就大为降低，搜索引擎营销的效果也就无法保证。

4. 以搜索结果中有限的信息获得用户关注

通过对搜索引擎检索结果的观察可以发现，并非所有的检索结果都含有丰富的信息，用户通常并不能点击浏览检索结果中的所有信息，需要对搜索结果进行判断，从中筛选一些相关性最强，最能引起用户关注的信息进行点击，进入相应网页之后获得更为完整的信息。做到这一点，需要针对每个搜索引擎收集信息的方式进行针对性的研究。

5. 为用户获取信息提供方便

用户通过点击搜索结果而进入网站、网页，是搜索引擎营销产生效果的基本表现形式，用户的进一步行为决定了搜索引擎营销是否可以最终获得收益。在网站上，用户可能为了了解某个产品的详细介绍，或者成为注册用户。在此阶段，搜索引擎营销将与网站信息发布、顾客服

务、网站流量统计分析、在线销售等其他网络营销工作密切相关，在为用户获取信息提供方便的同时，与用户建立密切的关系，使其成为潜在顾客，或者直接购买产品。

四、搜索的多元化及营销前景

搜索引擎不再只是“引擎”，也不再是展示信息的“内容平台”，而是在用户搜索的同时，除了向用户提供搜索结果外，还能推荐用户可能关心的问题以及相关话题，甚至与之相关的网友讨论，既让用户全方位了解搜索词的信息，又提供给用户更多的相关选择和结果。

搜索引擎不但被动地提供精准结果，还主动推荐给你可能想要的相关信息，甚至预知你想要的结果。

自从互联网出现搜索以来，文字搜索一直是主流搜索，而音像搜索则一直没有起色，这一方面由于用户的搜索习惯，另一方面也受限于搜索技术的牵制。但随着互联网技术的发展，让多元化的搜索成为可能：从传统的文字搜索，逐渐向图片、音视频等领域扩展。

1. 智能搜索

“智能搜索”功能将搜索技术和资源进行了智能整合，为用户提供便捷的使用体验。新的智能搜索不追求PC搜索一样的大而全，而是从语音识别、图像搜索、人脸识别、LBS等方面提升服务的精准度，催生出效率更高的全新搜索交互方式。

同步案例

百度极速智能搜索

百度目前提供网页搜索、MP3搜索、图片搜索、新闻搜索、百度贴吧、百度知道、搜索风云榜、硬盘搜索、百度百科等主要产品和服务，同时也提供多项满足用户更加细分需求的搜索服务，如地图搜索、地区搜索、国学搜索、黄页搜索、文档搜索、邮编搜索、政府网站搜索、教育网站搜索、邮件新闻订阅、WAP贴吧、手机搜索（与Nokia合作）等服务；同时，百度还在个人服务领域提供了包括百度影视、百度传情、手机娱乐等服务。2004年8月，百度还收购了中国国内最大的个人网站“hao123”，为初级网民提供网络站点导航等服务。

2014年百度搜索又再次改版，百度称之为极速智能搜索。这种搜索结果的改变与传统搜索相比，更进一步节省了搜索到结果的步骤。之前的从搜索到结果实际上是“输入—回车—点击—结果”以及“输入—回车—结果”的过程，而现在这一步骤则直接转为“输入—结果”。当用户在百度开始输入搜索字词时，相关搜索结果就会立即显示出来。即使你输入的不是中文字符，百度也可以进行“联想搜索”[①]。

2. 搜索差异化

百度移动搜索的用户偏好新闻和娱乐，搜狗移动搜索的用户偏好新闻和视频，神马搜索的用户娱乐搜索为主，说明每个搜索引擎都努力在细分市场中实现产品差异化。但移动搜索产品同质化现象仍然十分严重，例如360搜索推出的良医、百度的医疗搜索均被爆料雷同。移动搜索产品需要从个性化、趣味化、服务化和场景化几个方面对产品做出改良，这样才可以在激烈的移动搜索市场中占据优势。

① 百度百科. https://baike.baidu.com/.

3. 搜索方式多元化

语音识别、图像搜索、人脸识别、LBS更加受到搜索提供商的青睐。垂直搜索多元化，目前行业搜索、购物搜索等垂直搜索具有巨大的用户需求，未来各垂直领域搜索将逐渐向一站式交易平台发展。搜索结果多元化，伴随着智能化搜索，移动搜索引擎供应商会更加重视创新技术，愈发考验搜索服务商的综合资源能力。

知识拓展

购物搜索

购物搜索是从比较购物网站发展起来的，比较购物最初的设想，是为消费者提供从多种在线零售网站中进行商品价格、网站信誉、购物方便性等方面的比较资料。购物搜索与一般的网页搜索相比的主要区别在于，除了搜索产品、了解商品说明等基本信息之外，通常还可以进行商品价格比较，并且可以对产品和在线商店进行评级，这些评比结果指标对于用户购买决策有一定的影响，尤其对于知名度不是很高的网上零售商，通过购物搜索引擎，不仅增加了被用户发现的机会，如果在评比上有较好的排名，也有助于增加顾客的信任。

目前中国市场比较出名的购物搜索网站有比价网，安图搜比价购物，导购网，有道购物，帮5买等。

为了满足用户需求，搜索引擎逐渐向服务型企业转型，尽力整合互联网及传统企业，整合线上、线下资源，例如餐饮、医疗、旅游、金融等资源，吸引更多线下商家入驻，设计的服务范围不断扩大，打造更加完备的搜索生态，提升用户黏性。

营销视角

QQ 阅读携手胡歌

QQ阅读携手胡歌打造的一系列品牌营销活动，以价值观趋同的方式，彻底引爆整个互联网圈，微信、微博、贴吧、QQ部落以及新闻媒体等，都出现了“胡歌+QQ阅读”的相关内容，一时之间带有QQ阅读Logo的胡歌文艺图片成为用户印象中的经典，而QQ阅读则通过这种价值观趋同的路数，获得用户全面认可。

微博的数据显示，仅QQ阅读官方发起的#全城找胡歌#的话题阅读量达到2137.4万，话题讨论量达4.1万；#胡歌读自己#的话题阅读量4316.6万，话题讨论量5.6万。影响力不可谓不大。

胡歌代言的《读自己》微电影全网浏览量超过350万（有用户自发在多个平台上上传该视频），胡歌的粉丝官网（古月哥欠）、贴吧以及众多的微信公众号均出现了大量的与“胡歌+QQ阅读”相关内容，用户的力量在这一刻得到了极大的迸发。

另外，QQ阅读还利用游戏互动的方式，让用户参与到整个活动中来，比如粉丝们只要集齐了一定数量的地铁广告照片，就会解锁胡歌的广告片和更多海报；粉丝们还能通过“20位网文大神与胡歌隔空谈阅读”的活动，深度粘连胡歌与阅读；粉丝还可以通过UGC行动来解锁，获得《读自己》3分钟黑白导演私藏版。各种有趣的玩法，深度吸引用户参与，让品牌真正无形地融入活动中来。

作为在话剧、写作、摄影等领域均有所成就的明星，胡歌文艺的形象在粉丝心中早有认知。这点上和QQ阅读不谋而合。用经典的定位理论来说，就是存在对胡歌进行“重新定位”的基础。

QQ阅读的高明之处，就在于抓住了胡歌本身文艺的一面，向粉丝和用户不断放大、强化了一个“文艺胡”的形象，QQ阅读要传达出的是一个粉丝或许从未见过的胡歌：真实、安静，骨子里充盈着思想的力量，是一个安静但坚定的“文艺胡”。这恰好把胡歌同其他代言区隔开，一步步确定为专属QQ阅读的“文艺胡”。换种说法，即QQ阅读创造了一个全新的“胡歌品类”，并且成功独占了粉丝和用户关于“文艺胡”的心智。

无论2分钟彩色还是3分钟黑白的《读自己》微电影里，胡歌整个一个文艺青年的路数，用低沉的嗓音向观众独白，“那些不演戏的日子，我会把自己丢进书堆里，作为一个读者，就像做一个演员……”，似乎胡歌根本不是在拍一个微电影，而是胡歌真正的内心独白，扣人心弦，这和以往的企业代言是非常不同的，一般企业代言通常是30秒的广告，赤裸裸地告诉你，“看××，用×× APP”，简单生硬，《读自己》是真的在说阅读。

“越读，越明白自己”，是QQ阅读借胡歌不断强调的品牌精神。在现代社会，阅读承载了完全不同的意义。信息爆炸、物质充盈，到处都是功利的机会和负累，外在的诱惑容易让人迷失。而阅读让我们重新沉静下来，在别人的故事里对照自己的灵魂，思考自己的归属和意义，从对外部事物的执着转变成对内在心灵的探求……这正是阅读在现代社会中的非凡意义。

精神上的共鸣，让QQ阅读和胡歌融为一体，两者的价值观趋同一致，让阅读的归阅读，不掺杂别的杂质。

胡歌与QQ阅读的所有品牌战役，策略上都有非常独到之处。譬如，将地铁海报、15秒TVC以及微电影“奖品化”，通过社交媒体平台驱动用户去拍照、分享，粉丝不再是单纯的信息接收者，而是在这种“饥渴营销”的套路下，变身成了QQ阅读广告传播的媒介和载体。

不仅如此，在传递品牌理念的同时，QQ阅读也联手胡歌适时发起了向全民免费送书的轻公益行动，将理念转化为行动；并且适时调动旗下大神作家资源以及外部圈层KOL，让影响力

图4-11　胡歌《读自己》

从胡歌粉丝群扩大到了全民。

价值观的共振以及全民送书行动的驱动，让品牌战役累计的声量和流量，最终都收归到了QQ阅读APP上，而用户在APP上不仅能享受到参与游戏的乐趣，还能享受到QQ阅读大规模限免的福利。

百度指数显示，自胡歌与QQ阅读合作的活动开始后，QQ阅读的百度搜索指数得到了显著提升。同时，不少文案类微信公众号都将胡歌与QQ阅读的合作当作经典案例发布[①]。

① 搜狐网. QQ阅读携手胡歌，用价值观重塑移动阅读. http://www.sohu.com/a/101999351_117915.

项目要点

网络营销是随着互联网进入商业应用而产生的，尤其是电子邮件、搜索引擎、社交软件等得到广泛应用之后，网络营销的价值越来越明显。

网络营销目前常见的形式主要有搜索引擎营销、即时通讯营销、网络病毒式营销、BBS营销、网络博客营销、聊天群组营销、网络知识性营销、网络事件营销、网络视频营销、网络图片营销、网络软文营销等。

搜索引擎营销是基于搜索平台的网络营销，利用网民对搜索引擎的依赖和使用习惯，在检索信息的时候尽可能地将营销信息传递给目标客户。

搜索引擎营销的基本方法包括免费登录分类目录、付费登录分类目录、搜索引擎优化、关键词竞价排名、固定排名、购买关键词广告等。

搜索引擎营销的基本步骤为构造适合于搜索引擎检索的信息源、创造网站、网页被搜索引擎收录的机会、让网站信息出现在搜索结果中靠前位置、以搜索结果中有限的信息获得用户关注、为用户获取信息提供方便。

搜索引擎不但被动地提供精准结果，还主动推荐给你可能想要的相关信息，甚至预知你想要的结果。

搜索引擎营销也向多元化发展，智能搜索、搜索差异化、搜索方式多元化成为趋势，也极具营销前景。

项目实训

一、实训目的

1. 了解搜索引擎的内涵、工作原理。

2. 了解搜索引擎营销的主要形式及特点。

3. 掌握 SEO、竞价排名、相关搜索和站外优化的运作技巧。

二、实训要求

1. 分组进行：每 3~5 个人一组，选取一名组长（组内成员中注明）。

2. 实训形式：以小组为单位提交电子版某品牌搜索引擎营销策略设计方案，最后一页要说明组内每位成员的具体贡献。

三、实训所需仪器、设备

连接上互联网的手机、电脑，投影仪。

四、实训内容

1. 学生登录百度推广（即百度竞价）平台，通过百度竞价平台的真实操作，掌握百度竞价账户中的推广计划、推广单元、关键词和创意构建技巧，学会关键词匹配方式和关键词出价的设置策略。

2. 针对某品牌进行搜索引擎营销策略设计，将 SEO、竞价排名、相关搜索和站外优化运作技巧与品牌的特点及营销环境分析有效衔接，让营销策略的实施具有合理性和可行性。

五、总结分析

完成实训报告后，小组互评，老师点评。

项目测评

1. 操作题

请根据小组所选项目的产品或服务，进行关键词广告营销，为其选择、设计合适的关键词。

结合项目产品或服务的关键词设定，讨论：关键词广告有什么特点？如何选择关键词?

2. 思考题

搜索多元化带来了哪些新兴的搜索营销方式？请举例说明。

项目五

博客营销与微博营销

项目目标

知识目标

1. 了解博客与微博的功能与特点
2. 了解博客营销与微博营销的特点与形式
3. 掌握博客营销与微博营销策略

能力目标

1. 能够熟练使用博客与微博各种工具与功能
2. 能够开通博客与微博账号
3. 能够将开通的博客与微博进行推广
4. 能够运营企业微博账号

导入案例

2014年冬奥会“五环变四环”企业微博营销案例

2014年2月8日凌晨00点14分，索契冬奥会正式开幕，在五朵雪绒花绽开成奥运五环之际，位于右上角的那一环却戛然而止，导致奥运五环没有完美形成，官方已经承认是技术故障。在网友吐槽的同时，微博上的公司账号们纷纷借机营销。微博上，各企业们纷纷借机事件营销。杜蕾斯、冈本、红牛、碧浪、雪花啤酒、茅台、安居客、兰芝、美的电器、TCL、阿里云、小米、淘宝、奥迪、尼桑、中粮五谷道场都陆续策划了“五环变四环”营销文案……

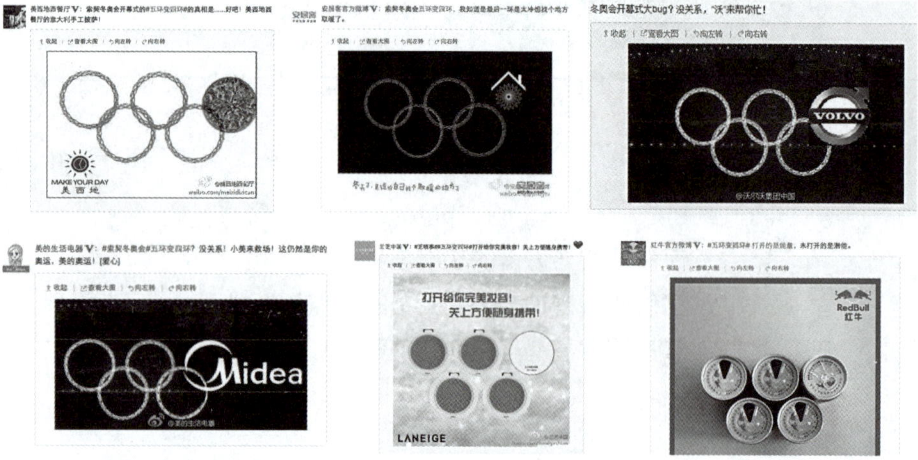

图5-1　企业微博借势营销

其中，红牛围绕“能量”诉求深入人心，俄罗斯索契冬奥会是一次全球性体育盛会，吸引了全球目光，而在2014年2月8日凌晨开幕式却出现了戏剧性一幕，奥运五环有一个环没有打开，敏感的企业开始抓住机会进行借势营销，红牛也借势推广其“能量”诉求，吸引体育爱好者的目光。

“#五环变四环#打开的是能量，未打开的是潜能”，五环变四环是一次失误，是不完美和瑕疵，社交媒体上对此出现了很多的“负能量”话语。翻转网友“负能量”认知，从“能量”“潜能”正能量的角度出发，对这次事件给出正面、积极的看法，并把产品功能进行了很好的传播①。

项目知识　任务一　博客营销

博客是当前全球热门的互联网词汇之一，博客从广义上来看，是指记录个人生活、工作、体验及想法等的一种网络笔记本。从狭义上来看，博客即为

① 联商网.微博“五环变四环”企业事件营销案例. http://www.linkshop.com.cn/web/archives/2014/279756.shtml.

Blogger，Blogger代表写博客的人，有时也被翻译成博客或者是指撰写博客的这种行为。

一、博客与博客营销

博客最初的名称就是Weblog，由web和blog这两个单词组成，英文单词为BLOG（WEB LOG的缩写），按字面意思是网络日记，从而博客这个词就被创造出来了。博客这种网络日记的内容一般是公开的，在博客上不仅可以自己发表文章，而且可以看到别人发表的博客，因此博客也可以理解为个人的思想、观点、知识等在互联网上的一种共享。由此可见，博客它具有知识性、自主性、共享性的基本特征。一个blog的网页，通常由简短而且经常更新的文章构成，这些文章是按年份和日期排列，通过网络这个平台传达实时的信息。博客相对于电子邮箱，新闻群组讲更加的简单和方便，作为一种新型的交流和沟通方式，是继E-mail，BBS，ICQ之后第四种深受大众喜爱的网络信息组织与交流的方式，有着广阔的发展前景。

博客营销最早是在美国产生的。在国外，博客营销的发展历史大致可以分为三个阶段，20世纪90年代中期到90年代末期博客的发展处于萌芽阶段，在这个阶段博客还没形成一个完整的理论体系，纯粹属于个人的行为，但是为博客的继续发展奠定了基础：2000年到2006年左右，博客迅速崛起，博客的影响力越来越大，远远地超过个人的影响力，特别是美国9·11事件，博客对这个事件的描述已超过传统的媒体；2006年至今，博客的影响力超出人们的想象，已逐渐成为专业领域沟通和交流的主流方式。

知识拓展

博客

博客的英文名简称为Blog，全名应该是WebLog，中文意思是“网络日志”。“博客”实际上最早是指写Blog的人，由Jorn Barger于1997年12月提出博客这个名称，但是那时候互联网上的博客网站却屈指可数。直到2001年，在著名的9·11事件中，博客成为重要的新闻之源，从此一炮而响、步入主流。

2002年，方兴东将博客引进中国，并建立起了中国第一家博客网站——“博客中国”，由此开启了中国的博客时代，方兴东也因此被称为中国的“博客之父”。

博客营销是目前最广泛的推广平台，既能打造属于企业自己的品牌，又可以对搜索引擎营销起到辅助作用。

二、博客营销的特点和优势

1．细分程度高，用户精准

博客的主体通常都是个人，其主要体现的是一个人的兴趣、思想、观点、知识等，而由于每个人的喜好均不同，所以博客的细分程度非常高，具体的主题和内容千差万别。大家能想到的和想不到的领域都有相关博客，其细分程度远远超过了其他形式的媒体。而所谓“物以类聚”，博客的主题定位越明确，吸引来的人群就越精准，所以博客营销是一种比较精准的营销方式。

2. 口碑好，可信度高

博客在网民中的口碑较高，绝大多数网民宁愿相信博客发布的消息，也不相信商业网站发布的新闻。博客之所以如此受用户信赖，是因为博客中的内容都是个人观点的表达，正如在现实世界中一样，消费者更愿意相信其他用户的意见。

3. 引导社会舆论，影响力大

博客是个人观点的表达，体现的是草根的力量。而随着互联网的普及与发展，这种草根力量的强大越来越凸显，博客渐渐成为网民们的“意见领袖”，引导着网民的舆论潮流。博客的这种影响力，如果能够被正确引导和使用，将成为企业营销的一大助力。

4. 降低传播成本，性价比高

相对于其他营销方式来说，博客营销的成本相对来说非常低廉，甚至可以接近零成本。最省钱的一种解决方案是：在新浪、搜狐等博客平台申请免费博客，然后指定企业内部人员自行维护。在这种情况下，只需要额外付出一点点时间，就可以达到博客营销的目的。

5. 有利于长远利益和培养忠实用户

前面说过，博客营销的本质在于通过原创专业化内容进行知识分享，争夺话语权，建立起信任感与权威性，形成博客品牌，进而影响用户的思维和行为。而要想达到这个目的，需要在长期执行过程中不断积累和沉淀。所以博客营销突出的是长期利益，其策略是通过长时间与用户互动交流，培养忠实用户，再运用口碑营销策略，激励忠实用户向他人做口碑宣传。

6. 角色的转变

在传统营销模式中，营销人员一直处于被动地位，要被动地依赖媒体，被动地接受媒体制定的规则。而有了博客后，营销人员终于可以脱离传统媒体的束缚，拥有了主动权，可以变被动地依赖媒体转向自主发布信息。

三、博客营销的形式和策略

在实际操作中，博客营销主要有6种形式。

1. 企业家、老板博客

此类博客的策略是通过树立老板的企业家形象，或是将之打造成为行业领袖，继而带动企业的品牌形象或影响力。此类博客的内容通常围绕行业来写，一般以犀利的评论为主。

同步案例

潘石屹的博客

潘石屹的博客单击近亿次，他通过博客，在地产圈中赢得了重要位置。中央电视台曾说：“潘石屹不是最有钱的，他的公司也不是规模最大的，但他和他的‘SOHO中国’绝对是最吸引眼球的。”而且潘石屹博客目前的影响力已经相当于一家小型媒体，比如SOHO的房子出了什么问题，只要潘石屹在博客中澄清一下，立刻就能传播出去，根本不

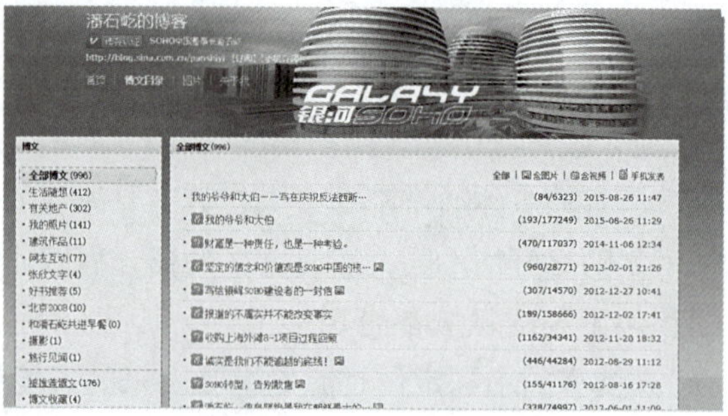

图5-2　潘石屹的博客

用开发布会。

潘石屹从2005年开始就在新浪博客安家，红极一时，即使微博的火爆程度盖过了博客，他依旧把博客当成一个重要的宣传平台，访问量高达七千多万次。在他的博客里，除了房地产分析，潘石屹对自己的童年苦难、中年的生活方式、精神宗教和信仰、人与自然与社会的和谐关系等，都发表了自己的看法和感悟。让人直观地看到潘石屹这个活生生的人，而不是单纯的房地产商人。①

2. 企业员工博客

企业员工博客的策略有两种，第一种是通过员工将企业人性化与温情的一面展现出来，为企业树立一个良好的公众形象，拉近与公众之间的距离。此类博客的内容，可以围绕企业生活、企业文化、企业关怀等来写，比如记录一些平常工作中的点点滴滴、说说单位里的趣事、聊聊企业人性化的一面等。

企业员工博客的第二个策略是通过将员工打造成名博，以此来带动企业的品牌与知名度，树立企业形象。比如在美国IT圈，有个著名的博主叫罗伯特·斯考伯（Robert Scoble）有4000多个博客和1000多个网站都链接了他的博客，更有数以万计的人订阅他的博客。罗伯特的博客内容主要是围绕IT圈撰写，同时也会说一些关于微软的故事及评点微软的得失。由于其博客内容非常公正和客观，深受大众的信任，特别是在华尔街的分析师中，非常具有公信力。

而罗伯特的另一个身份是微软的员工，有人预测，罗伯特的博客给微软带来的宣传效应至少值几百万美元。

3. 企业官方博客

前两种方法都是以企业中具体的人为主体开设博客，而本条方法则是以企业的名义建立官方博客，策略是通过企业博客的形式，将企业拟人化，拉近用户与企业之间的距离，让用户近距离感受企业的文化与关怀。此类博客的内容往往是围绕企业文化、产品特点、应用技巧等来写，通过博客与用户互动，帮助用户，关怀用户。

比较典型和著名的企业博客大概就是谷歌的黑板报了，他们最早使用博客是为了应对因聘用李开复而与微软发生的诉讼案，结果取得了非常不错的效果，于是在2006年情人节之际，他们正式推出“Google黑板报”，开始在中国市场持续地进行博客公关。

不过虽然Google黑板报比较成功，也比较典型，但是也有不足之处，比如其博客内容的公关味比较重，而且只是一味单方面发布信息，缺乏与用户的交流与互动。但是无论如何，他们的一些经验还是值得我们去学习和借鉴的。

4. 邀请名博写

前面说的方法都是需要我们自己来操刀，但是有此企业因为种种原因，无法去打造一个比较精致的博客，而咱们现在要说的这个方法，就可以解决这种矛盾。具体的做法就是邀请名博来写，策略是借助名博的品牌、通过意见领袖的嘴，来带动企业的知名度与影响力。此类内容往往都是围绕企业来进行各种正面与负面的评论，制造各种话题，以此来吸引公众的关注。

---

① 资料来源：新浪网. http://blog.sina.com.cn/s/articlelist_1182391231_0_1.html.

比如某著名视频网站，当年起步比较晚，该网站刚推出时，土豆网、六间房等早已是视频领域独当一面的大佬，引领着网络视频的潮流。在这种不利的局面下，该网站却在很短时间内便露出头角，并最终超过了前者，成为视频网站中的佼佼者。而在他们早期的营销策略中，邀请名博评论就是其重要的手段。当时网络上到处都能看到该网站的评论文章，其中不乏名博之作，而且相当一部分都是言辞激烈的负面消息。所谓“好事不出门，坏事传千里”，这些负面文章吸引了大量不明真相的群众，一些能写的群众也开始跟着评论。而吵着吵着，网站的知名度就被炒上去了。

5. 引导消费者写

其实最好的策略是让消费者为我们写，因为用户更相信其他用户的意见，通过用户的口碑建立起来的企业形象和品牌，才更有说服力。

6. 投博客广告

最后一个方法，也是最原始的一招“打广告”。其实很多人忽略了博客广告的价值，感觉博客的流量通常比较小，没有什么效果。但是对于一些行业性比较强、圈子性比较强的领域，在博客打广告也是不错的选择。比如如果能把某一行业的名人博客广告全部买断，肯定会收到意想不到的效果。博客广告的价钱也比较低廉，相当于低价利用名人代言了，而且用户对于博客广告的信任度也更高。

四、博客营销的方法

（一）博客群建

博客群建就是指建立大量第三方的博客，以此从搜索引擎获取外链或流量。这种推广方式深受新手喜爱，因为它简单、易操作。

1. 多建博客

博客群建就是要多建博客，但是却恰恰有些人以为建1~2个博客就是博客群建了。至于具体建多少个，要根据自己的时间和精力而定，理论上说数量越多越好。但是注意，一定要在搜索引擎权重高的各大博客平台建立，一些没有什么权威的小平台就不要考虑了。

2. 博客定位

很多人把博客群建理解成了建立广告博客，这是认知上的错误。批量建立的博客，同样需要像正常的博客一样，去进行主题与内容的定位。不过这个定位就不需要像品牌博客那样复杂了，一般都是围绕要推广的产品或关键词展开的。要吸引哪些人，就定位于哪里。

3. 适时更新

博客建群后要和维护正常的网站一样坚持每天更新。只有博客保持一个良好的更新状态，且更新的数最也要有保证，才会受到搜索引擎的关注，用户来了才会浏览和接受企业的信息。

4. 转载精品

博客群建并不是建立大量的广告博客，同样，博客的内容也不能是大量的广告信息。要多转载那些与博客主题相关且具有可读性的优质内容。只有内容优质，才能吸引用户和搜索引擎。

5. 相互链接

博客群建本身也需要优化和推广，最简单的方法是这些博客之间先相互进行链接。在这里向大家推荐一个最近流行的优化方法，非常适用于博客群建，它叫“轮链”。如建立了5个博客，如新浪博客、搜狐博客、网易博客、百度博客、和讯博客，再加上一个企业需要推广的站——这是“轮”的轴心。先用新浪博客链接搜狐博客，再用搜狐博客链接网易博客，用网易博客链接百度博客，紧接着百度博客链接和讯博客，最后用和讯博客链接新浪博客。然后再把每个博客都链接到我们要推广的主站，以自己的主站为中心轴。

6. 坚持养博

博客群建的效果是长期的，一般要将博客养半年以上才会显见成效。

（二）建立博客品牌

博客群建是以量取胜的，品牌博客则是以质取胜。想成为品牌博客，定位很重要，前期先要好好进行策划。

1. 博客定位

想成为品牌博客，在定位上一定要体现差异化，尽可能地定位于一个空白的领域。寻找差异化空白的最好办法是垂直和细分。比如对于网络营销推广类的博客，可以按不同手段细分，如论坛营销博客、软文营销博客、SEO博客、SEM博客等；也可以按网站类型来分，如地方站推广专家、行业站推广专家等；还可以按具体产品来分析，如手机营销专家、农产品营销专家等；或按行业来分析，如外贸推广专家、医疗推广专家等。指导思路就是细分出一个比较空白且不是很窄的领域，同时该领域要有一定的内容素材，要有足够多的东西可写。

2. 用户定位

要明确企业的目标用户是谁，要将用户的特点和需求研究透。如用户的年龄、文化层次、网络行为和习惯、上网的主要目的和需求等。尽量将博客定位于一个用户数量足够大且需求足够多的群体。

3. 内容定位

博客内容一定要围绕用户的喜好和需求来写。以分享型为最佳，比如分享各种经验、技巧，帮助用户解决问题，这类博客是最容易赢得用户的。其次是传播思想，比如以发表观点与评论为主的博客。切记不要一味地转载内容，一味地转载内容是成为不了品牌的。一定要原创，而且还要精品原创。

博客要坚持长期更新，至少一周一篇优质原创内容。长期不更新的博客，一定不会成为品牌。除了博客本身的定位外，博客本身也需要推广。

其实在分享文章的时候一篇文章加1~2个外链效果最好，当博客群建的时候最好一个平台注册一个账号，多个平台注册的方式，当更新文章的时候最好别更新一篇文章，即使更新那标题千万别一样，不然搜索引擎会认为这是垃圾文章而不收录或淘汰。

任务二 微博营销

随着互联网技术发展，微博作为一种新的网络应用形式越来越为人们所知，并迅速兴起和流行。微博不仅增添人际传播的新模式，还开辟了信息传播新网络媒介。对企业而言，微博正逐渐成为网络营销新阵地。微博营销以微博作为营销的平台，每一个听众都是潜在营销对象，每个企业都可以在新浪和网易等平台注册微博账号，然后利用更新自己微博向网友传播企业、产品的信息，树立良好企业形象和产品形象。

一、微博的发展与微博营销的产生与概念

1. 微博的发展

微博，即微博客（MicroBlog）的简称，是一基于用户关系的信息分享、传播以及获取平台，用户可以通过Web和Wap以及各种客户端组建个人社区，以140字左右文字更新信息，并实现即时分享。

说到微博，就一定要提到微博的“开山鼻祖”Twitter（推特）。2006年3月，发明Blogger（博客）的美国人埃文·威廉姆斯、比兹·斯通及杰克·多尔西创建了一个叫Twitter（意为鸟鸣声）的网站，想用清晨树林子里嘈杂的、此起彼伏的鸟鸣声，来比喻网站上可能出现的庞大的、交互在一起的短信息的“交响乐”。2006年7月，Twitter正式向公共开放。果然，各种“鸟儿”在Twitter上没有约束地放声歌唱。由于这是一家没有门槛的网站。大家可以轻松地进入，通过短信息互相交流，短信息的长度被限制在140个字符以内。同时Twitter提供了强大的收发工具，用户可以通过各种各样的设备和聊天工具接收短信、发送短信、更新短信和转发短信。

2009年8月中国最大的门户网站新浪网站推出“新浪微博”内测版，成为门户网站第一家提供微博服务的网站，微博正式开始进入中文上网主流人群的视野。微博用户在中国呈井喷式增长。自2010年以来，搜狐、腾讯、网易也相继推出微博产品。2012年5月15日午间消息，新浪微博事业部副总经理芦义在第四届GMIC全球移动互联网大会上分享运营数据，其中新浪微博注册用户已超3亿，用户平均每天发布超过1亿条微博内容。

2. 微博营销的产生与概念

由于微博营销的出现时间并不是十分长，对于微博营销的定义现难有统一的意见，一般认为微博营销即企业运用微博这一网络社交工具与消费者进行互动交流，培养出属于企业的忠实粉丝，达到宣传企业的品牌形象、产品服务、企业文化等，从而为企业带来广告效应，促进商品销售的目的。

同步案例

戴尔的微博营销

戴尔是较早展开微博营销的企业之一。2007年戴尔在Twitter（推特）上开始了Delloutlet商店的运作，在这个过程中戴尔公司通过不断地调查研究以及实践下，最终确立了四点在Twitter可以发布的信息：公司新闻、打折信息、博客账户、社区账户。其中两个内容还肩负

着聚集粉丝之用：第一，无论任何信息都要有价值：第二，要及时互动反馈。从布局上，戴尔确立了一个微博的多样化战略，即并不仅限于一个账号。通过不同的账户，不同的类型，来满足不同人群的需要，通过此途径与全球各地的各类用户进行交流，并满足他们的需求。

在像戴尔这样的公司的带领下，大量的企业步入微博这一阵地中，进行微博营销。微博营销凭借它得天独厚的优势进入世人的眼中，开始被广泛地研究与探讨。①

二、微博营销的特点

1. 成本低廉

微博账号的注册一般是免费的，企业可以免费开通企业版微博，享受微博平台给企业提供的免费服务。通过企业官方微博，企业可以免费地发布信息、发起活动、与粉丝互动，还能通过顾客注册信息获取一手的用户资料，或展开用户调研，进行有效的客户关系管理。除了官方的免费自有平台，企业还可以广泛地利用各种名人微博、草根名博或行业知名微博来进行营销推广，虽然需要支付一定费用，但与传统媒体费用相比，企业在微博上的广告投放或软文营销推广费用要低很多。

需要认证的微博费用也极低。以新浪微博为例，认证企业微博需要准备相关的材料，认证的费用大概在1000元，不同企业的认证难度和费用不同。这笔开通认证的费用只需支付一次而永久享用，具有固定资产的性质但没有折旧。这使得微博营销的成本绝大部分都集中在人力成本与认证成本上。

微博营销的低成本还体现在以下四点：

（1）发布成本低。利用微博实现的营销只需要一个好的创意策划案及专门的更新、回复监测人员，且新浪、腾讯、搜狐等微博承载平台均不收取任何费用。如果用手机发布，则只需支付由运营商收取的标准短信/彩信/GPRS流量费。

（2）传播成本低。每个关注企业的用户都拥有自己的粉丝团，粉丝将企业发布的让自己感兴趣的话题转发，实现信息的“分子式传播”，从而为企业信息宣传赢得不可估量的广告效应。

（3）时间成本低。微博每条信息只允许140字的特点，使得发布更新一条图文并茂的信息只需要短短的几分钟，不需要经过任何的审核就可以自动出现在粉丝的页面中。

（4）材料成本低。微博每条信息只允许140字的特点使得发布每条信息的内容有限，这样每条信息发布前准备的材料也就大大减少，除一些视频信息外，每条信息的成本都很小，这使得微博营销的成本很大程度上得到了降低。

2. 形式多样

微博的内容具有多种形式，文字、图片也可以添加视频链接，这使得微博营销可以在多种形式下进行。在这个信息横流的网络时代，单纯的文字信息难以吸引网民的眼球获得关注，在这样的前提下大多数的企业微博在更新信息时很少有发布单纯的文字信息，大多都是文图搭配或文字与视频搭配，以获取个人微博用户的关注或转发。

微博的@功能也在微博营销中得到了广泛应用，许多企业的微博在更新时都会@几个微博

---

① 资料来源：网络营销教学网站. http://www.wm23.com/wiki/117308.htm.

用户，@的功能使微薄的宣传具有很强的针对性，提高宣传的可靠性。@名人是微薄的惯用形式，在名人转发或回复后，微博的影响人数会呈几何级增长。

名人代言是微博营销的良好形式，代言营销是企业微博推广的重要途径，对于提高微博人气、吸引粉丝有很大的帮助。利用社会名人代言、企业家代言是很多企业的选择，让员工代言已成为企业的新选择。

3. 互动灵活

互动性对企业微博而言是十分必要的。企业微博并非是企业唱独角戏，采取互动营销策略可以满足粉丝们的创造精神和分享意愿，调动粉丝们对于企业微博的热情。粉丝能够评论企业微博更新的内容，同时企业也能回复粉丝的评论，进行交流互动；粉丝也能对自己感兴趣的微博进行转发，这样无形中就加大了企业微博的影响范围。

热议话题可以引发互动，并因此追溯到企业品牌。转载和回复可以加强互动。企业微博可以经常转载一些博友们的发言，回复粉丝的问题，与粉丝进行公开对话，这样可以增强信息透明度，大大拉近与粉丝之间的关系。另外，企业开展有奖活动可以促进互动，通过持续更新保障与粉丝的互动。越是晚上微博较活跃的时候，越要打起精神关注微博动态。而当微博参与人数较少时，就要适当增加发帖量，以保证微博基本的流量。

4. 即时传播

微博的发布没有时间的限制，这使得企业微博在有了好的营销创意时可以及时地发布以达到企业的预期效果，使得营销策略能够很好地适应市场情况，针对市场情况做出适时的营销调整，提高企业在市场中的主动性，增强企业的竞争力。

微博的实时性能够保证企业更新的微博第一时间出现在粉丝的页面上，使得粉丝在第一时间获得关于企业的各项信息，保持与企业信息的实时同步，即时了解企业的各项活动并参与到其中去。任何人、任何企业或机构都可以第一时间在微博上发布、传递和评论信息，使得企业与目标受众之间可以实现更直接的沟通。

实时性强有利于企业采纳用户建议，提高服务质量。借助微博，企业决策者能够直接接触市场第一线，获取客户的品牌心声，掌握市场需求情况，追踪客户对于品牌的最新评价，而不必让市场信息逐级递减地传递到自己耳中。

实时性强有利于企业对目标受众进行认知管理和预期管理。比如企业可以通过微博对新产品进行功能介绍或第三方评价，使得目标受众对于产品有正确的认知和预期，避免误解和不恰当的期望，降低受众不满意率，也降低了受众对品牌进行负面宣传的可能性。

实时性强有利于企业及时应对突发事件。微博能够对突发事件做出最快速的反应，提供投诉疏导渠道，解答各种问题，阐述企业相关政策，扼制不良舆论的传播和扩散。

5. 多平台性

微博作为新兴的网络社交工具，信息的发布有着多平台的鲜明特点。微博信息的更新存在多个平台，用户可以用手机或者电脑端进行微博的各种操作。

多平台可以很大程度上减少发布微博的局限性，同时也使得企业可以通过多个操作平台进行微博管理，提高了微博管理的效率，也提升了企业微博管理工作人员工作地点的灵活性，使得企业微博的管理工作人员工作更加灵活。

多平台有利于企业微博获得更多的关注与粉丝，并在一定程度上保证决策的正确性。企业微博如果只是发布单一的关于本企业、本企业产品或是促销活动的微博，很难获取顾客或潜在顾客的长久关注，企业微博的粉丝也会日益减少，企业微博的影响力也会随之降低，宣传效果会大大降低。多平台有利于加强微博内容的多样性，管理人员可以通过手机把自己身边的趣事通过手机客户端以图片的形式发到微博与粉丝分享，这样就不会被单一的发布平台所限制。

微博内容的丰富性与多样性可以帮助企业微博获取更多的粉丝与关注，这样也就加强了企业微博的影响力，同时也强化了企业微薄的宣传效果，并且能够获取粉丝的长久关注，保持与粉丝的沟通。企业微博的粉丝团的绝大部分是由对企业有一定了解的顾客或潜在顾客所构成的，企业与粉丝的沟通也就是在与自己的顾客或潜在顾客沟通，这样也使得企业能够直接了解顾客的心声，了解市场的需求变动，同时也能在一定程度上保证企业营销决策的正确性。

6. 影响广泛

企业通过微博网站的系统发布的微博会自动出现在企业微博粉丝的微博首页上，这样就可以影响到企业的粉丝了。微博营销影响广主要体现在影响的主体数量大和影响的范围广。一个企业微博的粉丝有数万人甚至更多，在类别上包含了各个层面，这样也很鲜明地体现了影响主体的类别广度。

同步案例

阿迪达斯的微博营销

图5-3 阿迪达斯微博营销

2014年巴西世界杯期间，阿迪达斯在微博上建立了#成皇或败寇#话题页，并且植入每场微博热门话题榜推荐中；期间发起疯狂的全民猜球、丰富的聊球表情、志同道合的聊球团等吸引球迷参与互动的活动。在世界杯开赛前三天，用户只要从PC端新浪微博搜索“阿迪达斯”或者“桑巴荣耀”关键词，就会在首页降下阿迪达斯为历届世界杯制作的比赛用球。阿迪达斯利用世界杯期间微博话题的热度以及讨巧的视觉展示，实现品牌营销[①]。

① 资料来源：http://www.256h.com/news/show/?1533e60510102vuyk.html.

三、微博营销发展的现状

2006年6月份，Twitter在美国成立并由此成为世界上第一家提供微博服务的网站。目前Twitter已经发展成世界上使用最广泛的提供微博服务的网站。在Twitter风靡全球的同时，微博的服务在国内同样得到了快速的发展。截止到2016年9月，微博月活跃人数已达到2.97亿。

新浪和腾讯等各大门户网站在2011年都把微博提升到重要的战略位置，中国最大微博营销平台——“微传播”网也应运而生。一些商业嗅觉比较敏锐的媒体、公司、机构，像《新周刊》、长安福特、星美影城、光大银行和山东航空公司等都已在第一时间注册了微博，拥有了一大批的“粉丝”。事件营销、人物的打造和名人效应是现阶段最成熟的微博客营销方式。

企业用户微博营销行为具有以下特征：

（1）企业用户将微博作为信息平台，发布、搜索信息，其中包括活动的现场直播，发布企业/产品/活动信息，组织线上线下活动，同时了解热点话题，寻找可以与企业活动相结合的机会。

（2）企业用户将微博作为反馈非常及时的用户沟通渠道，维护客户关系；他们同客户互动来发掘客户需求，改善产品和服务；帮助客户解决售后问题。

（3）企业用户通过微博维护企业形象，进行企业宣传。企业用户搜索在微博上的有关企业的信息（包括好的信息和坏的信息），针对一些问题进行回复等，参与慈善活动，把握网络话语权，增加网络环境中的曝光度。由于微博的一些天然特征使得它在企业的运用方面更加灵活，特别是在同传统的企业论坛、留言板、博客等功能对比中更具有优势，而且使用范围也不仅限于此。作为信息交互的交流工具，成为企业电子商务网站的产品发布信息、经验分享快速通道。企业内部管理和沟通的工具，使员工能够向可能对此感兴趣的任何人发布他们的想法、活动以及可能具有价值的信息。由于微博的发布简单，信息量大，对于网站而言能快速提高网站的新信息量，有助于提高搜索引擎的偏好。

四、微博营销的应用价值

企业对微博营销的重视程度与日俱增，有的企业甚至将微博营销作为企业的首要营销方式，这把微博营销提升到了一个新的高度。企业对于微博营销的应用主要体现在以下几个方面。

1. 塑造文化理念和传播企业形象的价值

让消费者了解企业的文化理念和企业形象最主要的实现途径便是宣传。只有宣传才会让更多的人知道企业的存在，进而才会了解企业的文化理念形成企业形象。在现如今网络技术十分发达，而微博有其他工具所不具有的优势，那么微博无疑就成为企业的首选工具。通过微博企业可以在更广泛的范围内宣传自己的文化理念，让更多的消费者通过微博这个网络平台了解企业，关注企业，获取相关信息，及时了解企业的相关动态，在消费者心目中逐步建立起企业的形象。这样使得微博营销对企业塑造文化理念和宣传企业形象具有重要意义。

2. 信息收集与反馈的价值

企业微博作为一个与顾客（或潜在顾客）交流沟通，了解他们心声的重要途径之一，被企业高管所重视。通过企业微博可以与顾客（或潜在顾客）进行直接的沟通，了解相关信息，免去了传统信息搜集的中间环节，降低了信息的搜集成本，也保证了信息的真实性，是企业高管随时把握市场消费者的消费意愿与消费动态，也使得营销策略更迎合消费者心理，取得营销策略的预期效果。同时企业微博也是企业将信息反馈给顾客（或潜在顾客）的良好工具，在企业微博更新信息后，企业更新的微博会自动出现粉丝的主页上，这使企业顾客（或潜在顾客）能够及时了解企业的动态，一些促销活动等。

3. 新产品上市的前期宣传的价值

每一家企业在自己新产品开发前都会投入相当大的资金进行产品上市前的广告宣传，为产品上市进行“造势”，提升消费者对企业新产品的认知度。微博这一影响范围极广的网络信息收发工具被越来越多的企业在为自己新产品进行宣传时所应用，也收到了非常不错的效果。

4. 促进产品销售的价值

企业产品的销售是一个长期的过程，不是一个时间短暂的过程。一个产品的销售有时会持续数年甚至更久。企业可以用微博加强对产品的宣传力度，提升消费者对产品的认知度，进而促进产品销售，延长产品的销售周期，提高产品销售数量。当用过企业产品的粉丝且企业产品被消费者所认可，当企业微博粉丝看到关于自己用过产品的宣传时，很有可能将企业微博进行转发，这样使得企业微博的受众群体也就相对扩大了，宣传的影响范围也会随之扩大，这有可能带来企业产品销售数量的增加。这样微博营销使得企业在产品销售方面获得一定优势，增加企业的销售收入。

5. 完善产品的售后服务的价值

企业可以通过微博与消费者进行交流沟通，消费者可以把使用产品时遇到的问题在企业微博上留言，当企业微博的工作人员看到留言后能够进行回复，解答消费者在产品使用过程中遇到的种种问题，这样无形中使企业产品的售后服务更加完善，消费者对于企业产品的满意度也会随着提高。企业也可以通过微博把产品使用过程中可能遇到的问题罗列出来并附上解决方案，当消费者看到类似微博大多都会阅读一番，收藏或是转发，这样会使消费者及时了解到产品使用过程中的常见问题，当消费者遇到微博中罗列的问题时也会轻松应对予以解决，不至于影响消费者的生活或是工作。

6. 加快公关危机的解决的价值

企业遭遇公关危机是十分正常的事情，每个企业都有可能遇到公关危机，而危机的解决是十分重要的，公关危机的解决关系着企业的前途命运。一个好的危机解决方案对于企业是十分必要的。微博这个网络信息收发工具，企业可以很好地利用，微博的影响范围广的特点可以很好地被利用。

同步案例

凡客订单延误危机

2010年5月，凡客诚品出现了订单延误事故，数万份订单延迟发货，原因是凡客的仓库搬迁，陈年在事故发生的初期发表微博：“大家好，我是陈年。由于近日订单激增、仓库搬家而导致的部分客户订单投递延误事故，给消费者造成了不便和失望，作为凡客CEO我内心非常不安……我代表公司向大家郑重道歉。同时，请原谅我不能给所有投诉的用户一一回信，但请相信我们纠错的能力和决心。”随后的3小时内连发3篇微博并被粉丝多次转发，描述公司应对事故的状况，力求获取消费者的理解。微博的及时发布和滚雪球式的转发功能，对企业的危机公关效果可见一斑①。

五、微博营销策略

定位是进行微博营销的第一步，需要围绕企业总体营销策略来进行。企业的微博营销要围绕自己的产品或品牌的调性、目标用户、目标市场的特点来制定营销策略。

1. 内容策略

作为典型的社交媒体，微博短、平、快的特征，使其成为一个企业展现自身价值观和企业愿景与使命的平台。企业应尽可能地为消费者提供有价值的信息，包括与企业所在行业相关的专业信息，以及各种能引起消费者兴趣的内容、热点话题，让用户的关注更有价值。另外，企业对专业内容与其他内容的平衡也要规划好。企业微博作为客户关系维护与服务的平台，既要考虑显示企业特点的专业性，以提高服务的质量和水平，增加用户对企业的信任度；同时，又要适当地发布一些活跃气氛的内容，以拉近企业与用户的情感和关系。

2. 名人效应

现在大多数明星都注册了自己的微博账号，其粉丝数量也是非常可观的。由于粉丝自身有着不同的定位，其粉丝也通常有着比较显著的特点。而且，其中部分明星的粉丝就是某些企业的目标消费者。

同步案例

TFBOY粉丝的专业应援

TFBOYS称得上是国内最成功的偶像组合，而他们的粉丝也称得上是国内最专业的粉丝团体。粉丝力量已经成为TFBOYS日常宣传中最重要的一环，相较之下，经纪公司在其中下的心思甚至显得有些微不足道了，粉丝们的每一次出手都能收获比官方宣传更好的效果。

三位成员每年的生日，是每人粉丝一年中最重要的“宣传任务”。粉丝用盛大的宣传方式，让自己的偶像一次又一次出现在各大官方媒体和自媒体报道中，惊掉路人的下巴。

图5-4　TFBOY粉丝的传播活动

① 资料来源：文档库网.http://www.wendangku.net/doc/f92d7df9700abb68a982fb30.html.

易烊千玺的一个粉丝站在他的生日期间策划了一个客运站宣传视频投放应援，将自己制作的庆生视频在17个省市583个客运站的5074块大屏上播放，这些地点的日客流量总和达到689万。王俊凯的粉丝为偶像在家乡重庆在特定的轻轨线路上投放1个月的广告宣传，客流量最大的线路轻轨3号线的一辆列车全车身被王俊凯的照片覆盖。在王源生日前后的40天中，王源的广告每天都会出现在10架分别由重庆江北机场和成都双流机场飞往北京、上海、香港、首尔、大阪等热门城市的飞机上。粉丝还在全国98%的重要机场投放LED屏广告。

纽约时代广场的大屏、好莱坞的广告牌、外滩的电子大屏、各大城市商业街的广告屏……TFBOYS被粉丝无数次地送上各个热门的户外宣传大屏。

图5-5　TFBOY粉丝为其做的推广

人流量大的公共交通和户外大屏是线下广告投放的最佳地点，同时也容易得到主流媒体的关注报道，从而在线上扩大宣传效果。

图5-6　TFBOY粉丝的应援活动

因为王俊凯曾经说过最想去的国家是冰岛，于是粉丝就把他的生日应援做到了那里：在首都雷克雅未克的机场投放广告、在冰岛发行量最大的日报《冰岛晨报》上刊登全彩版面的报道。易烊千玺的粉丝为他在英国私家玫瑰种植庄园以他的名义买下了一块土地，用专属ID卡可以随时游玩。王源在接受时尚杂志采访时，说想发明一个类似于VR眼镜一样，真人能够被放入虚拟场景中的设备，于是王源的粉丝在他生日时进行了王源相关VR场景应援，举办了虚拟粉丝见面会。

TFBOYS三位成员相关的热搜隔三岔五地就能出现在微博热搜上，这可和公司的公关没有太大的关系，这些高曝光率多来自于粉丝们的努力。

每一位成员的粉丝都有一套行之有效的“刷”数据的方法，新剧上映、新歌发行、登上杂志封面、出席时装周……大大小小的事宜里，粉丝们都会统一热词，甚至统一时间，在某一时间段内将话题刷上热搜榜。

除了日常的微博话题，其他各个平台的大小榜单，也都在TFBOYS粉丝的“控场”范围内，只要成员有“动作”，那么相关榜单上，他们一定会排在第一位。

因为粉丝对成员生日、新片宣传等事件的巨大参与热情，一些商家品牌也纷纷被吸引，成为成员们日常宣传的有力后盾：作为TFBOYS成立四周年的应援，高德地图推出以TFBOYS作为开机画面；2016年TFBOYS三人的生日会由OPPO冠名赞助，商家还推出了粉丝定制版生日纪念手机……①

3. 互动策略

有奖转发是目前微博营销中常用的互动策略，企业常常设置一些奖励来激励用户关注企业官微或激励粉丝进行转发并@自己的好友。这种营销方式一方面虽然可以扩大企业微博的曝光度，但是另一方面，营销的精准度下降了。很多用户有可能是为了奖励才进行转发，对企业并无忠诚度可言。

企业微博应该是一个具有个性和性格魅力的“人”，能够和消费者进行没有障碍的沟通，能够与关注者形成一种类似“气味相投”的感觉。与用户进行沟通时，应该增加对用户需求的了解，根据其实际需要进行针对性的营销。实时关注用户的搜索关键词及微博热点，用消费者喜欢或容易理解的语言与其进行交流，拉近与用户之间的距离，成为用户的一个人格化的“朋友”。

知识拓展

微博如何增加粉丝

1．内容好

微博虽然“微”，但好歹还是个“博”，其核心还是内容。同传统博客一样，内容的定位与质量决定了用户群的类型与规模。如新浪微博的“冷笑话精选”，因为能够每天坚持分享优质的冷笑话，粉丝已经接近二百万。新浪微博的“互联网的那点事”，其内容受到了许多互联网公司高层的关注和认可。

另外，每当社会上有热点事件发生时，都会成为全民关注的焦点。此时如果我们能够围绕热点制造一些有感染力的内容，自然也会受到关注。

2．勤更新

同博客一样，微博也需要勤更新，如果更新得太慢，被关注度就会降低。这方面，笔者也做过测试。当笔者在微博中非常积极地发内容时，每天都会有几十人来关注笔者。而当笔者几

① 荔枝网．TFBOYS粉丝花式应援．http://news.jstv.com/a/20170811/1502416085175.shtml.

星期不更新一次时，平均每天关注笔者的不足10人。

3. 设标签

微博有个标签功能，用户可以设置10个最符合自己特征的标签，如站长、编辑等。设置合适的标签，将会极大地增加曝光率，那些对相关标签感兴趣的人，就有可能主动成为你的粉丝。

4. 主动关注

主动出击，主动关注别人，也是一种很直接的方法。可以找到那些粉丝多、活跃度高的用户，主动关注他们进行互听，然后等着他们回听或是回粉。

5. 加热门话题

在发布内容时添加热门话题，可以极大地增加曝光率和被关注的概率。如最典型的一个话题就是“互听大队”，通过这个话题，听众数可以轻松过万。

6. 引发争议

发现有争议的内容，引发别人的关注与转发，可以达到大量曝光和增加粉丝的目的。

7. 做活动

做活动是一个非常传统但也实用的方法。如抢楼活动，活动发起方发出一条活动博文，要求用户按一定格式回复和转发，通常都是要求至少回复3个人，并进行评论。当用户回复的楼层正好是规则中规定的获奖楼层时（如100楼、200楼），即可获得相应奖品。

再如转发抽奖，活动发起方发出一条活动博文，要求用户按一定格式转发，通常都是要求至少转发3个人并进行评论。最后在参与活动的用户中，随机抽出部分幸运者发放奖品。

还有转发资源，活动发起方发出一条活动博文，要求用户按一定格式转发，通常都是要求至少转发3个人，并留下邮箱。凡是转发者，邮箱中都会收到一份好资源，如媒体名录、各种工具、优惠券等。

8. QQ群

现在网络上有很多微博交流群，通过QQ群来增加粉丝，也是个不错的选择。

9. 评论别人

可以到广播大厅挑那些粉丝多的人发布的博文进行评论，尽量挑那些最新发现，还没有人评论的。然后针对他们的内容进行评论，评论越有特色、越能引发别人的共鸣越好。这样当他对我们的评论进行回应时，自然就变相地为我们做了推广。

10. 给别人发邮件

发布内容时，可以多多给那些与内容相关且粉丝多的人发邮件，主动邀请他们帮我们转发。

11. 插件

现在微博的第三方插件越来越多，其中有一些插件就是可以帮助我们增加粉丝的，如好友管理工具等。

12. 辅助软件

除了微博插件外，网络上还出现了许多第三方的软件，如互粉工具、互听工具等，这些插件都可以帮我们快速增加粉丝。

13. 其他

除了以上这些比较常见的方法外，在我们的日常生活和学习中，只要方便，都可以见缝插针地进行宣传。如果经常写文章，那可以在文章中推荐；如果有博客，也可以在博客中推广。

4. 掌握发布时间

在多屏时代，人们的生活被分割成了碎片，这就需要企业根据目标消费群体的作息时间来安排微博的发布，以便最大限度地抓住消费者的注意力，成功吸引他们的兴趣。企业通过分析目标群体的生活作息习惯及微博使用习惯，掌握好用户的时间，对微博的发布时间和时机进行合理规划。

5. 整合策略

微博营销一般不会作为孤立的营销手段来使用，往往需要与企业其他的营销策略和内容整合，通过系统化地综合使用各种营销工具和手段，达到营销效果的最大化。微博营销作为企业营销策略中的重要一环，要与企业其他的营销环节相整合，做好营销活动的线上宣传或活动中的客户服务。企业要结合自身特点和实力，根据不同营销渠道的特点，设计合理的营销渠道组合，充分发挥各个营销渠道的特点，进而取得最佳的整合营销效果。

营销视角

洽洽食品：惊艳世界杯的黑马，连续逗趣海报秒创意

2014年，品牌进入了世界杯时间。赞助、签约、打擦边球或“凑热闹”，一场所有品牌都不愿缺席的商业世界杯，在这场商业竞技中，洽洽食品成功突围，成为2014年世界杯营销最大黑马。

早在2014年4月份，洽洽就联合PC端、移动微信端发起了“狂欢巴西”猜胜负/猜冠军赢4999现金活动。与其他品牌相比，洽洽的活动亮点在于创新性地将产品变成“赌球”筹码。

洽洽将瓜子变身虚拟货币瓜子币，50个瓜子币算一注，只有持有瓜子币才能参与“赌球”。而洽洽的世界杯小游戏以及洽洽世界杯促销装产品，则为参与者们提供了瓜子币的获得途径。其中，购买洽洽世界杯促销装产品会先得到一张世界杯狂欢卡，输入卡上的13位串码就可以兑换瓜子币和其他奖品。

从线下到线上，从PC端到移动端，洽洽利用世界杯狂欢卡和瓜子币，成功将产品、网站、

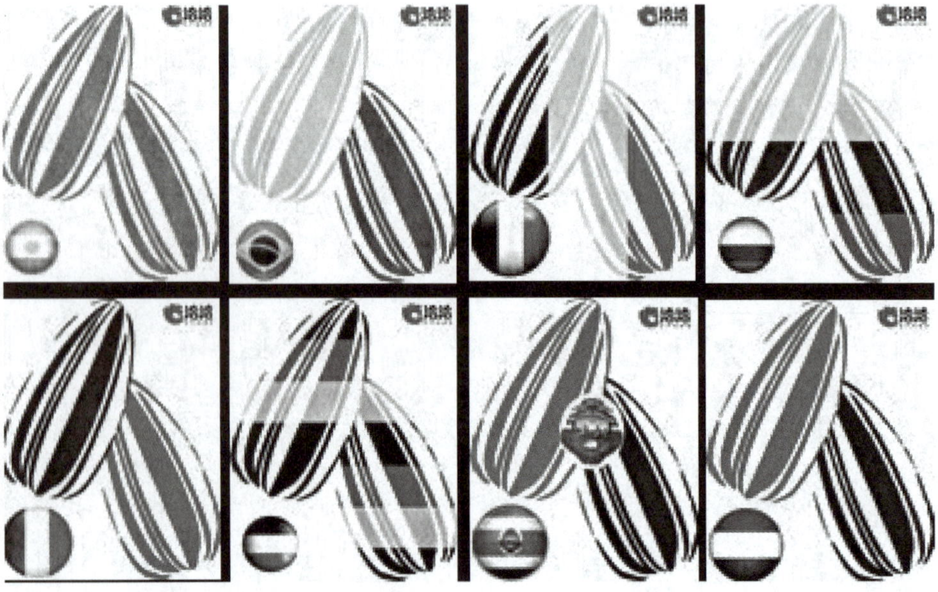

图5-7　洽洽瓜子的世界杯营销

微信紧密联系起来，完成了一个020闭环。

如果说，老板眼中的设计精髓是Logo要大，那么消费者眼中的活动精髓就是奖品要大。不愧是炒货行业老大，洽洽显然深谙吸引之道——以只比姚明矮一点的2米高“史上最大袋瓜子”作为活动奖品，消费者想不关注都难。

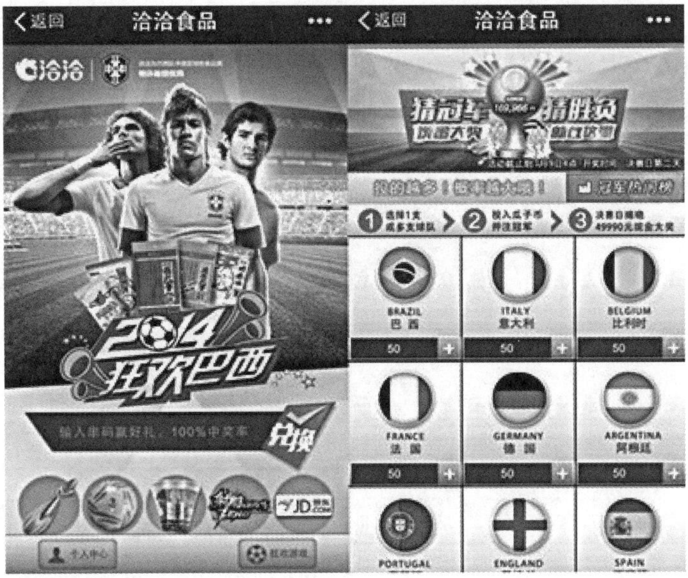

图5-8 洽洽瓜子币

结合巴西队的比赛，洽洽推出了“靠巴西赢大洽洽”活动，巴西队每赢一场比赛，洽洽就送出2米高超级大瓜子。前期，洽洽发布网感十足的搞笑海报视频对活动进行宣传造势。然后，在微博、微信上发起比赛预测，号召网友猜比分赢大瓜子。而中奖网友在网上晒出巨型“战利品”，又是一次品牌曝光的好机会。

洽洽送出7袋大瓜子，每袋大瓜子中装有88袋洽洽香瓜子、巴西正品球衣及世界杯正版足球。先不计“逆天”大瓜子在线上造成的吸睛效应，光是这88袋香瓜子抵达中奖者手中，然后又被分享给更多人，就可以想象出洽洽此举将为自己积聚多少粉丝。

世界杯一来，地球人就被自动分成了球迷和伪球迷。不过，有调查数据显示：世界杯球迷中54%是伪球迷，女性球迷数量超过球迷总数的一半，占到55%。而且比起足球比赛，她们对帅哥、场外花边以及与世界杯相关的奇趣新闻要感兴趣的多。我们可以将这些兴趣点统称为——世界杯八卦。

说到八卦，恐怕没有哪个品牌像洽洽一样，与八卦有着天然不可分的密切关系。瓜子之于八卦，就像炸鸡啤酒之于韩剧，少了它就不够味儿。

洽洽推出的“洽洽扒西队”活动正是以世界杯八卦为切入点，32天比赛每天一张漫画海报，连续深挖世界杯趣味新闻。这些海报采用了巴西队黄绿两色，3名萌版巴西队球员，化身洽洽解说员，每天调侃世界杯八卦。例如，当荷兰队被传靠“假摔”赢得比赛时，“洽洽扒西队”毒舌点评：昨晚最腹黑!恭喜荷兰队距离世界杯亚军又近了一步!

图5-9 靠巴西赢大洽洽活动

2014年世界杯又被称为互联网世界杯，它的优势在于互动性和社交化，没有观众只有参与者。像“洽洽扒西队”这种实时营销，不仅帮助品牌参与其中，在世界杯期间始终保持热度，也让球迷与品牌互动起来。事实上，实践类似营销的品牌也不少，其中表现比较突出的，除了洽洽之外，还有基于大数据平台的腾讯和近年来表现尤为活跃的脉动[①]。

---

① 资料来源：市场部网.恰恰：一粒瓜子的世界杯营销之战. http://www.shichangbu.com/article-21198-1.html.

项目要点

博客营销是目前最广泛的推广平台，具有细分程度高、用户精准，口碑好、可信度高，引导社会舆论、影响力大，降低传播成本、性价比高，有利于长远利益和培养忠实用户、角色的转变的特点。

在实际操作中，博客营销主要有企业家、老板博客、企业员工博客、企业官方博客、邀请名博写、引导消费者写、投博客广告6种形式。

博客营销主要有博客群建、建立博客品牌两种策略。

微博是一基于用户关系的信息分享、传播以及获取平台，微博营销具有成本低廉、形式多样、互动灵活、即时传播、多平台性、影响广泛的特点。

企业用户可以将微博作为信息平台，将微博作为反馈非常及时的用户沟通渠道，通过微博维护企业形象，进行企业宣传。因此，企业对微博营销的重视程度与日俱增。微博在帮助企业塑造文化理念和传播企业形象的价值、信息收集与反馈的价值、新产品上市的前期宣传的价值、促进产品销售的价值、完善产品的售后服务的价值、加快公关危机的解决的价值方面具有重大意义。

微博营销策略包括内容策略、名人效应、互动策略、掌握发布时间、整合策略。

项目实训

一、实训目的

1. 了解微博的特点及营销价值。
2. 学会微博内容的建设和运营技巧。
3. 掌握微博的营销策略。

二、实训要求

1. 分组进行：每3～5个人一组，选取一名组长（组内成员中注明）。

2. 实训形式：以小组为单位提交电子版（Word）微博运营计划书，最后一页要说明组内每位成员的具体贡献。通过第三方平台监测微博营销实施情况，监测点包括微博话题数、粉丝数、转发、评论次数等。

三、实训所需仪器、设备

连接上互联网的手机、电脑，投影仪。

四、实训内容

制订某公司的微博运营计划。学生自由选定熟悉的商家（可与学校周边商家品牌合作），根据该商家的营销环境特点，结合事件营销、精准营销、活动营销等微博营销策略为其设计一份完整的微博运营计划并实施，计划内容包括：发布频率、发布时间、具体发布内容类型、微博活动和微博推广手段。

五、实训步骤

1. 完成微博运营计划。

2. 注册微博，并通过蹭热点、做活动、QQ群、评论别人、@别人等方式来为微博涨粉，扩大微博影响力。

六、总结分析

完成实训报告后，小组互评，老师点评。

项目测评

1. 操作题

请根据小组已完成的微博营销方案，展开具体实施操作。

（1）注册新浪微博，完善相关信息，了解微博的基本功能。

（2）根据制定的微博运营方案，明确微博定位、受众，着手准备微博内容。

（3）分析用户心理，策划并设计自己的微博内容。

（4）创作发布一篇高质量的微博内容，获得转发次数 30 以上（转发不包含自己转发、同一个人多次转发以及定向转发等）。微博内容的形式可以是文字 + 图片、也可以是文字 + 短视频。

（5）推广微博获得更多的粉丝（将自己的微博粉丝增加 200 人）。

2. 思考题

请查阅相关名人微博资料，思考名人微博的营销价值。

项目六

微信营销

项目目标

知识目标

1. 了解微信的功能与特点
2. 了解微信营销的特点
3. 掌握微信热点营销工具特点
4. 掌握企业微信公众号运营程序与推广方法
5. 掌握微信公众号内容营销策略

能力目标

1. 能够熟练使用微信各种工具与功能
2. 能够开通微信公众账号
3. 能够将开通的微信公众号进行推广
4. 能够运营微信公众号

导入案例

微信除夕红包

☆**案例背景**

微信红包是腾讯旗下产品微信于2014年1月27日推出的一款应用，“新年红包”的图标第一次出现在了微信“我的银行卡”界面中，6亿多用户可以直接进入微信红包的页面开始发红包。功能上可以实现发红包、查收发记录和提现。

2014年4月14日，安卓手机用户只要用微信扫描身边出现的红色二维码，通过腾讯应用宝成功安装其他应用软件，即可领取微信红包。

微信红包与2015年春节联欢晚会的互动，让其成为年夜饭的主菜单，小小的红包甚至不小心抢了春晚的风头。2015年2月9日放出大招，春节期间，微信将联合各类商家推出春节“摇红包”活动，将送出金额超过5亿的现金红包，单个最大红包为4999元，另外还有超过30亿的卡券红包。首轮春节“摇红包”活动将于2月12日晚上正式开启，当晚将派送2500万个现金红包。

微信红包从内部“小乐子”到如今的“新年俗”，已走过了四个春节，俨然发展成为替代贺卡、纸质红包的全新情感表达工具。数据显示，2014年除夕，微信红包收发总量为0.16亿个；2015年除夕突破10亿个；2016年除夕为80.8亿个。

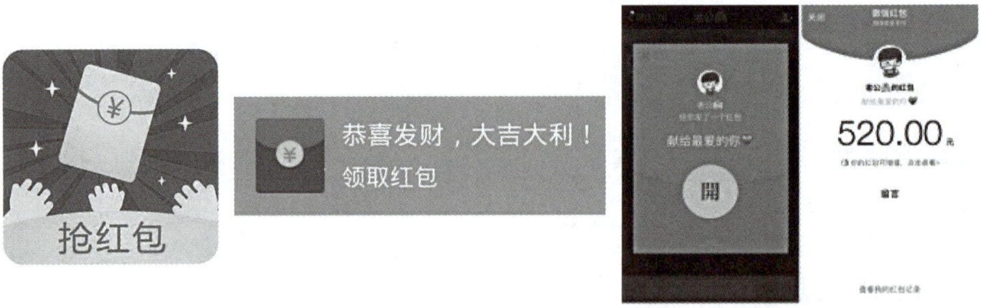

图6-1　微信红包

根据《2017微信春节数据报告》及网上资料显示，2017年除夕142亿个，除夕至初五，微信春节红包收发数达到了460亿个，1月27日24时，微信红包祝福达到峰值，每秒收发76万个。

在这其中，与“发”谐音的8.88元是最受欢迎的红包金额。广东省收发红包数量全国排第一，分别收到12.88亿与发出3.48亿，其中有一位深圳小哥全天发出2125个红包，而另一位滨州小哥全天收到10069个红包。

从春节红包的年龄段流向来看，同龄人之间红包往来往往更活跃，80后、90后是红包主力军。春节期间，80后与80后之间互发最多红包，其次是90后与90后之间互发，80后—90后、70后之间互发、90后—80后则紧随其后。有趣的是，春节红包男性之间互发占比达到32.4%，而女性之间互发则为25.5%，男性发给女性的红包数量占比为24.6%，女性发给男性则为17.5%。

2017年除夕当晚，支付宝“集五福”红包开奖，共有1.6亿人（具体数字为167966715人）瓜分2亿元现金红包，平均每人1.19元，大多用户奖金为1~2

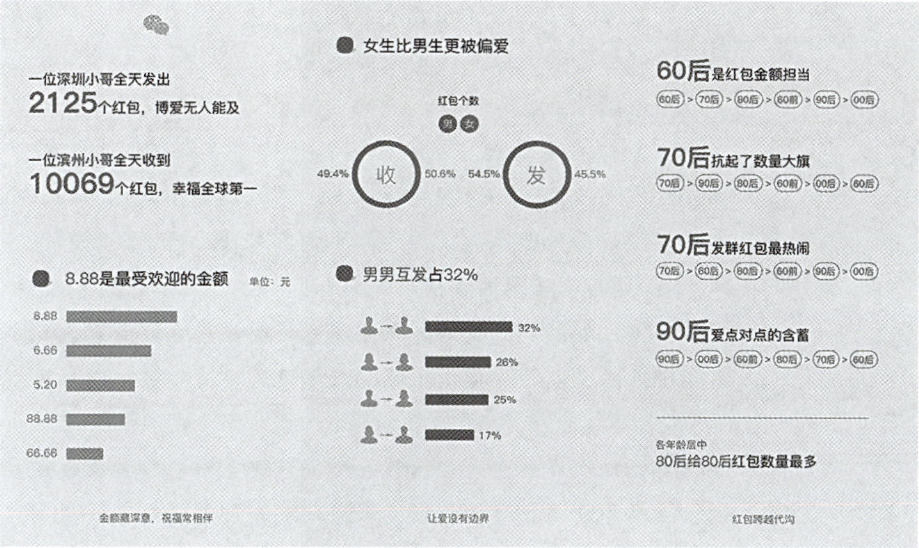

图6-2　2017微信春节红包数据

图6-3　2022年微信红包数据

元，最高中奖金额为666元。

2022年2月1日，微信发布2022除夕数据报告，除夕当天（1月31日00：00–24：00），全国共有6.88亿人参与抢红包。在抢红包的同时，各式红包封面纷纷上线，除了常规红包封面之外，微信还首次上线了限量款“异形”红包封面，趣味性的互动让大家耳目一新，也让春节年味更加浓厚起来。

☆**案例启示**

微信红包妙用有哪些？

1．激活沉睡微友

微信朋友圈中，很多好友或是乱加的，或是因为朋友圈太多广告，或因为群发广告等因素，没有进行很好的互动，有些把他们删除了，没有删除他们的也不爱理他们了，成了所谓的“僵尸好友”。这些“僵尸好友”躺在好友列表里，不产生价值，但是删除又挺可惜。

用好微信红包，可以激活好一部分“僵尸好友”。对于这些“僵尸好友”，对他们发广告是没有作用，他们本身对你没有信任，就不可能会购买你的产品。没有任何互动和信任的情况下，对他们发任何优惠的广告，只会令他们更反感。但如果你邀他们到你的群中来参与抢红包，就会有很多人乐意响应。

2. 提高朋友圈的活跃度

很多人的朋友圈犹如一潭死水，完全没有任何互动。发个心情求点赞，只有几个人。可以找个理由，在朋友圈说你要发红包，然后可以设置一个规则，如：“点赞的顺序是5的倍数的，5…10…15”等，可以领取一个单发的红包。这样你会发现有好些人会给你点赞的，这里面包括你互动过的，也有没互动过的。互动是建立初步的信任，慢慢地朋友圈的活跃度就提高了。

3. 获得传播

在朋友圈中，如果有文章需要别人帮忙转发，可以设定帮忙转发了的，你就给他发个小红包。微信红包还可以用来收款，有时候发红包的感觉和转账的感觉是不一样的，转账感觉就是真金白银出去了，但是发红包有时候感觉就好一些。

（资料来源：根据网上资料编写）

项目知识　任务一　认识微信营销

微信营销是网络经济时代企业或个人营销模式的一种，是伴随着微信的火热而兴起的一种网络营销方式。微信不存在距离的限制，用户注册微信后，可与周围同样注册的“朋友”形成一种联系，订阅自己所需的信息，商家通过提供用户需要的信息，推广自己的产品，从而实现点对点的营销。

一、关于微信

微信（WeChat）是腾讯公司于2011年1月21日推出的一个为智能终端提供即时通讯服务的免费应用程序，由张小龙所带领的腾讯广州研发中心产品团队打造。微信支持跨通信运营商、跨操作系统平台通过网络快速发送免费（需消耗少量网络流量）语音短信、视频、图片和文字，同时，也可以使用通过共享流媒体内容的资料和基于位置的社交插件“摇一摇”“漂流瓶”“朋友圈”“公众平台”“语音记事本”等服务插件。

知识拓展

截止到2016年第二季度，微信已经覆盖中国94%以上的智能手机，月活跃用户达到8.06亿，用户覆盖200多个国家、超过20种语言。此外，各品牌的微信公众账号总数已经超过800万个，移动应用对接数量超过8500个，广告收入增至36.79亿人民币，微信支付用户则达到了4亿左右。2016年11月16日，微信在第三届世界互联网大会上获得领先科技成果奖。

微信提供公众平台、朋友圈、消息推送等功能，用户可以通过“摇一摇”“搜索号码”“附近的人”、扫二维码方式添加好友和关注公众平台，同时微信将内容分享给好友以及将用户看到的精彩内容分享到微信朋友圈。

二、微信营销特点

1. 庞大的用户群

据不完全统计，截止到2017年1月，微信的活跃用户已经超过了7亿，某些微信大号的粉丝数量高达数十万，如此庞大的用户群体可以说是微信营销发展的基础，而借助移动终端、天然的社交和位置定位等优势，微信营销信息的扩散，有了进一步的提升。

2. 高到达率

营销效果很大程度上取决于信息的到达率，这也是所有营销工具最关注的地方。与手机短信群发和邮件群发被大量过滤不同，微信公众账号所群发的每一条信息都能完整无误地发送到终端手机，到达率高达100%。

3. 高曝光率

曝光率是衡量信息发布效果的另外一个指标，信息曝光率和到达率完全是两码事，与微博相比，微信信息拥有更高的曝光率。在微博营销过程中，除了少数一些技巧性非常强的文案和关注度比较高的事件被大量转发后获得较高曝光率之外，直接发布的广告微博很快就淹没在了微博滚动的动态中了，除非你是刷屏发广告或者用户刷屏看微博。

而微信是由移动即时通信工具衍生而来，天生具有很强的提醒力度，比如铃声、角标等方式，随时提醒用户收到未阅读的信息，曝光率高达100%。比起微博的140个字和九宫格的图片，微信营销可以图文并茂，还可以插入视频和音乐，这样的形式在营销推广的过程中显然会起到吸引用户关注的作用。

4. 高接受率

正如上文提到的，微信用户已达7亿之众，微信已经成为或者超过类似手机短信和电子邮件的主流信息接收工具，其广泛和普及性成为营销的基础。那些微信大号动辄数万甚至数十万粉丝。除此之外，由于公众账号的粉丝都是主动订阅而来，信息也是主动获取，完全不存在垃圾信息招致抵触的情况。

5. 高精准度

事实上，那些拥有粉丝数量庞大且用户群体高度集中的垂直行业微信账号，才是真正的营销资源和推广渠道。

同步案例

可口可乐“我们在乎”营销推广

图6-4　可口可乐“我们在乎”

可口可乐“我们在乎”席卷朋友圈，它的真身本是一份肩负企业CSR重任的“可持续发展报告”，内容虽然力求形象，但依然难掩厚重。为了在社交时代更接地气，可口可乐尝试用H5为报告“瘦身美容”：选取报告中的部分核心数据，用十五页的画面，直观展现可口可乐的努力，变成适应网络传播特点、特别是移动端观看及分享需求的形式。营销启示：杂糅图片、文字和视音频等多媒体是H5的又一大优势。而当这种生动的形式与一些严肃的内容相遇，往往产生出人意料的化学反应。

6. 高便利性

移动终端的便利性再次增加了微信营销的高效性。相对于PC电脑而言，未来的智能手机不仅能够拥有PC电脑所能拥有的任何功能，而且携带方便，用户可以随时随地获取信息，而这会给商家的营销带来极大的方便。

目前有很多网站和第三方应用平台中的分享功能都添加了微信这一项，如果品牌想通过朋友圈营销的话，可以直接将网页内容分享到朋友圈，就可能会带来意想不到的流量转换。

7. 互动加强关系

微信营销和普通营销推广手段的不同，还有一个非常重要的因素，就在于互动。和用户之间的互动，能够提升用户对品牌的信任度。如果某个品牌信息你朋友圈的很多朋友都关注并且转发了，那么你自然而然会产生好奇心理，这是口碑营销的第一步。很多企业都采用朋友圈分享的形式来推送产品，这主要是由于除了点对点的营销模式外，一对多也容易形成口碑营销的效果。

同步案例

凯迪拉克66号公路播报路况

图6-5　凯迪拉克66号公路路况播报

播报路况已经不新鲜，交通广播已经霸占这个领域许多年，凯迪拉克在其微信中推出“66号公路”的活动，对路况信息实时播报，更新及时，为当地出行的人提供服务，尽管是在交通广播的眼皮下抢生意，但好在凯迪拉克的路况播报仅限66号公路，这也是其优点，只针对一条路况信息的播报，避免范围大而出现信息不及时的情况。

随着互联网的不断发展，微信营销这个新型互联网营销方式已经让很多广告主都尝到了甜头，它的发展前景十分值得期待。当然，微信营销基于强关系网络，如果不顾用户的感受，强行推送各种不吸引人的广告信息，会引来用户的反感。凡事理性而为，善用微信这一时下最流行的互动工具，让商家与客户回归最真诚的人际沟通，才是微信营销真正的王道。

任务二　微信营销策略

随着微信这一社交平台的火热，微信营销也成为继微博营销之后的又一营销利器。微信营销是以移动互联网为基础，通过“添加好友”“关注公众号”等形式建立联系，建立的一种新型传播渠道，而商家可以通过发布用户需要的信息，推广自己的产品和品牌，从而实现点对点的营销。

一、微信热点营销工具

（一）微信信息互动式推送

一对一的推送比较适合客户服务，由于微信具有一对一交流和语音、视频通信的特性，因而从理论上讲微信很适合用于客户服务，但目前微信上能用于客户服务的功能还比较简单，暂时不适合大规模应用。当然，如果将来腾讯开放了足够的API，能与CRM软件系统无缝对接，或者腾讯直接跟ERP管理软件企业合作，那么微信将有望成为高效的社会化CRM基础平台。此外，还可以进行销售促销，因为销售促销推送的是具体产品信息，所以一对一的精准推送比较有优势。

当品牌以产品的销售促销为主要营销目标时，开一个微信公众账号是不错的选择，关注了品牌主页的微信用户必然是有效的潜在客户，集中在一起管理比较方便。当然，即便是这样，品牌开公众账号还需要注意两点：第一，推送的内容质量要尽量高，用户体验也要尽可能好；第二，把握好推送信息的时间段和频次，频次太高会让人反感，频次太低会被人遗忘，而在不恰当的时间段推送营销效果也不好，所以务必要把握好推送时间。

同步案例

星巴克音乐推送

图6-6　星巴克的音乐推送

通过搜索星巴克微信账号或者扫描二维码，用户可以发送表情图片来表达此时的心情，星巴克微信则根据不同的表情图片选择《自然醒》专辑中的相关音乐给予回应。这种用表情说话正是星巴克的卖点所在。

微信的图文显示模块有两种模式：一种是单图文显示，另一种是多图文显示。现在绝大多数的微信公众账号每天都有1次群发消息的功能。现在每个用户都会订阅几个账号，推送的信息一多根本看不过来。

（二）微信语音

微信移动社交平台支持语音短信进行语音对讲的功能，若用户不愿意发短信打字，就可以选择微信语音交流这种既省钱又省力的交流方式。在微信5.0版本中还增加了腾讯自主研发的语音识别技术，用户利用这项技术可以直接在聊天中进行语音输入。用户也可以利用语音识别技术将语音转化为文字发送出去。

微信平台开放的语音功能，让企业与用户之间进行交互式沟通交流，促使陪聊式对话更加具有针对性，让商家减少了推广的人力成本投入。微信以“语音提醒”的公众账号形式呈现，用户对着“语音提醒”说出所需要的服务，即可向商家传达信息，实现便捷快速的沟通与交流。

微信的语音传播方式，为企业与商家的微信营销提供了新的道路，让许多企业与商家利用微信的语音功能，展开陪聊式微信对话，传递了品牌信息。陪聊式微信对话满足了许多用户希望私密聊天的需求，因而广受欢迎。微信语音会话功能让品牌与用户之间进行密切互动，但由于陪聊式的对话更强调针对性，因此这种方式带来的挑战也比较大，当品牌收听者达到一定数量级以后，需要更多的专职陪聊人员来维护，当人员不足的时候，很可能会影响收听者的体验，因此当收听者达到一定数量后，品牌需要进一步考虑该如何改良这一模式。

同步案例

飘柔陪聊模式

飘柔在微信中以“小飘”自称，用户关注“飘柔Rejoice”后，就可根据选择进入聊天模式。这时，你会发现“小飘”不仅仅能陪聊、唱歌，就连星座运程指导等也是样样精通。对于用户来说，一个能陪你聊天、给你唱歌、跟你分享星座运程的人性化品牌自然令人垂爱有加。

（三）微信摇一摇

作为移动互联网社交应用工具，微信最初的社交群体是以手机通讯录等为代表的熟人强关系社交圈。后来，微信又逐渐把社交圈扩展到陌生人层面，相继推出了“摇一摇”和基于LBS的“附近的人”等功能，以拓展弱关系链（即陌生人）。微信的系统插件也打通了QQ邮箱、微博好友等通道，让用户获得了更多的沟通和交流方式，最终形成一个庞杂的社交网络。

对于个人社交而言，微信作为一个社交平台拉近了人与人之间的关系，使用户在维护既有的强关系链的基础上，同时也可以拓展自己的弱关系链，用“摇一摇”“附近的人”等功能可以结交新朋友，认识陌生人，扩大自己的交际面。

知识拓展

微信“摇一摇·周边”

2015年4月12日，微信团队宣布“摇一摇·周边”(以下简称“摇周边”)正式对外开放。拥有微信认证的公众账号商户，均可通过摇周边的商户申请平台(https://zb.weixin.qq.com/)或者微信公众平台后台申请入驻。摇周边这一功能，彻底打通了“人—信息—服务—线下场所”的四重连接，能够让消费者、企业、商家无论哪一方都能更加便捷地参与或开展这一活动。

摇周边功能可以应用在很多场合中，比如购物商场、餐厅、电影院、展馆、景区、博物馆、展会现场、会议现场、公关活动现场等。

微信摇一摇的动作，模仿了抽奖活动中奋力地摇动抽奖箱的动作，摇到的那个号码就是幸运号码。抽奖时你肯定感觉很神秘，对结果不可预知让你内心激动。而这与你通过搜索框寻找好友的感觉是完全不同的。

图6-7 微信摇一摇

同步案例

WIFI管家摇一摇

WIFI管家的摇一摇连接公共免费WIFI与微信摇一摇类似，也是利用了手机的传感器功能，触发APP搜索免费WIFI。这个功能本来是通过打开WIFI管家APP，搜索周边可用WIFI，自己选择后连接。

但是通过摇一摇省去了打开应用，手动找WIFI的步骤，而且摇一摇会触发用户连WIFI的兴趣，将枯燥的联网步骤变得十分生动和有趣。这个动作也让用户更直观地感受到WIFI管家相比竞品有更多的热点。

微信与WIFI管家的摇一摇，都让产品具备了“行为符号”，甚至是强迫症，没事就想摇一摇。

摇一摇这个动作“启发”了交友的神秘感、好奇心，所以让用户乐此不疲。这就是心理学上讲的“制造意外”，可能是惊喜，也可能是惊吓，但人对不可预知的事情总是充满了兴趣。

知识拓展

微信“摇一摇”功能

1．摇一摇加好友

点开微信“摇一摇”功能，在摇到周围的陌生账号之后，向对方打招呼，发起对话，在征得对方同意后，就能添加好友了。

2．摇一摇传图

通过二维码链接进入一部电脑后，设备可以自如地发送图片或文字链接等。

3．摇一摇搜歌

这个功能主要是帮助用户搜寻歌曲，当用户听到某首歌曲，又不知道歌名时，就可以采用搜歌功能，自动获取歌曲名称。

（四）LBS定位功能

LBS英文全称为Location Based Services，首先是指确定移动设备或用户所在的地理位置，其次指提供与位置相关的各类信息服务。这种定位服务目前深受微信用户喜爱，可以获取自己或其他人与建筑物的位置信息，为出行带来许多方便。企业利用微信点击“查看附近的人”后，可以根据自己的地理位置查找到周围的微信用户，再使用“向附近的人打招呼”功能，将相应的促销信息推送给附近用户。这样不仅方便了用户购物，也为自己的品牌进行了宣传，达到扩大品牌知晓度与得到直接经济效益共赢的目的。

LBS地理位置推送是一种精准的投放方式，与其他微信营销方式有所不同的是，它具有精准的针对性，针对的是“附近用户”，从点到面地将企业品牌推广出去，而仅仅需要微信上原有的功能，将企业的优惠信息编辑好，以打招呼的方式发送给用户。利用了普通人的普遍心理，那就是无论是通过声音媒介还是网络平台，只要有人跟自己打招呼，下意识都会看一眼对方是谁，不会像垃圾信息一样被直接删掉。

（五）微信漂流瓶

自古以来，漂流瓶是人们穿越广阔大海进行交流的一种有趣的传播方式，投进大海的漂流瓶不知道将漂向何方，被何人捡到，充满着未知的神秘气息。QQ邮箱漂流瓶将这种形式搬到线上，正是让信息化的人们可以体验到这一古老的交流方式。

微信“漂流瓶”是指微信用户可以选择扔一个“漂流瓶”，微信系统随机配置，任何一个微信用户都有可能捡到扔出的瓶子，微信用户可以选择任意模式扔瓶子，同时可以选择捡一个“漂流瓶”。微信用户可以直接在“漂流瓶”主页面“我的瓶子”查看历史记录，还可以在捡到瓶子后直接展开对话。

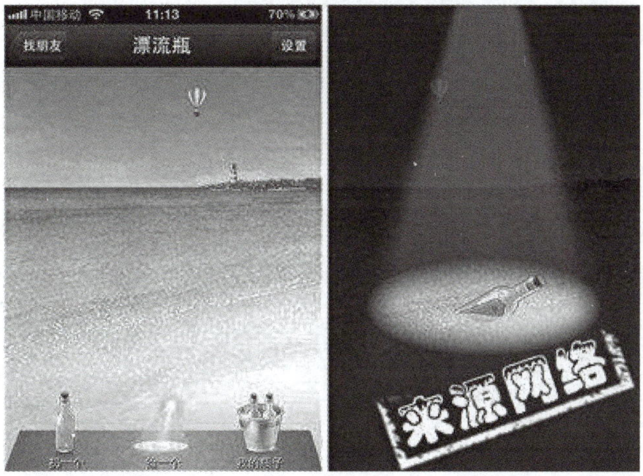

图6-8　微信漂流瓶

从营销的角度来讲，微信“漂流瓶”营销属于主动营销，商家可以充分利用这种营销模式对朋友圈的经营范围进行拓展。目前，微信“漂流瓶”支持文本模式、图片模式和语音模式，其中语音模式是比较有效的营销利器。商家可以发送语音，打造更真实的营销环境。

此外，微信官方已经对“漂流瓶”的参数进行了更改和设置，此举让许多商家看到了巨大的商机，纷纷选择利用“漂流瓶”进行活动的营销和推广。当商家和微信官方合作后，商家在某一时间段内抛出的推广活动“漂流瓶”数量会猛增，这样就会增加微信用户捡到“漂流瓶”的概率，从而达到广告营销的效果。

“漂流瓶”具有随机性，商家添加好友的成功概率较高。通过“漂流瓶”进行交流的微信用户都是陌生的，无法查看对方的相关信息，在一定程度上增加了神秘感，促使更多的微信用户参与其中。

同步案例

招商银行的“爱心漂流瓶”

活动期间，微信用户用“漂流瓶”功能捡到招商银行漂流瓶，回复之后招商银行便会通过“小积分，微慈善”平台为自闭症儿童提供帮助。根据观察，在招行展开活动期间，每捡十次漂流瓶便基本上有一次会捡到招行的爱心漂流瓶。不过，介于漂流瓶内容重复，如果可提供更加多样化的灵活信息，用户的参与度会更高。

为了使“漂流瓶”营销取得更好的效果，商家要注意以下几点。

1. 个人信息的设置

个人信息相当于门面，商家要重视个人信息的设置。如头像可设置成品牌的徽标，昵称和个性签名可设置成商品的宣传语。

2. 瓶子内容的编辑

商家在编辑“漂流瓶”内容时，可将内容设置成广告，尽量不要使用硬广形式。广告最好的营销效果是像“春雨润物细无声”一样，让对方知道是广告但心里乐于接受。

3. 捡到瓶子的回复

在捡到瓶子后，回复也有一定的技巧。商家切勿急于求成，一开始回复就直接推广商品，这样会引起对方的反感。

二、企业微信公众账号运营

1. 注册专属的微信公众账号

微信公众号是开发者或商家在微信公众平台上申请的应用账号，该账号与QQ账号互通，通过公众号，商家可在微信平台上实现和特定群体的文字、图片、语音、视频的全方位沟通、互动。微信公众平台的微信公众账号分三类，分别是微信订阅号、微信服务号、微信企业号。

进入微信公众平台的注册页面，根据提示填入自己常用的邮箱信息，选中“我同意并遵守《微信公众平台服务协议》”，点击“注册”就可以激活账号。在申请公众账号时，需要给微信账号选择一个合适的类型，如政府、媒体、企业、其他组织、个人等，然后根据页面要求填写相关信息。其中，个人公众账号只能申请订阅号。

知识拓展

微信公众号（服务号、订阅号、企业号）的区别

1．微信订阅号

（1）微信订阅号面向人群：面向媒体和个人提供一种信息传播方式，构建与读者之间更好的沟通与管理模式。

（2）微信订阅号消息显示方式：叠在订阅号目录中。

（3）微信订阅号消息次数限制：每天群发一条。

（4）微信订阅号验证关注者身份：任何微信用户扫码即可关注。

（5）微信订阅号消息保密：消息可转发、分享。

（6）微信订阅号高级接口权限：不支持。

（7）微信订阅号定制应用：不支持，新增服务号需要重新关注。

（8）微信订阅号自定义菜单：不支持。

2．微信服务号

（1）微信服务号面向人群：面向企业，政府或组织，用以对用户进行服务。

（2）微信服务号消息显示方式：出现在好友会话列表首层。

（3）微信服务号消息次数限制：每月主动发送消息不超过4条。

（4）微信服务号验证关注者身份：任何微信用户扫码即可关注。

（5）微信服务号消息保密：消息可转发、分享。

（6）微信服务号高级接口权限：支持

（7）微信服务号定制应用：不支持，新增服务号需要重新关注。

（8）微信服务号自定义菜单：支持。

3．微信企业号

（1）微信企业号面向人群：面向企业，政府、事业单位和非政府组织，实现生产管理、协作运营的移动化。

（2）微信企业号消息显示方式：出现在好友会话列表首层。

（3）微信企业号消息次数限制：最高每分钟可群发200次。

（4）微信企业号验证关注者身份：通讯录成员可关注。

（5）微信企业号消息保密：消息可转发、分享。支持保密消息，防成员转发。

（6）微信企业号高级接口权限：支持。

（7）微信企业号定制应用：可根据需要定制应用，多个应用聚合成一个企业号。

（8）微信企业号微信服务号自定义菜单：支持。

微信公众账号注册完成后，可以选择申请认证公众账号。将微信公众账号进行认证，具有被搜索时排名更靠前、权威性更高、享受更多功能等优点。不过，申请对公众号进行认证需要两个条件：一是粉丝数量达标，一般来说，普通公众账号粉丝数量需要达到500人，企业公众账号则要达到1000人；二是有认证过的微博，昵称要与微信公众号平台相符合。

同步案例

常见的公号名字有哪几种类型

1．公司、网站或者产品名

如：简书、豆瓣、知乎日报、Linkedin中国、印象笔记、大象公会、插坐学院。这种一般都是早已有公司、网站或者产品，大家都在用，然后官方做一个配套公众号便于宣传，后两者如大象公会、插坐学院则是为了公号注册的公司。

2．报纸、杂志等

如：人民日报、央视新闻、南方周末、三联生活周刊、外滩画报、哈佛商业评论、知日。这一类和网站类差不多，区别在于上面大多是UGC社区，而这一类是传统的报纸杂志，配套一个公众号。

3．地名和特色

如：上海发布、最爱大北京、深圳潮生活、吃喝玩乐IN广州、英国那些事儿。这一类基本都是本地号，名字里有个地名，主要让同城的读者能快速识别。

4．内容类型

如：视觉志、每天一首好音乐、毒舌电影、书单、为你读诗、深夜谈吃、一条特立独行的广告、一条、Quora精选、明清史研究资讯、ItTalks、玩车教授、心智工具箱、意外艺术、专业主义、苏俄转播、金融八卦女。这一类从名字上基本就知道它们的内容是什么类型，甚至具体内容是什么，像“视觉”“音乐”“电影”“书单”“诗”“吃”“广告”“明清史”“It”“艺术”“英国”“苏俄”等，都可以让人精准识别出这个号。

5．红人和大V的网名

如：同道大叔、衣锦夜行的燕公子、顾爷、宋小君、鬼脚七、warfalcon。这一类一般是在别处已经出名的红人或者大V，比如企业家、影视明星、新浪微博、豆瓣、知乎、独立博客、青年作家、微商界等，还是用原来的名字，便于其粉丝识别，也便于几个平台统一传播。

6．网名+内容

如：罗辑思维、吴晓波频道、六神磊磊读金庸、老金扯谈、幻方秋叶PPT、简七理财、苏珊米勒星座馆、黄小厨。这一类是综合了内容和网名两者，不仅让人知道你是谁，还可以知道你这个公号谈些什么，比如“六神磊磊读金庸”，大家一看就知道这是六神磊磊的号，而且这个号专门谈金庸武侠；再比如“幻方秋叶PPT”，一看就知是秋叶搞的，专注于PPT；再比如，黄磊新开的号叫“黄小厨”，既嵌入了他的姓，又让人知道他要写的是和做菜有关的文章。

7．社群或用户属性

如：颠覆式创新研习社、十点读书会、行动派Dreamlist、我们都是文艺青年、互联网er的早读课、不正常人类研究中心。这一类号基本属于两种目的，一个是已有成功的社群，为社群服务，或者说在做之前就想好了要搞这么个社群；另一个是想好了内容的风格，以及它们的目标读者是什么。如果你有这两个目的其一，就可以这么起名，圈定一个特定的用户群体，便于让此群体的人快速识别，也便于后期商业化操作。

8．传达一种场景、格调或内涵

如：二更食堂、小道消息、世相、灼见、乌云装扮者、好报、机器之心、差评、利维坦、公路商店。这一类从名字上看不出公号的主人是谁、什么社群、写的哪类文章，但是可以从名字中猜出它们的格调，其中有什么内涵，适合在哪种场景下读。

比如“二更食堂”就想到深夜里挑灯夜读的场景，“灼见”和“好报”应该是好文集中地，“世相”就是论世间百事，“机器之心”应该和人工智能有关，“差评”大概是搞笑吐槽类。

（资料来源：起名网http://www.yw11.com/weixinwangming/haomingzi）

2. 设置响亮名号、醒目头像

微信公众号的名号主要由两部分组成：名字和账号。一个微信公众号要做好，内容与推广都很重要，但是在开始之时一个好听的微信公众号名字也是很重要的，我们在注册微信公众号的时候经常可以发现很多好听的、容易记住的、有特色的微信公众号名字都被他人抢先注册了，这就可以看出一个好听的微信公众号名字是多么的受人追捧。

知识拓展

微信公众号取名方法

第一，直呼其名法

就是直接以企业名称或者服务、产品名称作为微信公众号名称。比如，我们最熟悉不过的天猫，杜蕾斯，大众点评网，九点杂志等。一般大品牌、媒体等大家已经熟知的做公众号都是直呼其名，然后可能会再用各种各样的方式衍生数个微信公众号小号。

第二，功能实用法

这种形式可以直接将公众号的用途和服务展现出来，让用户更了解你的平台。比如，酒店助手，用途就是订酒店的。另外还有欣欣旅游，就是旅游推荐的，微生活会员卡，就是商家会员卡一站式平台等。

第三，形象取名法

将企业形象化或者是服务产品形象化的一种手法，把具体的事物或者抽象的事物形象化，可以拟人、比喻等手法。比如，篮球公园，是篮球体育资讯的微信公众；电影工厂，帮你最快发现想看的电影等。

第四，采用垂直行业取名法：行业名+用途

典型的微信公众号有：电影商学院、微法律、豆瓣同城、百度电影等。这些都是一个行业加其用途命名的。

第五，提问式取名法

以提问的方式取名，让关注者获得兴趣。比如，今晚看啥公众，什么能赚钱公众。他们分别告诉了用户可以帮你发现你喜欢的电影、帮你推荐理财产品和省钱方法。

第六，另类取名法

这类公众号一般都是奔着新鲜、好玩、有趣、有料的形式去的。想做搞笑娱乐类的公众号可以考虑。比如，小道消息微信公众，Mac技巧微信公众，冷笑话精选微信公众等。

第七，百科取名法

百科取名的方法取得的名字范围包含的比较广泛，不过是为人所熟知的更好。还有一个好处抢先取了，也许通过这个就会在微信搜索中获得很多的粉丝哦。比如，糗事百科，健康生活百科，时尚生活小百科等。

第八，其他取名方法

其他的可考虑从生活、地域等一些身边比较熟悉的着手。也可以参考下百度指数，人们对某些事件或者问题的关注度之类的。当然，取名方法还有很多，比如企业取名还可以采用区域加行业，西安汽车美容，杭州房产等。

3. 设置功能介绍和回复

（1）充分发挥功能介绍的作用。在微信公众号的“详细资料”界面，可以看到公众账号的头像、名称和号码，“功能介绍”相当于微信公众账号的“自我简介”，既能体现账号的定位，又能展示其功能特色，如果利用得当，就能起到良好的营销推广作用。

（2）设置有吸引力的欢迎语。一般情况下，当人们第一次关注某个公众账号时，通常会收到该账号自动发来的信息。在微信营销中，这一信息被称为“欢迎语”，它是公众账号首次与用户展开互动，如果吸引力够大，将会给客户留下良好的第一印象；反之，如果欢迎语单调乏味，就会在一定程度上削弱用户的关注兴趣。

在设置欢迎语时，首先要向客户表示感谢，如“感谢您的关注”“亲，我们等你很久了哦”等，让客户感到重视。其次，欢迎语要告诉客户自己有哪些功能特色，能提供什么样的服务、遇到问题时可以通过哪些途径获取帮助、通过何种方式可以了解更多详情等。既要彰显公众账号的实用性，又要有助于在用户心中树立信任感。

如果公众账号要介绍的内容比较多，可以设置关键词导航。一般来说，关键词要简单易操作，如阿拉伯数字、英文字母、简短汉字都是不错的选择。

（3）设置自动回复与人工回复。在微信公众平台上，自动回复有三种形式，即被添加自动回复、消息回复和关键词自动回复。其中，被添加自动回复就是“欢迎语”。消息自动回复是当用户向公众账号发送不含有关键词的信息时，公众账号就会自动回复一条信息。关键词回复是在关键词导航基础上设置的，当用户向公众账号发送关键词或含有关键词的信息时，公众账号回复相应的信息，以满足用户的需求。

与自动回复相比，人工回复由于是一对一服务，显得更加有“人情味”了。这种回复方式需要一定的人力成本，如果微信用户很多，而后台客服人员很少的话，就有可能出现互动滞后的现象。因此，企业在开展人工回复之前，要全面考虑自身的实际条件。

4. 打造精准的推送内容

微信公众号主要有两大功能：提供资讯和服务。其中，资讯和一些服务通过推送方式传递到用户手中。因此，打造精准的推送内容对于维系用户起着关键作用。在编辑推送内容时需要注意以下几个方面：

（1）主题。一篇好文章，一定要有一个明确的主题。选择主题可以根据账号类型来确立，如饮食主题、旅游主题、亲子教育主题等，也可以根据信息的实用程度来确立，如攻略方法、新鲜资讯等。

（2）正文。正文是文章最主要的部分，但并不是所有人都会将整篇文章看完，尤其是比较长的文章。因此，文章的开头、结尾就显得比较重要了。一般情况下，人们看一篇文章，除了标题外，最先看到的就是文章的开头，其次就是结尾，因为这两个部分往往可以点明文章主旨，有助于人们快速了解文章主题。在编辑正文时，应以“虎头凤尾”为原则。

（3）内容亮点。公众账号可以根据用户反馈提供相关信息，也可以结合时下热点，推送大众关注的内容。

（4）文章风格。文章风格不同，吸引的用户往往也因此而不同。文章风格可以分为专业型、信息型、情调型、娱乐型、互动型、促销型等。企业应根据自身需要和特点灵活运用不同风格。

（5）编排方式。微信的编排方式有多种，如图文、语音、视频等，适当转变信息推送方式有助于保持用户的新鲜感，能够提升用户的忠诚度。

在编写公众号内容时，要尽量避免通篇文字、长篇累牍、东拼西凑、复制粘贴等情况，如果不能用心对待信息内容，那么用户也很难对公众账号产生信赖感，长此下去，公众账号的关注度势必会下降。

知识拓展

企业公众号微信内容的来源

1．问题专家型

问题专家型就是了解用户需求，解决用户需求。通过微信搜索企业的产品包括竞争对手的产品，了解用户的需求，把用户关心的问题分门别类，针对这些问题设计微信内容。

2．娱乐八卦型

在微信公众账号里推送产品的延展知识。用户不喜欢干巴巴的产品介绍、产品说明书，用户喜欢有知识含量、有吸引力的干货。可以让信息通过大量丰富的故事情节和幽默风趣的语言展开，哪怕内容是严肃的。

3．广开言路型

企业可以将用户的评价和体验做成微信内容。用户可能通过微信抱怨你的产品，也可能通过微信赞美你的产品。如果你的产品真的很好，就会有很多粉丝夸奖你，企业可以将粉丝说的企业或产品的好炫耀给大家看，不仅可以充实微信内容，还因为让这些用户的言论上墙而使他们感受到“受宠若惊”，企业若能乘胜送上礼物，用户便会帮助企业创造内容。这种形式也增加了企业与用户的互动，对于企业的粉丝有很大的引导作用。

4．好消息告知型

微信公众号可以提供折扣、优惠信息及粉丝专属新品。企业可以设计一些精品的、专属于微信粉丝的特别之款，让他们感受到作为粉丝有“VIP”一样的待遇。如果在特别折扣之外，新品在微信上首发，通过微信先预订，只为粉丝准备，线下买不到，粉丝也会感到很尊贵。

5．自曝隐私型

企业微信可以把企业内部的一些情况介绍给粉丝，如一些好玩有趣的事情、有趣可爱的员工、某款产品背后的故事等，让粉丝通过微信完整地了解企业，让信息更加透明化，让粉丝感觉到微信不是一个冷冰冰的ID，它的背后有这么一帮可爱的人，可以使企业看起来有血有肉。

6．原创互动型

无论是图文并茂，还是声色俱佳，企业一定要坚持原创，至少要有一部分是属于自己独特的内容，让粉丝产生忠诚。互动型内容可以很好地与用户进行沟通，在互动中建立关系。

企业微信公众号的内容来源还有很多，企业要根据自身特点进行选择。

5. 选择合适推送时间

要想增加信息曝光度，就要了解用户的习惯，把握信息推送的最佳时间。

（1）推送时间。一天之中，有三个时间段比较合适：一是早上7点到8点，许多用户在吃早饭或上班路上有看新闻的习惯，而且早上是一天的开始，人们比较愿意接受新事物，这个时候推送新闻资讯、产品最新动态等新鲜内容可以有效获得用户的关注。二是上午11点到12点，这个时间段上午的工作暂告一段落，可以向用户推送美食优惠、热点话题等信息，既能满足用户饮食需要，激起用户讨论的欲望，也能为餐饮商家带来利润收入。三是下午5点到晚上9点，下班后或晚饭后的空闲时间是许多人放松娱乐、玩手机的时间，可以向用户推送一些搞笑幽默、健康养生等信息，容易得到用户的关注。

公众账号还可以根据后台数据，掌握用户的阅读习惯，选择最适合的时间段向用户推送信息，并形成固定习惯，这样既可以增加信息曝光率，还会引导用户养成良好的阅读习惯，而不会扰乱用户的正常生活，对公众账号后期的发展具有积极意义。

（2）推送频次。一周不要超过三次，太多了会打扰到用户，最坏的后果可能是用户取消对你的关注。当然，太少了用户也会抱怨，觉得你的微信只是一个摆设，根本不会从你这里获得什么，所以一定要把握好这个度。

（3）推送形式。推送内容不一定都是图文专题式的，也可以是一些短文本，文本字数一般一两百字左右，关键在于内容能引发读者思考，产生思想的火花，形成良好的互动效果。

知识拓展

怎样的内容是用户喜欢的以及愿意分享的呢？

1．文章主题积极，读完后让读者感到兴奋

2．让用户非常愤怒和恐慌的文章

3．让读者觉得自己消息灵通、见多识广

4．实用且容易记住的内容

5．有价值的故事

6．特别有创意的搞笑漫画、图片

三、微信公众号的推广渠道及方法

1. 微博推广，社交网站

在微博资料或者社交网站介绍里介绍一下微信号，在微博装修里放上二维码，方便粉丝扫一扫关注，私信给自己的微博粉丝或者找其他大号帮转发。

2. QQ群推广

找到与企业相关的用户群，可以一对一互动或者群内互动（群内互动，混熟了再做，小心被踢）。

3. 微信号群组推广方法

微信号的门槛比较低，任何人都可以注册，可以利用这点注册多个小号，然后每个小号设置好头像（受欢迎的头像），添加更多的好友，通过小号向用户推送公众号信息。

4. 微信红包

通过微信个人账号，建立多个微信群组，发放红包让群内用户转发文章、分享文章、关注公共号。

5. 微信号互推

由于公众号发布内容不能太随便，随便的文章可以通过小号的方式来实现，这样既可以保障公众号的形象，又可以起到较好的宣传效果，这个只适合前期涨粉。

6. 摇一摇

通过"摇一摇"让用户看到我们的签名（可以是野路子，比如低俗的签名等），或者更进一步添加我们为好友，这种互动效果出奇的好。

7. 漂流瓶

每天弄几个鲜明话题的瓶子出去（相同的做法可以账号复制），捡几个漂流瓶回复，让人们关注到你。

8. 活动推广

活动的效果是最直接也是最有效的方法，不论是线上活动还是线下活动，一个鲜明的活动主题最容易让人们记住。尤其是线下活动导流效果比较明显，如亲子O2O的，送荧光棒，在儿童剧院门口发放，一天增粉过1000。

9. 软文推广

软文推广也是一种很好的方法，利用信息来源推广公众账号也是最能让用户关注的。

10. 邮件推广

策划几个比较好的邮件模板，每天坚持给用户推送，会有一定效果，现在邮箱的反营销信息和垃圾邮件防范做得好，所以看情况而定，如果有目标群体而且邮箱都是真实存在的可以做一做。

11. 微信增粉工具

当前有很多微信推广的工具，而且也不断地形成了一个市场，但是通过微信添加好友过程量一定要控制好，否则会适得其反。

12. 微信朋友圈

高质量的文章转发朋友圈，会带来大量粉丝，高质量的文章怎么来，这个要取决于你的公众号的定位和行业判断力。微信公众号的粉丝来源最多是朋友圈，很多文章通过朋友圈的扩散，会造成阅读人数超过送达人数的几十倍，所以怎么能达到高倍的阅读数，那就是转发到朋友圈，给更多的人看，所以转发的多少，就看你朋友圈的数量了。加大量的好友并转发公众号的文章是最能提高粉丝的方法了。

13. 线下沙龙

线下和一些传统媒体联合举办行业沙龙，可以在签到处放一些二维码，方便别人快速地扫描添加微信号，这样的方法增加粉丝速度也非常快。

14. 自身的曝光资源

如公司官方网站、个人名片、公司宣传手册、杂志等，要动用一切渠道来宣传，你才能获得稳定的粉丝增长量。但如果资源有限，可以动用员工朋友的朋友圈（最好是员工自愿并有激励，不然引起员工反感）。

15. 逛论坛

逛各种论坛，写高质量的评论，引起别人的注意。如豆瓣、贴吧等，在各资源分享网站发贴，尽量干货，高质量资料免费下载。信息爆炸的当下，高质量的内容散播速度是极其惊人的。

16. 其他

（1）陌陌留言板，附近人宣传。

（2）微视原创视频，评论宣传。

（3）来往扎堆发帖，评论宣传。

无论用户从哪个推广渠道来的，总之一定要让来的用户有惊喜，有用户想要的，而不是失望而去，所以一定要根据个人或者企业自身的定位以及数据分析判定用户喜好去做好内容，有好的内容才会有分享，有分享才会增粉，有粉公众号才会创造价值，达到个人或者企业的创建公众号的目的。

四、企业微信公众号内容营销策略

企业微信公众号的内容营销是指以文字、图片、视频动画等媒介向公众传递有关企业的相关信息，如企业信息、产品介绍、观点、态度等，以期获得企业展示、粉丝增加并最终实现产品或服务的销售。企业内容营销前期绝不能以营利为根本目的，而是单纯地希望实现与大众的沟通，通过提供个性化的内容来满足企业或产品展示的需要，或是提供有价值的内容来帮助社会大众以作为后期营销的铺垫。因此，企业微信公众号的内容营销主要采取以下几种方式。

1. 粉丝营销

粉丝营销是企业微信公众号营销的基础，只有具有一定的粉丝基础，企业才能够实现其运营微信公众号的目的。多数同时实现品牌、传播及销售目的的企业微信公众号采用的是这种营销方式。这类企业在开通微信公众号之前已经拥有大量的粉丝，或是其自身就是具有一定的知名度的企业，这些企业的产品、活动以及实体店得到了大多数粉丝的认可，这也是粉丝经济在微信平台上的实际体现。

2. 长线营销

对大多数的企业来说，在开通微信公众号之前并没有大量粉丝，而现有的关注群体在关注公众号之前多是企业的客户或是合作伙伴。正是由于微信平台本身具有这样的私密性，所以决定了微信公众号不能像微博一样在短时间内通过多层级的传播而吸引大量粉丝关注。因此，企业微信公众号的运营要做好长期“战斗”的准备，耐得住寂寞，经得起考验。不能因为粉丝的阅读量不够而产生厌倦，也不能因为订阅量不足而不及时更新推送消息。

3. 话题营销

企业微信公众号的内容营销还可以借助一些话题来展开。对社会上的热点问题进行介绍、做出评论、在粉丝中展开话题讨论，甚至是据此推荐一些相关的粉丝可能感兴趣的内容。这些都能够在第一时间吸引粉丝们的眼球，增大阅读量，甚至是订阅量。当然，在互联网高速发展的今天，各种热点层出不穷，如何甄选出恰当的话题，建立话题与公众号本身的联系，是企业微信公众号展开内容营销的关键问题。一般来讲，甄选出来的话题要具有时效性，话题要够热点，讨论要激烈。

4. 互动营销

线下的互动活动以及微信平台内的互动交流也是提高粉丝活跃度的重要方法。虽然多数企业本身可能没有举行线下的活动经验，但是粉丝达到一定数量的公众号企业可以选择与专业的企业或组织合作。至于平台内的互动交流是一种最为常见的互动方式。企业运营者可以通过话题讨论，寻求帮助或是约稿等方式与粉丝进行沟通交流。这些都能增加粉丝与企业之间的熟悉程度，也便于粉丝向其周围的朋友进行推荐。

在自媒体迅速膨胀的时代，微信公众号平台为企业提供了一个全新的品牌传播及在线销售的平台。越来越多的微信公众号充斥着我们的生活，吸引我们的眼球。企业要想获得更多的订阅量，实现品牌和传播、销售三大目的，就必须重视公众号的内容营销。

五、微信营销的发展方向

微信的营销手段和方法还在不断演变之中，微信营销在未来应立足用户需求，提供价值，强化沟通。

1. 提供价值，吸引眼球

在微信营销中，用户掌握着充分的主动权，一方面，用户可以因为对某个公众号感兴趣而主动加以关注；另一方面，用户也会因为认为该账号推送的信息不再具有吸引力而取消关注，不再接收信息。因此，为用户提供价值在维系账号与粉丝之间的关系时显得十分重要。

向用户提供的价值会因用户不同而有所区别，这就要求企业不断地进行数据收集和数据分析，实时把握用户需求，了解用户通过微信想要得到的是什么。

2. 弱化营销，强化沟通

微信是一个较为私密的社交平台，沟通比营销更加符合微信气质，沟通从某种意义上说就是微信在潜移默化地做营销。现有的微信陪聊、微信客服都在企图更好地做粉丝沟通。

营销视角

2016 年经典微信营销案例

1．小米“9：100万”的粉丝管理模式

据了解，小米手机的微信账号后台客服人员有9名，这9名员工最大的工作时每天回复100

万粉丝的留言。

每天早上，当9名小米微信运营工作人员在电脑上打开小米手机的微信账号后台，看到后台用户的留言，他们一天的工作也就开始了。其实小米自己开发的微信后台可以自动抓取关键词回复，但小米微信的客服人员还是会进行一对一的回复，小米也是通过这样的方式大大地提升了用户的品牌忠诚度。相较于在微信上开个淘宝店，对于类似小米这样的品牌微信用户来说，做客服显然比卖掉一两部手机更让人期待。

图6-9 小米粉丝管理模式

当然，除了提升用户的忠诚度，微信做客服也给小米带来了实实在在的益处。黎万强表示，微信同样使得小米的营销策略方案、CRM成本开始降低，过去小米做活动通常会群发短信，100万条短信发出去，就是4万块钱的成本，微信做客服的作用可见一斑。

2. 1号店游戏式营销策略方案

1号店在微信当中推出了“你画我猜”活动，活动方式是用户通过关注1号店的微信账号，每天1号店就会推送一张图片给订阅用户，然后，用户可以发答案来参与到这个游戏当中。如果猜中图片答案并且在所规定的名额范围内的就可以获得奖品。其实“你画我猜”的概念是来自于火爆的APP游戏Draw Something，并非1号店自主研发，只是1号店首次把游戏的形式结合到微信活动推广中来。

图6-10 1号店你画我猜活动

3．微信朋友圈：你刷到了宝马，我却只看到可乐

图6-11　微信朋友圈广告

2016年1月，微信朋友圈第一批广告悄然亮相。宝马、可口可乐、vivo三个品牌同时出现。据微信朋友圈中流传的一段文字显示：朋友圈广告推送是基于大数据分析，高端用户推送的是宝马；买不起iPhone 6但买得起小米的，收到的是vivo的广告；有些人收到的是可口可乐的广告。相比另外两个品牌，“身份的象征”——宝马顺理成章地占据了压倒性传播优势①。

项目六　微信营销

① 资料来源：马海洋博客．http://www.mahaixiang.cn/bkwb/1373.html.

项目要点

微信营销是网络经济时代企业或个人营销模式的一种，是伴随着微信的火热而兴起的一种网络营销方式。

微信营销具有庞大的用户群、高到达率、高曝光率、高接受率、高精准度、高便利性、互动加强关系等特点。

企业微信公众账号的运营从注册专属的微信公众账号开始，设置响亮的名号、醒目的头像，设置有效的功能介绍和自动回复，并通过精准度推送内容吸引粉丝。

微信公众账号的推广方式有很多，企业需要根据自身需要合理选择。企业微信公众号的内容营销是指以文字、图片、视频动画等媒介向公众传递有关企业的相关信息，如企业信息、产品介绍、观点、态度等，以期获得企业展示、粉丝增加并最终实现产品或服务的销售。

项目实训

一、实训目的

1. 了解微信营销，掌握微信营销进行商业信息传递的方法，理解其对提高产品关注度的作用。

2. 了解微信的常用功能，并能根据微信的功能掌握微信常见的营销方式。

3. 掌握微信公众账号的注册、维护和运营方法。

4. 学会微信公众号的群发功能、自动回复、自定义菜单、素材管理、用户管理、消息管理，合理规划微信营销内容。

5. 学会使用个人微信号与公众微信号相结合的方法进行营销宣传。

二、实训要求

1. 分组进行：每 3~5 个人一组，选取一名组长（组内成员中注明）。

2. 作业形式：实训报告以小组为单位上交，最后一页要说明组内每位成员的具体贡献。

三、实训所需仪器、设备

连接上互联网的手机。

四、实训内容

每位同学均在能够访问互联网的机房上机实训，每个同学要求掌握微信常见的营销方式；掌握微信公众账号的注册、维护和运营方法；学会微信公众号的群发功能、自动回复、自定义菜单、素材管理、用户管理、消息管理，合理规划微信营销内容；学会使用个人微信号与公众微信号相结合的方法进行营销宣传，最后撰写实训报告。

五、实训步骤

实训模拟情境：假设你作为某品牌的天猫商家，给公司已有的老客户 A、B（微信朋友）和你的潜在客户计划在圣诞节来临之际，设计一份促销广告文案做一次微信营销。告诉这些老客户和你的潜在客户，公司要在圣诞节的时候举办大型的产品促销活动。活动时间长，促销力度大，望广大客户抓住时机。

1. 为以上的情境设计微信营销方案或者自选主题，将营销广告文案写在实训报告上。微信内容文笔通顺，能吸引客户，能很好地把推广信息传递给客户。微信标题内容尽可能引起收件人的兴趣，体现出品牌或者产品信息，含有丰富的关键词，不宜过于简单或过于复杂。（要求图文并茂）

2. 利用微信的“朋友圈”“漂流瓶”等工具把营销广告文案信息传递出去，提高其产品或者品牌的关注度 （要求截图证明）。

3. 以组为单位，注册微信公众账号（注册订阅号）。（要求截图证明）

4. 将策划好的营销广告文案编辑到微信公众账号素材管理里面，素材内容审核无误后向粉丝群发营销内容。

5. 根据设计的营销广告文案，规划好自动回复（会添加自动回复、消息自动回复、关键词自动回复）和基本功能模块。

6. 设置自定义菜单将营销广告文案推送给群粉丝。（要求截图证明）

7. 小组成员转发公众号群发的内容到自己的朋友圈，可以开展集赞等活动。（要求截图证明）

六、总结分析

完成实训报告后，小组互评，老师点评。

项目测评

1. 判断题

(1) 除了通过微信支付，还可以通过支付宝、通联等进行支付。（　　）

(2) 订阅号可以申请微博认证。（　　）

(3) 微信公众账号的名称可以随意地改动。（　　）

(4) 微信公众账号注册上传黑白的营业执照。（　　）

2. 简答题

（1）微信公共账号有哪两种类型？两者又有什么区别？

（2）如何推广企业微信公众号？

3. 操作题

（1）根据个人微信号定位，设置微信头像、名称、个人签名、二维码名片、微信号，完善自己的朋友圈，设置朋友圈的封面。通过通讯录、附近的人或通过微信扫一扫，雷达加好友等方式增加你的微信好友，至少加 50 个好友，并关注至少 5 个微信公众号。

（2）申请和开通微信公众号，因认证条件受限，只能开通公众号中的订阅号。将公众号根据学生自身需求定位为品牌型、吸粉型、销售型、服务型中的一种，搭建好公众号的基本框架后，根据定位推送文章。

（3）选择合适的产品或熟悉的商家，针对某产品或商家活动的特点进行 H5 场景设计与制作。

项目七

自媒体与论坛营销

项目目标

知识目标

1. 了解自媒体平台类型与特点
2. 掌握自媒体平台营销与推广方法
3. 了解论坛营销的功能与特点
4. 掌握论坛营销与软文营销策略

能力目标

1. 能够熟练使用自媒体平台各种工具与功能
2. 能够熟练编辑自媒体内容
3. 能够编辑写作软文

今日头条营销策略

☆案例背景

今日头条是一款基于数据挖掘的推荐引擎产品，它为用户推荐有价值的、个性化的信息，提供连接人与信息的新型服务，是国内移动互联网领域成长较快的产品服务之一。它由国内互联网创业者张一鸣于2012年3月创建，8月发布第一个版本。今日头条是基于个性化推荐引擎技术，根据每个用户的兴趣、位置等多个维度进行个性化推荐，推荐内容不仅包括狭义上的新闻，还包括音乐、电影、游戏、购物等资讯。

截至2016年9月底，今日头条已经有5.8亿用户，日活用户超过6300万，单用户日均使用时长超过76分钟，也就是说现在用户每天在今日头条上会停留45亿分钟。2018年1月27日，今日头条公司正式对外宣布，他们正式与美国新闻聚合网站BuzzFeed达成内容授权协议。在达成合作协议之后，今日头条将向用户发布BuzzFeed的内容，同时包括一些视频内容。

总共分为以下几个板块：新闻头条、话题专区、视频社区。

1. 新闻头条

刚打开软件后就可以看到这个界面，内容丰富，同时会给你推送许多你喜欢的新闻，这个板块主要是给人提供实时的消息，给你最快最准确的新闻。扁平化的设计风格加之丰富的界面内容展示，使得每条新闻之间分界并不明显。单页显示新闻数目相比同类产品少3～5条，让人觉得十分简洁。

2. 话题专区

话题的界面展示内容相对复杂，包含元素过多（标题、缩略图、话题来源、评论数、删除按钮、时间）。其中由于图片展示数量的问题，使得“删除”按钮不能对齐，稍微影响美观；时间的显示也只有多图新闻与通栏图片新闻有所显示，不能保证布局的一致性，需要优化。但是在话题专区人们可以自由地开展自己感兴趣的话题。

图7-1 今日头条的内容板块

3. 视频社区

整个界面被分成一个一个的长方形的小方块，每块就是一个视频，这些放到首页的视频有一些是编辑寻找点击量和互动量大的文章放到首页，另外一些则是可以通过支付费用来将自己的内容放到首页增加曝光量。在这个社区内可以观看大量的新闻视频，也可以上传自己所喜爱的视频。

4. 目标群体

据2015年新闻客户端统计显示，手机阅读76.55%的用户为男性，19岁到35岁的用户占70%，可见中青年男士是手机客户端市场的主流力量。而从职业属性来看，会计、律师等专业人士群体成为最大的用户群，占比31.48%，其次是公务员占比23.58%，国企职员、企业高管和技术研发人员等白领人士占比紧随其后。56%的用户在休息和闲暇时间通过手机阅读，49%的用户习惯在睡觉前使用手机阅读，另外38%的用户在等待和乘坐交通工具时也会选择手机阅读来打发时间。随着生活节奏的加快和信息技术的发达，阅读场景碎片化已是大势所趋。

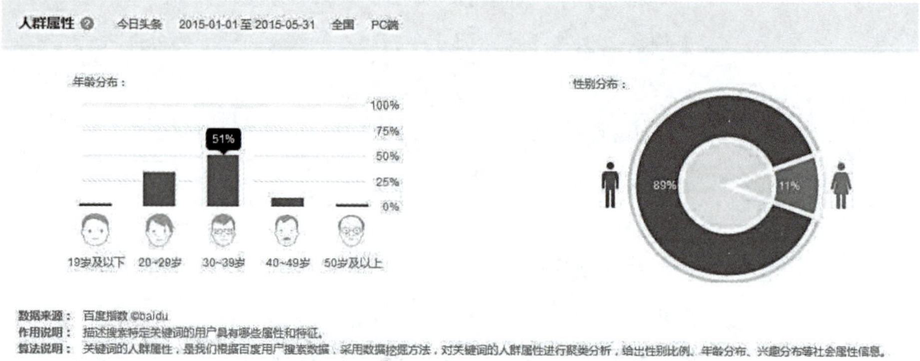

图7-2　今日头条的用户

今日头条为用户提供“全场景智能营销体系”，是指通过今日头条独家AI技术实现对包括今日头条、西瓜视频、抖音、火山小视频等头条系APP用户画像的特写分析，为品牌寻找TA的同时垂直化地梳理他们的兴趣需求，找到匹配其需求的优质IP或合适创作者定制生产内容，这些内容以图片、视频、音乐、问答、创意广告的形式抵达场景终端输出给用户，最后由智能分发的模式输出给“对的人”。

☆**案例分析**

你关心的才是头条——这是今日头条的宣传语，今日头条商业产品策略总监谭晓博用了四个关键词，“数据”“精准”“转化”“品牌”，概括今日头条的网络营销方法论。

第一，数据。今日头条拥有3亿多累计下载用户，超过3000万日活用户，日常用户日均停留时间超过50分钟，这些用户将自己的兴趣“贡献”给了今日头条，系统可以记录他们的点击、分享、评论、收藏等用户行为，并进行复杂计算和分析。

第二，精准。海量数据和算法分析，使得头条清楚地知道不同用户的兴趣，从而将用户需要的信息推荐给用户，其中就包括广告信息，所以，广告客户想要找什么样的人，系统都能精确找到。广告覆盖不但有“量”，更有“质”。

第三，转化。广告终极目的是实现转化，今日头条把转化提到相当高度。

由于今日头条是根据用户兴趣匹配广告，所以能大大提高转化率。

第四，品牌。不仅广告转化率高，而且客户品牌能深入人心，据第三方数据公司trustdate的报告显示，今日头条用户每日打开旅游类应用的比例约为全网用户的1.7倍，拥有汽车的比例为全国用户的2.7倍，炒股理财用户比例约为全国用户的3倍，银行用户的比例约1.5倍，而这部分人群既是"转化"目标，也是品牌要抵达的人群。概括为"品效合一"①。

项目知识　任务一　自媒体营销

本项目所指的自媒体平台包括：QQ公众平台、UC自媒体平台、简书、头条号、企鹅媒体平台、搜狐公众平台、一点号、百家号、网易号、凤凰媒体平台等。这些平台影响力和用户量均不及微信公众平台，但它们却又是企业不可忽视的自媒体平台，企业入驻这些自媒体平台，可以用更大范围的曝光提高品牌的知名度、新阵地占位。

一、自媒体的界定和特点

1. 自媒体界定

自媒体（英文名：We Media）又称"公民媒体"或"个人媒体"，是指私人化、平民化、普泛化、自主化的传播者，以现代化、电子化的手段，向不特定的大多数或者特定的单个人传递规范性及非规范性信息的新媒体的总称。自媒体平台包括：博客、微博、微信、百度官方贴吧、论坛/BBS等网络社区，其中最主要的就是微信与微博。

在自媒体时代，各种不同的声音来自四面八方，"主流媒体"的声音逐渐变弱，人们不再接受被一个"统一的声音"告知对或错，每一个人都在从独立获得的资讯中，对事物做出判断。

自媒体营销以自媒体为基础发展而来，所有自媒体营销形式都是当其所产生的媒介聚合效应达到一定程度时，才会产生其传播价值，所以当具备了传播力之后，其影响力和行销力价值便会循序而来，最终构成完整的自媒体市场价值链条，至此，自媒体营销的价值便会得到市场的认同和应用。

2. 自媒体范围

不限于个人微博、个人日志、个人主页等，其中最具代表性的托管平台是美国的Facebook和Twitter，中国的Qzone、新浪微博、腾讯微博和人人网、

① 资料来源：百度文库. https://wenku.baidu.com/view/76ac9be8f12d2af90342e63d.html?from=search.

微信公众平台，皮皮精灵等。本项目所说的自媒体主要指除了微信和微博平台之外的自媒体（微博与微信平台分别在项目五和项目六予以介绍）。

3. 自媒体传播的优点

（1）用户黏性大，传播影响力大。像微博、微信这种自媒体平台的诞生，让网民进入了“织围脖”、发微信的时代，因为具有很高的分享性和互动性，网民都喜欢在微博、微信上发布身边的事情或者围观吐槽社会上的热点事件，微博、微信几乎成为很多网民生活中不可或缺的一部分。过去人们早上起来的第一件事可能是打开收音机或者电视机收听新闻，但是现在的人们通常是刷微博、微信，查阅当天的热点新闻。而且随着智能手机不断普及，微博、微信入住到了很多网民的手机中，用手机玩微博、微信成为一大新潮流，通过手机玩微博、微信，不用受到时间和地点的限制，走在路上、坐地铁、坐公交车的时候，我们经常看到人们都低着头看手机，过去这些零碎的时间人们可能会发呆无聊，但现在人们更多地在自媒体平台上浏览信息、分享信息，可见自媒体传播已经成为很多人生活中必不可少的一部分。

此外，参与自媒体平台注册的用户多，覆盖人数广，每天的浏览量大，从而大大提高了传播的影响力。在传统媒体中，只有权威媒体才能参与传播，人们在接收到媒体传播的信息后，只能跟身边的人进行口头传播，这种传播范围非常有限，传播影响力也远远不及自媒体。在自媒体平台上，只要有热点新闻发生，广大网友纷纷进行转播和热烈评论，迅速扩大传播范围，达到一种“引爆全网”的传播效果，可见自媒体传播的影响力已不容小觑。

从我国自媒体平台这几年的发展来看，微博已经逐渐成为社会舆情的集散地，汇集了各界的权威人士，特别是名人微博、政务微博在其中发挥着很大的推动作用，为自媒体传播凝聚更为权威性的声音。

（2）覆盖范围广，传播速度快。自媒体建立在互联网平台上，众所周知，互联网具有不受空间限制的特点，其覆盖范围不仅局限在全国，甚至跨出国门，覆盖到世界的任何一个角落，这种覆盖范围是传统媒体无法达到的。不管是报刊还是广播电视，都会受到空间的限制，如某一地区的报纸只会在特定的地区进行发行；某一个地方的电视台如果不上卫星，只能在本地进行传播，即使上了卫星，传播范围也只是在全国范围内，只有少数的电视台能够跨出国门，但传播空间还是会受到很大的限制。自媒体建立在互联网上，信息一旦发布，无论是在什么地方、什么时间段，只要能够上网，就可以浏览到信息，传播范围非常广。

在传播速度方面，自媒体也拥有传统媒体无可比拟的速度。在新闻的国度里，一切信息传播都要与时间赛跑，谁能够第一时间发布新闻事件，谁就能够拥有传播的优势。自媒体的传播完全突破了传统传播的方式，传统媒体的传播需要新闻记者赶到现场进行采访后才能传播，但是在自媒体时代里，在新闻记者还没有获得爆料之前，亲眼看到、听到的网友就通过自媒体渠道对事件进行了传播，等到新闻记者收到信息赶到现场时，新闻事件已经在全网传得沸沸扬扬，如近年来发生的重大地震灾害，第一时间传播地震信息的往往不是媒体，而是身在事件中的网民。自媒体不但能够以最快的速度对新闻事件进行传播，而且还可以最快的速度进行扩大传播。以前新闻事件爆发后，其他地区的人们可能要过一两天才知道这个事件发生，但是现在只要有手机可以上网，不到一个小时的时间，人们就可以接收到有关最新发生的新闻事件的信息，传播速度是传统媒体望尘莫及的。

（3）低成本。传统的媒体行业准入门槛较高，需要的众多的设备、合作人员，以及各种相应的许可证。而在自媒体时代，每个人都可以经营自己的媒体，只要凭借一只智能手机，可上网的笔记本，以及一个微博账号，就能随时随地地更新、营销，可以营销自己，也可以营销某个品牌。你所要做的就是不断持续地更新，增加你的粉丝，关注你的点击量。点击量的多少决定你的受众量。

（4）交互性强。无可厚非，自媒体时代最大的特点就是草根化，平民化。据统计，我国的微博注册人数已逾两亿。因而，可以想象，一个粉丝数有几十万甚至几百万的博主发一条状态的广告效益是多么的大。更别说一些名人的微博，像谢娜，姚晨……而像一些政府的微博，像浙江省旅游局、杭州市旅游委员会、山东省旅游局、英国旅游局的粉丝数也都是几十万乃至几百万。

4. 自媒体的重要性与价值

自媒体往往站在用户的角度进行点对点的传播，这种方式越来越多地赢得用户的信赖，增加了用户的主动性，另外，随着人们的网络使用时间越来越碎片化，对媒体方便、快捷的要求也越来越高，自媒体正适应了这一点，增强了用户的自主选择权，扩大了自主性。

二、自媒体营销的现状分析

使用和进入自媒体的门槛较之其他营销渠道低出很多。所以，自媒体为基础衍生的自媒体营销让其在同等影响力传播方式下成本最低。这样低成本、大影响力的传播方式推动传播主流由传统媒体向自媒体的过渡，形成了良性的循环闭环。

但在自媒体营销快速爆发的同时，问题也逐渐显现出来。

1. 关注数量多，参与度低下

一个自媒体营销平台拥有群众资源较多，但是普遍用户的参与积极性并不高。如何让更多的用户知道并主动关注自媒体平台，让其充分积极地参与到传播中来，这是当下面临的难点。营销者需要去了解用户的喜好，切合大多数人的实际。想办法使自媒体的内容新颖，使人过目不忘，产生兴趣。增加用户对自媒体营销平台的需求黏性，提升用户参与度，接下来才是进行更为有效营销。

2. 信息良莠不齐，规范化差

某些自媒体营销者为了加大平台本身的影响力，扩大营销效果，肆意编造谣言和虚假信息，由此造成的社会不信任感阻碍了自媒体营销平台发展。自媒体营销者过分添油加醋地宣传使自媒体的用户对自媒体营销的真假产生了怀疑，下一步的营销内容也将以失败告终。自媒体平台天生的自由性使得平台没办法控制，不能确保信息的可靠性和真实性。所以当下自媒体营销行业的规范性需要相关政策的规范性，并需要自媒体营销者增强自律意识和社会责任感。

3. 用户多，盈利手段少

另外一个突出问题就是自媒体营销平台拥有广大的用户群体，但实际上，自媒体营销平台目前转化率低，缺少具体的盈利模式。如果不能在自媒体营销平台的有效时间内找到合适的方法增加利益转化量，那将会对自媒体平台的进一步发展产生阻力。

同步案例

九大常用自媒体平台

1．微信公众号

图7-3　自媒体平台微信公众号与百家号

微信公众号是自媒体人的主战场，也是目前热门的平台之一。利用微信公众平台进行新媒体运营，只有做好优质的原创内容，才是制胜的法宝，简单的文字搬运工是不能在微信的浪潮中存活的。

2．百度百家号

百度旗下的自媒体平台，较难申请，但只要申请下来了，阅读量巨大，且容易被百度收录，而且排名也不错。百度旗下产品，功能正在完善中。

3．今日头条

图7-4　自媒体平台今日头条与搜狐媒体平台

今日头条基于个性化推荐引擎技术，根据每个用户的兴趣、位置等多个维度进行个性化推荐，推荐内容不仅包括狭义上的新闻，还包括音乐、电影、游戏、购物等资讯。

4．搜狐自媒体

容易获得庞大的阅读量，适合进行品牌宣传，而且搜狐自媒体平台是百度的新闻源，对企业品牌打造具有一定的优势，且申请条件比较简单，是目前使用较多的自媒体平台之一。

5．腾讯开发媒体平台（企鹅媒体平台）

图7-5　自媒体平台企鹅媒体平台与一点资讯

企鹅媒体平台是腾讯旗下产品，内容分发覆盖天天快报、腾讯新闻客户端、微信新闻插件、手机QQ新闻插件、QQ公众号、QQ浏览器等，内容更支持平台渠道进行一键分发，实现优质内容的更多、更准确曝光。

6．一点资讯

与今日头条类似，根据不同人群的阅读习惯进行内容的推送，文章会在24小时内进行审核，一般内容较好的内容都能通过。整体流量略小于今日头条，目前和凤凰自媒体平台共享内容。

7．UC自媒体平台

图7-6　UC自媒体平台

UC号是2015年7月上线的自媒体平台，内容主要来源是一些大的媒体平台，或者是媒体资讯类型的账号。目前，只满足有微信公众平台、搜狐自媒体、百度百家的自媒体人进行申请，相对来说申请还是比较容易的。同时部分自媒体人还拥有打赏功能。

8．网易媒体开发平台

网易号　凤凰号

图7-7　自媒体平台网易号与凤凰号

网易号申请比较简单，利用网易新闻APP进行内容的展现和消息的推送，目前的发布形式有两种：一种是手动发布，另一种是快捷的抓取发布，但目前网易号采用邀请制，没有邀请码的申请比较难通过，而且时间还比较长。

9．凤凰自媒体

凤凰新闻媒体平台的审核比较严格，所以在申请的时候，辅助材料的提供就很重要，辅助材料可以填写个人专栏或者博客，博客和专栏的内容必须原创才可以。

三、自媒体营销的未来发展趋势探讨

1. 针对特定用户特定推送，满足不同用户需求

自媒体营销是“你若芬芳，蝴蝶自来”的新型营销方式。对于自媒体营销者自身素质要求高，自媒体营销的侧重点在于能否分享具有精神内涵的新鲜事物。新鲜真实有内涵的事物会吸引用户的注意力。

近来随着用户对生活品质的要求越来越高、他们更加热衷于关注与自己生活息息相关的事物，所以了解用户、贴近用户、内容为王才是自媒体营销不败的真理。比如:健康、旅游、美食等，这些与大众用户生活密切相关的内容，不但适合于自媒体营销平台发布、用户转发，而且很多人还乐于收藏，这样一来，就在不自觉中对信息进行了二次传播，将自媒体营销的品牌信息以图文形式适当植入，起到“润物细无声”的效果，就可以增强自媒体营销的影响力、加快其传播速度。

2. 增强自媒体营销的真实性和时效性

在移动互联网新时代，信息日传千里，速度提升，无疑是获得用户的一种有效手段。提升自媒体营销信息发布的速度、用户们获取信息的速度，让用户们能够获取到真实的时效自媒体营销信息。增强自媒体营销的真实性和时效性，一方面有利于增加受众，另一方面能使自媒体营销平台赢得用户的信赖，从而进一步实现用户的有效转化，为自媒体营销打开新思路，开发新渠道，使自媒体生命力增强。

3. 增加自媒体营销平台受众，加大转化比率

一个相对出色的自媒体营销平台一定会拥有广大的用户群体，但是其数量永远达不到瓶颈，自媒体营销平台的经营者永远都在期待其用户粉丝的增长。这样，多一位用户就会多一分转化为利益渠道的机会，然而单纯依靠用户数量的增加永远达不到自媒体营销平台经营者的期待值，所以开辟新的盈利模式、增加转化率成为自媒体营销的当务之急。

自媒体营销平台目前转化率低，缺少具体的盈利模式是大多数自媒体营销平台共同的问题，他们局限于固有思维，很难有大胆创新和进步。

打破为了吸引用户而捏造虚假信息，最终造成客户信任度下降，用户流失的僵局。需要自媒体营销平台的经营者大胆创新，不拘泥于信息丰富这一条道路。当下这一问题还没有极其有效的方式加以解决，仍然需要自媒体营销平台的经营者通过实践不断摸索、不断创新。

任务二 论坛营销

本项目所指的论坛平台包括百度贴吧、豆瓣、金融&理财论坛等，鉴于百度贴吧的高人气和百度作为中国最大的搜索引擎的特殊性，百度贴吧依然有一定的营销价值。豆瓣是文青的天堂，与互联网金融的目标客户有一定出入，但依然不可否认其新媒体江湖地位。论坛平台的功能定位包括辅助搜索引擎优化、用户社群运营、培养意见领袖（塑造网红）、发帖推广等。

一、论坛及论坛营销界定

1. 论坛

论坛全称为Bulletin Board System，即电子公告板，也称为BBS，是一种交互性强，内容丰富而及时的Internet电子信息服务系统。用户在BBS站点上可以获得各种信息服务、发布信息、进行讨论、聊天等，它的传播影响力极强，可以提供有效的营销传播服务。

2. 论坛营销

论坛营销就是商家利用论坛这种网络交流的平台，通过文字、图片、视频等方式发布企业的产品和服务的信息，从而让目标客户更加深刻地了解企业的产品和服务，最终达到宣传企业的品牌，加深市场认知度并扩大市场销量的网络营销活动。

论坛营销实际上就是在论坛上通过一定的组织形式发布产品或服务信息，并引发论坛潜在客户的关注，提升口碑和美誉度，引导其购买的营销过程。

二、论坛营销特点

论坛营销是一种直接的营销方式，它可以在论坛里通过各种方式全方位地展示产品和服务信息，快速地将销售信息传达到潜在消费者群里。还可以利用论坛传播的广泛性进行口碑宣传，有效地传播了自己的营销诉求。论坛营销具有以下几个特点。

1. 范围广

论坛是一个开放性的网络讨论社区，注册用户可以在社区里进行发布信息、讨论、聊天等，它聚集了所有参与网络论坛互动的人。借助这个平台进行营销，受众群体很广，而且利用事件炒作等营销手法还可以在不同的论坛社区中引发新闻事件，导致传播的连锁反应，更扩大了营销的范围。

2. 成本低

论坛营销操作成本比较低，只需要一台接通网络的计算机和会进行计算机操作就能进行营销推广。而且营销的方式可以是利用这个平台撰写、策划一些具有吸引力的话题，比如奇闻轶事、趣闻趣事等，在这些话题中有意无意地植入自己的产品或服务，还可以达到营销于无形的目的，不会引发销售者对营销广告的反感。

3. 针对性强，见效快

论坛基本上都是按行业或兴趣来建立的，比如一些购物类、军事类、动漫游戏类网站等，它的讨论交流集中性强。销售人员可以针对自己的产品和服务在相应的论坛中发帖，尤其可以在有特别主题和板块内容的论坛中发帖，这种针对性的营销方式也比较容易见到效果。

知识拓展

C2C（Customer to Customer）指的是消费者与消费者之间的电子商务，也可以形象地表示为个人之间的买卖交易。我们把这些卖方的参与者称为个体商户，这个群体在销售过程中由于成本、人力、技术等条件的限制，对于营销活动的投入很低，采取论坛营销这种低投入，高产出的网络营销方式就很符合个体商户，特别是个人想出售自己的闲置二手物品或者一些有用的电子档案资料时。论坛营销的广泛的营销范围也决定了交易成交的可靠性。如何采取有效的论坛营销策略进行营销宣传以及在营销过程中会出现哪些阻碍因素，这些都是C2C模式下的个体商户应该思考的问题。

三、论坛营销流程

很多企业刚接触论坛营销，会误认为在论坛上通过炒作或在论坛上多发布帖子营销的效果就越好，实际上如果采取的营销方法不得当反而会适得其反。企业由于自身群体的独特性更应该注重选择合适的营销策略。

1. 明确定位

不论是综合BBS还是专业BBS，其板块设置都是根据某些属性来定义的，也许是大家的共同爱好，也许是从事的职业，也许是地域，也许是身份、年龄等……具有相同属性的人聚合在一起就有了共同话题。对所收集的论坛进行分类（如：娱乐、地区、女性、财经、综合等）及属性标注（如：人气、严肃程度、是否支持可链接URL）。这部分客户在哪些论坛聚集的比较集中。

要使用论坛营销必须明确自己的产品或者服务项目，明确要发展的潜在消费者，定为目标群体，以此来选择针对性的论坛进行营销，这样避免了在网络的海洋中盲目地大海捞针，在扩大营销范围的同时减小作业量。由于搜索引擎技术的发展，只要在相关的论坛网站上发表和营销内容有关的主题帖子，那么一些浏览帖子的用户依然可以通过搜索定位帖子。

2. 注册登录账号

注册统一的中文ID，以提高后续发帖效率。注册账号要求所有账号资料必须填写完整，必须上传头像，并且用户名必须使用中文，这样可以使账号更加正式，增强账号的可信度。每个论坛要注册5个左右的不同ID，如果有以前的ID也可以用以前的ID。注册ID的时候最好不要那些没有任何意义的数字或者英文字母，因为一些老坛友就大概知道你是来浑水摸鱼的。每个ID都要上传不一样的头像和签名，其中主ID最好是能特殊设计一下，其他ID如果没有什么比较好的头像。

为了制造气氛，需要注册大量“马甲”，这是保证炒作的前期条件，通常如果是强势品牌炒作，可能仅需要少量“马甲”即可引起用户自发讨论，如果还算不上强势品牌，就需要更多的“马甲”，就需要更多的人力投入。

3. 话题植入

将事先撰写好的软文发布到论坛相应的板块，要求找准板块并分析板块内容及气氛，防止主题与版面内容偏差太大，导致高删帖率。必要时可根据版面内容调整文章标题或内容，使软文最大限度贴近主题。

论坛里不要假设你的广告或软文能引起潜在客户的注意，在论坛里不发广告是基本的礼节，很多论坛用户很排斥发广告软文的行为，有的论坛有可能会封你的账号。论坛营销中发布的帖子作为传递产品信息的载体，信息传达的成功与否主要取决于帖子的标题、主帖与跟帖三小部分，如果一个帖子能够吸引网民点击，又巧妙地传递了产品的信息，同时让网民感受不到它的广告帖，那么这个帖子可以说是相当成功的。在营销过程中巧妙设计帖子内容，多制造用户感兴趣的话题，在话题中植入产品或服务信息。

同步案例

贝因美借力论坛营销

自从三鹿事件暴露以来，奶粉丑闻风波不断，导致国内消费者谈之色变，论坛里面关于奶粉的文章更是数不胜数。随着奶粉的全面涨价，目前论坛中针对奶粉企业的指责也较为强烈，对于涨价事件，至少将影响2个月至半年，从论坛网友反馈分析来看，尚未针对某一品牌进行指责；相对之下，这也为许多商家提供了契机。

除危机事件外，论坛中仍然有众多关于奶粉的帖子，其主要的话题集中在以下几个方面：

1．询问、求助，对于奶粉的选择问题

2．分享，对于宝宝成长及护理层面的奶粉选择

3．疑问，对于使用的某些品牌奶粉的疑问

4．点评，具有针对性且专业的对某些品牌奶粉的点评

通过查询发现，大多数品牌普遍缺少系统的论坛传播，出现最多的是网友的求助信息，由于缺少积极引导，导致论坛上信息比较繁杂，褒贬不一；贝因美因此顺势而下。

在接下来的时间里，贝因美对消费者心理进行分析，大多数消费者都是看品牌、价格、成分，很少有关注奶源的，于是贝因美决定以这个为切入口制造话题。奶源不了解就敢买奶粉？！于是，以“选奶粉，我看重奶源!”“选奶粉应该参考哪些方面啊?”“全球奶源知多少”“走进北纬45度‘中国奶牛之乡——冠军牧场’”“‘冠军宝贝’奶粉奶源品质如何?”的系列帖子在各大论坛迅速铺开。贝因美此时也加强“冠军宝贝奶粉”活动的攻势，双管齐下。在活动中期，贝因美与天涯论坛、红孩子论坛、新浪等权威论坛或网站合作，进行用户最青睐的婴儿奶粉评比，贝因美在排名中名列前三，是唯一的国产品牌，同时，借助评比事件进行有效的论坛传播。

活动后期，贝因美还进行了论坛口碑管理和论坛监测，对网民进行有意识的引导，起到了相当显著的效果。贝因美聪明之处在于充分利用这两点：巧妙设计题目及文章，借助活动，建立用户关注点，借助大众感兴趣的内容形成广泛用户的关注；活动传播中运用贴图、争议性话题等内容，保持文章的关注度以及网友的参与热情，最终贝因美的营销以完满的效果告一段落①。

4. 积极参与

主题发布后，将主题URL整理成文档存放，以便后续效果分析及维护，主题发布后，要做到定期回访主题，回访项目包括：检查主题是否被删除、是否被执行管理操作（如：加精、提升、置顶、掩埋），是否有人回复提出问题或者质疑、回复用户的疑问、顶帖。

对于热门论坛，需要培养高级账号，使用该高级账号与论坛成员建立互动关系，提高账号知名度、美誉度、权威性，使该账号成为该社区的舆论领袖，从而使由该账号发布的主题更具说服力。

---

① 资料来源：360网．http://www.360doc.com/content/17/0526/15/43554859_657470297.shtml.

论坛发表帖子，最后发表的排在最上面，然后回复的帖子能把下面的帖子顶上去，要保持发表的帖子在论坛中靠前的位置，那么就需要帖子被及时回复。论坛是一个交流和互动的平台，一般来说帖子的浏览用户都会比回复的要多，要得到大家的回复，不仅仅是帖子吸引人，还要积极参与论坛其他话题的讨论，帮助论坛其他用户解决问题，建立起论坛的权威性，这样所发的帖子才会有较高的回复量。同样可以在同一个论坛多注册几个账号，也称注册“马甲”，这样的话可以一个“马甲”顶另外一个“马甲”的帖子，也可以在讨论过程中采用“正推反打，反推正打”等方法来详细阐述产品或服务的信息。

5. 主动搜寻信息

有些客户会把产品的求购和服务需求的信息发布在论坛上，以便获得商家的访问来进行购买的洽谈。对于这类需求，个体商户所做的营销工作量是最小的，只需要经常进入论坛进行营销的同时，浏览到此类帖子，主动联系并给出产品和服务的相关信息资料，洽谈合作意向即可。

6. 整合营销

个体商户在采用论坛营销方式的同时还可以采用多种其他的营销方式，比如和论坛对应的贴吧营销（其实也可以认为贴吧是论坛的一种简化形式，而且贴吧的限制较少，营销方式和论坛区分不大）、博客营销、微信营销、团购促销等营销方式。有些产品和服务是实体店铺经营的企业，例如餐饮业，论坛营销的目的主要是吸引来店的客户，这种对于消费、付款等处理的方式比较简单，可以在论坛营销的同时结合本地消费团购网站（如美团网、百度糯米等）来进行促销，增强营销效果。

7. 效果评估

论坛营销效果评估参数包括发布论坛数、发布主题数、帖子浏览量、帖子回复量、帖子被加精、置顶、删帖率等。活跃的BBS更新率很快，刚发的帖子如果无人回复可能几分钟就会从首页离开，“人气”越高就越多人参与。

四、论坛营销策略

1. 建立论坛数据库

论坛数据库的建立是论坛营销的基础和前提，数据库建立的质量高低直接关系到论坛营销能否顺利开展。如果做专业的论坛推广，不可能注册一个论坛发一个帖子，一方面这样会降低工作的效率，另一方面许多论坛为了防灌水、防广告，对论坛注册以及发帖设置了重重限制，如注册时间少于1小时、2小时或者24小时不得发帖，注册用户的积分累计不到100不得发帖，注册必须进行邮箱验证等。所以建立论坛数据库是很必要的，一般而言数据库中的论坛所使用的用户名、密码以及注册时使用的邮箱需要保持一致，这也是为了方便后期的营销和推广，论坛数据所需要的信息包括论坛的名称、论坛的地址、论坛的分类、论坛的核心板块列表、论坛的活跃指数（也就是所说的论坛星级），这些信息都整理到一起之后进行营销推广的时候才能顺心顺手。

2. 论坛软文营销

论坛营销中最主要的方式就是营销软文的推广，是用唯美的语言将产品形象化，刺激阅读者的兴趣、进而产生消费的欲望。软文写作的目的就是要将企业的产品和形象通过美丽的文字来进行包装，以达到宣传的效果。软文写作的最高境界就是言之无物，实则有物。软文已经成为企业或者产品营销推广中一种很实用的方式，通过营销软文可以达到做广告的效果和提高企业知名度和美誉度的目的。

3. 论坛软文推广

随着营销领域的发展，人们对软文的免疫力也越来越强，论坛管理人员对软广告的判断能力也越来越高、处罚力度也越来越大，那么摆在每一个论坛营销人员面前的问题就是该怎么发布信息。

大部分论坛都会有灌水专区、杂谈之类的板块，如果实在找不到与企业所发布的信息完全相符合的板块那么建议发布在这样的板块里。另外如果帖子的内容广告性较强而这个论坛又没有广告专栏的话也建议你发布在这样的板块，提高帖子存活概率。当然如果这个论坛有广告专栏的话，对于广告性太强的软文还是建议发布到广告区里去。

另外，很多人做推广的时候不愿意在小的论坛、地方性论坛发帖，其实不然。论坛都是由网民组成的，而网民有很大的互通性。地方性论坛的网民也极有可能成为企业的潜在客户，不放过一个可以推广的机会是网络推广制胜的关键。同时，地方性论坛、小论坛的限制一般较少。企业还可以多注册几个账号，然后在自己的帖子后边回复，每回复一次自己的这个帖子就会被翻到这个版块的文章列表首位，回帖也要讲究技巧，可以大胆地去强烈反对所发布的这个帖子的内容，吸引网友的目光，这就是所谓的论坛枪手。对于软文或者广告，可以在那些比较热门的帖子后边以回帖的形式发布。

4. 营销组合策略

论坛营销组合策略有两方面的含义：一方面指通过对消费群体所经常光临的门户、社区和网站，进行科学的组合，分人气、流量分主次和批次的在推广中选择组合，使推广达到最佳的效果。另一方面是指论坛营销要与其他的营销方式相结合，利用组合的网络营销软件。营销软件为代表的论坛营销工具，具备自动注册、自动发帖、自动顶帖的功能，在保证成功率，提升信息覆盖面，提升网站排名方面都有比较显著的效果，能够帮助企业更好地做好论坛营销。

要抓住通过论坛营销获得的潜在用户，尽量多地得到他们的信息，然后通过其他的营销方式与他们进行直接或者间接的沟通，最终达到自己营销的目的。其次，开展论坛活动也是论坛营销组合策略中的重要一部分。论坛活动能够很好地调动网民的积极性，即使企业做的是一个纯粹的商业性广告也能使网友很好地参与进来，提高互动性。同时论坛线上营销要与线下的营销推广相结合，举办研讨会、招聘会等都可以促进营销推广。

5. 论坛账号信息的维护

企业要定期地去维护自己的论坛账号，除了发广告之外要尽量地去论坛活跃，进入到论坛的核心会员之中，或者有可能的话申请成为论坛的“斑竹”，这样就可以大胆地发帖、可以对自己的帖子进行加精、置顶等操作。但是要做到这一点比较难，除了在论坛活跃之外你还可以与其他的论坛会员沟通，加入论坛的官方QQ群，加强交流与合作。

需要注意的是，对于企业注册的论坛账号一定要完善自己的个人信息，如年龄、昵称、个性头像、个性签名等。因为完善的个人信息使人觉得有亲近感，论坛管理员会觉得你是个忠实的会员，即使偶尔发布一个软广告也会获得宽容。同时在个性签名里企业完全可以以简短的文字发布自己的产品或者企业信息，是广告发布的一个很好的方式。企业还可以顺便把自己网站或者论坛的网址放在个性签名里边，这样搜索引擎在搜索这个论坛或者企业发的这个帖子的时候会顺便把个性签名里的网址搜索到，对于网站的搜索引擎优化有很好的帮助作用。

五、软文营销

软文是相对于硬性广告提出的，软文营销指企业通过策划在报纸、杂志、网络、通讯等宣传载体上登载可以提升企业品牌形象和知名度的文字或图片、视频信息的隐性营销手段。网络软文营销特指以互联网作为传播平台，如网站页面、论坛、名人博客、微博、微信等主要以文字、图片等为载体的软文来做隐性的广告宣传，是企业进行网络宣传的一种惯用方式。

网络软文一般是根据特定产品的概念诉求和需求分析，对用户或潜在用户进行针对性心理引导的一种模式。本质上说，它是企业软性渗透策略在营销形式上的实现，通常借助文字表达和舆论传播使消费者认同某些概念、观点和逻辑思路，从而达到企业宣传和产品销售的目的。

（一）软文营销特征

1. 节约成本，提高效率

相对于其他报纸、电视等传统媒体而言，利用网络平台作为载体进行软文传播成本相对较低。而且，一篇策划周详的网络软文往往会通过网络传播途径被其他网络媒体不断复制转载，大大扩大传播的效率。

知识拓展

软文营销目标

在互联网时代的软文营销中，通常需要对以下几个营销目标进行统计：

1. 软文的点击率：软文在发布载体上被用户点击的数量，这能反映一篇软文的受关注度。

2. 软文的评论数：软文被用户评论的数，即软文在发布载体上被用户评论的数量，这能反映一篇软文所引起用户的互动影响力。

3. 转载量：软文在一个网络载体上发表后，被其他网络载体转载的数量，这能反映一篇软文的新闻价值，即可读性。

4. 搜索引擎的收录量：软文发表出去后，分别被百度、谷歌等搜索引擎收录的数量，这能反映一篇软文的质量和受众喜好度。

5. 直接IP数量：通过软文发布地址直接访问网站的数量，用户浏览软文过程中，点击相关关键词进入企业网站的IP数量。

6. 有效IP数量：这些通过软文访问网站的IP数量中，有多少达成了目标，如多少下载了相关软件？有多少留下联系方式、E-MAIL？有多少直接在线下了订单？有多少进行了在线购买？

以上是几种常见的目标统计方法，充分利用了互联网技术的优势，能对效果进行精准统计；但这仅仅是软文营销可视化的效果评估方法，软文营销对于企业认知度、品牌知名度、产品线下的销售促进等作用，也是不容忽视的，即便不能进行数据统计，但效果是客观存在且非常明显的。

2. 具备充足的引导性

网络软文营销更侧重于情感性的引导，大量的网络软文往往通过一些具有情节性的故事或者自我体验来表现，将广告埋伏在故事情节和自我体验当中，通过引导性的文字来引导受众的心理、软化读者对广告的排斥心理，从而使软文宣传将无形的广告传递给受众，让受众更好地接受。

3. 具有隐蔽性

受众往往对纯粹的广告会产生排斥心理，网络软文有别于纯粹的广告，而是将宣传营销隐藏在软文的字里行间，有意弱化商家的广告意图，以便于消费者容易接受。

4. 存在形式多样性

软文营销可以借助企业文化、新闻资讯、管理思想、技术、技巧文档、论坛帖子、评论、博客日志、微博故事等包含文字元素的一切文字资源进行营销宣传。

5. 具有很高的信任度

消费者一般会认为体验式的解说更会感到真实可信，在营销过程中，信任更容易制造市场价值。软文中文字的描述比言语的介绍更多了一份信任，从知名网站、论坛、博客、微博中获取的体验式信息，更使人放松，产生信任。信任一词在电子商务中有着举足轻重的作用，网上商店往往拒绝顾客的中差评，追求好评率，原因也正是如此。

（二）软文营销策略

好的网络软文营销可以对促进产品销售，提升企业形象起到巨大的作用。网络软文营销的成功取决于两个因素：软文质量和发表平台。高质量的软文加上影响力极高的平台，才能取得有效而持久的营销宣传效果。

1. 目标市场定位准确

企业必须准确地识别目标用户群，关注目标用户群经常浏览的网站、社区，乃至访问时段，同时应把握目标市场热点，抓住目标群的关注点所在及其易于接受的方式等问题，这才能为网络软文的撰写和推广奠定基础。网络软文虽然最终目的依然是宣传企业的产品、服务或者理念，但是只有建立在受众真实需求基础上的软文才能引起受众的共鸣，取得更好的营销效果。

2. 网络软文战略规划周详

网络软文不如传统硬性广告那样直接，一般通过文字描述来对受众的思想产生潜移默化的影响，需要长期的网络营销宣传才能提升企业品牌及其美誉度，进而才能在网络营销上产生质的变化。因而，企业在进行网络软文营销前必须有明确的产品或者服务诉求，在进行网络软文的撰写和推广过程中，把企业的诉求同消费者的需求结合起来。然而，企业诉求是随着消费者的需求的变化而不断变化的，因而，网络软文营销应该是一个持续不断的过程，并随时根据受众市场的变化在网络软文撰写和推广等方面做出相应调整。因此，网络软文营销应该有良好的计划、组织、实施、修正等操作程序。

知识拓展

问答型软文撰写技巧

问答类网站主要有两大类：一种是综合类问答平台，一种是垂直类问答平台。

综合类问答平台有很多，主要有百度知道、SOSO问问、搜狐问答、新浪爱问、天涯问答等。

垂直类问答平台一般都是各行各业的，主要有有问必答、39健康问答、搜房问答、摇篮问答、育儿问答、ZOL问答、旅游问答、游戏问答等。

以百度知道为例，下面为大家详细介绍百度知道软文问答技巧与标准。

1．百度知道提问规范

百度知道鼓励大家客观、简洁、清晰、规范地提出问题，来获得更多更好的解答。

（1）构成提问。提问内容清晰简洁，语句通顺，无明显错误；用简洁的文字提炼问题，不赘述；有针对性地提问，不寻求模糊空洞答案。

（2）表述清晰。问题题目应包含足够的信息量，已确保可以获得有意义的答案；问题需容易理解，明确如何的答案可以满足提问的期望。

（3）书写规范。句式、用词、标点符号严谨规范。问题尽量不含与问题本身无关的词语（例如：跪求大神，请问各位）、不规范的网络用语（例如：肿么办、为神马），以及不规范的标点使用。

（4）选择准确的问题分类。为问题选择合适的分类，有利于其他用户看到你的问题，增加被回答的概率。

2．百度知道回答规范

百度知道回答的基本原则：根据自己的知识、经验或见解解答提问者的疑问，帮助提问者，鼓励准确、详细的解答，禁止低质、广告等内容。要求内容准确、全面、翔实，具有较强的知识性和专业性，便于阅读。

（1）准确

相关性：回答对应性地解答了提问，而不是提供大片不相关的内容，回答不空洞，内容翔实，拒绝单纯的复制粘贴。

客观性：观点中立，不偏激；措辞客观、准确、全面；逻辑清晰合理。

精准：提供的信息准确客观，不模糊，减少个人色彩、问题分类准确并且至最小层级。

（2）全面

包含解决问题的重点信息（必要信息），并有更加详细的补充说明，详细说明需紧紧围绕问题，可以是对回答内容的详细阐释，也可以是对其的适当扩展，可在回答后提供数据、资料、文献引用来源。

（3）可信

有参考文献：在答案后给出内容出处、参考文献等扩展阅读，可以添加简单的标注，简要介绍相应的文献和内容来源，以便尊重他人的劳动成果，也通过提供更多的参考文献满足继续探寻和深入研究该问题的用户。

文献来源可信：资料来源机构/组织/人具有一定权威性，并尽量是第一手资源，而非转载等二手来源。

（4）可读

语句通顺、有条理，排版利于阅读：首段顶格，段与段之间空行。必要时可通过数字1、2、3、4或者一些符号来标注，使得内容更加直观明确。

加图片辅佐说明：在回答中加入美观而富有关联信息的图片，使解答更加生动，更易被人理解，增加说服力，达到图文并茂、事半功倍的效果。

3．问答类软文需求分析

主要用户需求切入点为以下几类：

寻求产品类：先讲原理（或知识），然后再推荐产品，让人感到回答专业。

问价格类：重点关注产品品质，弱化价格，让客户感觉值。

与其他产品对比类：突出产品优势，勿要诋毁其他产品。

询问口碑类：以第三方实际客户的口吻阐述问题。

4．问答类软文的回答思路

回答之前考虑的：提问者的身份以及对应的需求；隐藏在问题背后的真实目的。

当掌握了这些小窍门之后，你就会发现，写问答软文不像想象的那么难！只要按照规律去写，并且在日常的工作上做总结，那么写一篇好的问答软文真是唾手可得的事情。

3. 高质量的网络软文撰写

在信息时代，眼球经济使得网络软文的标题显得十分重要，但是，网络软文的内容同样不可忽视。

（1）引人入目的标题。标题就像是一个房间的钥匙，只有有了这个钥匙，受众才能走进房间，否则不管房间有什么，没人进来欣赏，那么一切都是枉然。一个极具诱惑力的标题是可以为网络软文加分增值的，为网络软文取个好的标题，那就已经向成功迈进了一大步，当然软文撰写是不赞同“标题党”的，所以在给网络软文取标题的时候还是要注意结合软文内容的相关性，这样一来不仅为企业做了宣传，也能让受众有所收益。

同步案例

一个馒头引发的婆媳大战

安琪酵母股份有限公司是国内著名的酵母生产企业。酵母，在人们的常识中是蒸馒头和做面包用的必需品，很少直接使用。而安琪酵母公司却开发出酵母的很多保健功能，并生产出可以直接使用的酵母粉。

要推广酵母粉这种人们完全陌生的食品，安琪公司首先选择论坛推广。于是，他们开始在新浪、搜狐、TOM等有影响力的社区论坛里制造话题。

2008年6月，当时有很多关于讲述婆媳关系的影视剧在正在热播，因此，安琪公司策划了《一个馒头引发的婆媳大战》事件。事件是以第一人称讲述了一个南方媳妇和北方婆婆关于馒头发生争执的故事：

我是一个南方女孩，在这个饮食文化大融合的时代，我做菜的手艺真是没得说：酸菜鱼、红烧肉、辣子鸡丁……老公的心和胃都被我紧紧拴着。但唯一的遗憾就是我一直不会蒸馒头。

作为地道的北方人，老公爱吃馒头的习惯一直保留着，每次看到外边店铺刚出锅的热馒头，总忍不住上前买两个，吃完了都会说，他妈妈蒸的馒头味道比这香甜得多。

婆婆要来北京看他儿子了，这可是我们结婚后的第一次见面，想到天涯论坛上传说的婆媳大战，我非常紧张。最后还是决定实施馒头攻略，我要让婆婆知道，即使她不在，老公也能吃到香喷喷的馒头！

婆婆周日中午到北京，我一大早便出去买来面粉、泡打粉，按照从网上找来的制作方法，做得有模有样。真没有想到，就是这次蒸的馒头，引发了一场“婆媳大战”！

那天的馒头真是不争气，皮硬硬的，颜色发暗，口感也远不如外边买的。中午，老公把婆婆接进家门，我硬着头皮把馒头端上了饭桌，我明显看到婆婆的脸长长地拉了下来。饭桌上，婆婆一直给老公搛菜，漫不经心地问我：“这馒头是拿什么发酵的？”听到我说用泡打粉发酵的，婆婆腾地站起来，端起一盘子馒头都倒在垃圾桶里，还说泡打粉是含铝的，做这样的馒头是想害人呢！

那顿饭我是含着眼泪吃完的，心想，自己的妈妈绝对不会这样对自己。后来的一段日子我也不愿意跟婆婆多说话，每天都在冷战中，直到婆婆临走的前两天，我看着她做了一次馒头。

婆婆手脚麻利地和面、揉挤、制形，每一步都是那样从容不迫，娴熟自如，我嘴上不说什么，心里却十分佩服。婆婆那天对我格外亲切，一边忙，一边温柔地跟我说起她的“馒头经”。让我印象深刻的是婆婆拿出一个小袋子，告诉我做好馒头的秘诀就是这小小的“酵母”。

于是我打开百度搜索关键词“酵母”，看一看这不起眼的酵母到底有什么神奇。这一搜不要紧，原来这小小的酵母还真蕴藏着大大的神奇……

后来婆婆放心地回家了，一场由馒头引发的婆媳战争，也因为我蒸出了同样可口的馒头而平息……

帖子贴出来后，引发了不少网友讨论，其中就涉及了酵母的应用。这时，由专业人士把话题的方向引入到酵母的其他功能上去，让人们知道了酵母不仅能蒸馒头，还可以直接使用，并有很多保健美容功能，比如减肥。由于当时正值6月，正是减肥旺季，而减肥又是女人永远的关注话题。于是，论坛上的讨论，让这些关注婆媳关系的主妇们同时也记住了酵母的一个重要功效——减肥。

为了让帖子引起更多关注，安琪公司选择权威网站，利用它们的公信力吧帖子推到较好的位置上。当时选择了新浪女性频道中关注度比较高的美容频道，把相关的帖子细化到减肥沙龙板块等。果然，有了好的论坛和好的位置，帖子马上引发了更多普通网民的关注。

由于论坛的帖子和博客都引来很多跟帖，其中也有不同的声音。对于这种帖子，安琪公司在容忍不同看法的同时，让一些技术人员或者懂行的人作适当的引导。比如，对那些攻击性的帖子，安琪公司没有找网站删帖，而是找到发言的那个人，问清楚他的理由。如果他是消费者，他的不满就反馈到企业；而如果他是竞争对手的恶意攻击，就在网络上揭露出来。

除了论坛营销，安琪酵母又在新浪、新华网等主要网站发新闻，而这些新闻又被网民转到论坛里作为谈资。这样，产品的可信度就大大提高了。在接下来的两个月时间里，安琪酵母公司的电话量陡增。消费者在百度上输入了关键词“安琪酵母”，页面的相关搜索里就会显示出“安琪即食酵母粉”“安琪酵母粉”等多个相关搜索，安琪酵母获得了较高的品牌知名度和关注度①。

（2）围绕主题展开。在动手撰写网络软文之前，要确定软文的主题是什么，然后围绕着主题展开写作。设定几个关键词，建议最好不要超过3个，适当地把关键词放进文章里，而这个

① 资料来源：商友圈网. https://club.1688.com/threadview/10871666.html?forumId=43102.

适当就是说放在这个位置恰到好处，让受众不会觉得生硬，做到加入关键词或是链接也是顺理成章的、自然的。

（3）结构框架井井有条。对于一篇网络软文来说，能不能让受众愿意花费时间来阅读，同样很关键。这就要求撰写者在网络软文的结构框架上做一些处理，试想想，谁会把时间花费在连个段落都没有的网络软文上，看着就眼花，哪还有心思阅读呢。一般撰写网络软文的时候都习惯用总—分—总的结构，给受众一个一目了然的页面，做到有条不紊，至少可以让受众有心情看下去，这样也不枉撰写者花心思写的网络软文。

（4）观点新颖符合事实。网络软文有自己的观点是很好，但最好是有经验获得的，而不是凭空臆造，尤其是在分享知识类教程类经验类的时候，所提供的信息是准确的，不是模棱两可的，更不是没有事实依据的，甚至是错误的。这样不仅降低了网络软文的可读性和实用性，而且给受众产生误导。所以不管是写哪方面的网络软文，至少要对这方面有所了解，万不可信口雌黄。

4. 成功的网络软文发布和推广

好的网络软文可以在不经意间达到无招胜有招的效果，能够迅速消除受众的戒备心理，进而达到渗透传播，使受众在不知不觉中接受企业想要宣传的目标信息。但是好的网络软文，并不代表企业已成功地完成了网络软文营销工作。一个成功的网络软文营销还必须有好的发布和推广策略与之配套，才能取得目标效果。网络软文的推广主要的借力是网络自行传播，从而取得传播品牌、产品或服务的效果，并引发广泛关注、提升知名度，进而取得直接效益的目的。

网络软文的推广渠道有很多种，门户网站、论坛、博客、微博、微信等都是重要的推广平台。同时，一篇好的网络软文不能脱离大众的视线，与互联网隔空的网络软文再怎么成功都有可能不被大众发现，因此一些网络软文高手们一般会尽量利用当前的热点事件，将网络软文发布与当前热点新闻事件发布在一起，能够起到扩大推广的作用。此外，良好的推广平台对于网络软文营销是十分重要的。对于大多数中小型电子商务企业而言，由于资金有限，在网络软文发布上不可能重金投资，在这种情况下，可以选择一些大型论坛、社区、微博、微信等进行网络软文的发布和推广，往往也能起到很好的推广效果，对于有实力的大型电子商务企业来说，网络软文发布重要的是选择对口的发布网站，最好是选择与自身企业相对应的网站发布和推广。

营销视角

百度贴吧营销

百度贴吧是百度公司开办的网上论坛。百度贴吧因其门槛低、操作简单、参与人数众多，在中国的影响力较大，所以聚集大量中国网民，是全球最大的中文社区。贴吧的创意来自于百度首席执行官李彦宏。

2003年11月，百度推出贴吧服务，百度贴吧创建后，迅速吸引了众多的用户，仅1年时间即成长为中国最大的中文论坛。根据新闻报道，2005年时人们已经在百度上创建了120多万个主题社区，每天有超过350万用户访问，每天有200多万的留言。2005年，受惠于湖南电视台举办的超级女声节目影响，超女相关贴吧流量飙升，间接促成百度访问量超过新浪网，成为全球第一大中文网站。截止到2010年，报告显示百度贴吧日访问量峰值达到10亿之多。2009年8月

10日，百度成立贴吧事业部，全面负责贴吧产品线技术、运营等工作。2011年7月，百度撤销原有贴吧事业部编制，并入大产品技术团队。

百度贴吧界面简洁，注册账号及发帖便捷，因而受到众多用户的欢迎。截至2015年11月，百度贴吧注册用户达10亿，活跃用户数达3亿，占中国大陆网民总数的39%，是目前全球最大的中文论坛。除普通吧友外，亦有明星名人光顾贴吧与众网友交流，他们或是由百度官方邀请，或是自行前往，如李毅、刘涛等知名人物。百度创始人李彦宏本人亦常浏览贴吧。

百度贴吧改变传统的内容生产和组织管理模式，贴吧管理中心包含贴吧投诉、贴吧公告、贴吧分类、wap贴吧帮助四个吧，任何登录百度贴吧的人都可以浏览这四个吧，也可以发表帖子，通过贴吧投诉吧可以对违反百度贴吧规定或自己感到不满意的行为发起投诉或举报，通过贴吧公告吧可以向所有人发起公告，通过贴吧分类可以向百度贴吧申请将自己的吧归入某一类，通过wap贴吧帮助吧可以请求和获取wap贴吧的技术帮助。除社区特征外，贴吧更是不断追求卓越和创新，在移动互联网方面大力突破。贴合当下网民需求，迅速产生群聊功能等，满足用户快速沟通需求。

百度贴吧设立的吧主机制，目前拥有百万名吧主。巨大的发帖数量，庞杂的信息，在这些吧主的维护下变得井井有条。百度贴吧的大吧主小吧主皆由用户产生，百度贴吧可设立三个吧主及十个小吧主，部分热门贴吧可设置三十名小吧主，大吧主由百度管理员任命，小吧主由百度管理员或大吧主任命。贴吧最大的特点是将创建栏目的自主权交给了网民，任何一个随意性的正面关键词都可以建立一个吧。一般社区的板块都是由管理员版主建立，如中国志愿者社区，虽然管理员设立了很多板块，但还是很难面面俱到。经常会有板块变动的工作。百度贴吧却能够将主题细化到最小单位，而这一工作恰是千万网友自主完成的，大大调动了用户的积极性①。

① 资料来源：百度文库.

项目要点

自媒体是指私人化、平民化、普泛化、自主化的传播者，以现代化、电子化的手段，向不特定的大多数或者特定的单个人传递规范性及非规范性信息的新媒体的总称。

自媒体营销要针对特定用户特定推送，满足不同用户需求；要增强自媒体营销的真实性和时效性、增加自媒体营销平台受众，加大转化比率。

论坛营销实际上就是在论坛上通过一定的组织形式发布产品或服务信息，并引发论坛潜在客户的关注，引导其购买的营销过程。

论坛营销具有范围广、成本低、针对性强、见效快的特点。论坛营销流程包括明确定位、注册登录账号、话题植入、积极参与、主动搜寻信息、整合营销、效果评估等几个方面。论坛营销策略包括论坛数据库的建立、论坛软文营销、论坛软文推广、营销组合策略、论坛账号信息的维护。

软文营销是企业通过策划在报纸、杂志、网络、通讯等宣传载体上登载可以提升企业品牌形象和知名度的文字或图片、视频信息的隐性营销手段。

项目实训

一、实训目的

1. 了解论坛的内涵、类型。
2. 了解论坛传播的特点。
3. 掌握论坛营销的主要形式及推广技巧。

二、实训要求

1. 分组进行：每 3 ~ 5 个人一组，选取一名组长（组内成员中注明）。

2. 实训形式：以小组为单位自由选择合适的论坛注册账号，设置好账号个人信息，撰写帖子（取好论坛帖标题，丰富论坛帖正文），让帖子具有话题性。在多论坛发布后，做好回复帖的写作，维护帖子的人气和热度。

三、实训所需仪器、设备

连接上互联网的手机、电脑。

四、实训内容

在论坛注册账号，设置账号信息并撰写富有话题性的帖子，撰写相关软文 2 ~ 3 篇进行推广，并通过回帖等形式对帖子进行维护，保持帖子的热度。

五、总结分析

完成实训报告后，小组互评，老师点评。

项目测评

1. 案例分析题

在端午节期间，为了在互联网上推出一款名叫五色素食点心，让消费者透过互联网购买，于是一场论坛营销开始展开。帖子内容：在网易上看到的五色点心，女朋友想吃，但不知道哪里能够买齐这五种的，请帮忙提供一下线索。一开始以为很容易找到，但是想不到以前经常吃的水晶饼都找不到了，十万火急，请大家帮帮忙……（请附上产品图片）

这个活动首先在网易上发了一篇关于五色素食的帖子，然后把帖子上面的内容在广州各大论坛上公布，这样的攻势很快吸引了大批观众。推广五天之后，访问次数达到 5152 次，回帖共 45 帖，水晶饼大卖，效果大大超过预期值。

请分析该案例成功的地方，并分析还能怎样优化推广。

2. 思考题

论坛营销未来发展趋势如何?

项目八

知识营销

项目目标

知识目标

1. 了解知识平台的发展与特点
2. 掌握问答平台运营程序与推广方法
3. 了解百科平台功能与特点
4. 掌握百科平台营销策略

能力目标

1. 能够熟练使用问答平台各种工具与功能
2. 能够熟练编辑问答内容
3. 能够熟练使用百科平台功能
4. 能够编辑百科内容

导入案例

分答平台

“分答”于2016年5月15日上线，自上线后周国平、马东、王思聪、李银河、罗振宇、汪峰，章子怡等众多明星大咖及健康领域、理财领域、职场领域等名人答主在分答付费语音平台回答各类问题。上线仅四十二天，超过1000万授权用户，付费用户超过100万，33万人开通了答主页面，产生了50万条语音问答，交易总金额超过1800万，复购率达到43%。分答每日付款笔数超过19万次。

分答公司于2016年6月获2500万美金A轮投资，由元璟资本、红杉资本中国基金领投，估值超1亿美金，2016年底完成来自腾讯的A+轮投资，累计融资额超过2亿人民币。分答和在行是它的主要知识产品。其中，“在行”于2015年3月13日率先推出，用户可以约见不同领域的行家，通过线下一对一咨询的方式，获得各领域行家的经验和针对性指点。行家利用闲余时间接单，兼有线下社交元素。

2016年度，在行团队推出“分答”，早期模式为付费语音问答，答主在1分钟答疑解惑，未付费用户可以通过支付1元偷听回答。该模式利用答主非常碎片的时间来服务零碎需求，较之文字模式，语音作答使供给的压力进一步降低。

2017年初分答推出了定位在轻课的“分答小讲”，20~30分钟，系统性了解某个场景知识点，多个小讲构成实用性的知识图谱。主讲一次性交付，永久售卖，互动在单独的讨论组“小讲圈”进行，保证了小讲的完整性。三个月时间上线近100个sku，单个小讲平均首月收入超过3万，头部主讲人靠两个课程收入近40万。

项目知识

知识平台营销目前在营销手法中也被广泛地关注和重视。主要在于它利用第三方平台的优势，能够很好地满足用户体验，通过问答、百科的形式能把客户最关心和最关注的东西客观地呈现出来，从而达到营销的目的和效应。

任务一 知识付费营销

从付出虚拟货币下载文档查看信息，到微信微博、网络直播平台的“打赏”；从“作业帮”、医疗健康等垂直细分领域的问答应用，到罗辑思维的付费阅读应用“得到”，再到果壳知乎新近开发的付费问答平台，企业纷纷寻求知识变现的可能性。

长期以来，知识在互联网上免费获得，部分程度上造成了良莠不齐、真假混杂的情况。而真正有价值、有意义的知识值得花成本获得。从2016年下半年至今，“知识付费”的模式十分火爆，根据企鹅智酷的调查，55.3%的网民有过为知识付费的行为。截至2017年7月，已经有上百个知识付费的平台①。

一、知识付费的发展历程

1. 知识付费的早期原型

这个阶段从早期付费教育阶段到2013年。总体上看，知识付费的原型包含很多行业，如教育业、出版业及咨询行业等。早期教育业的特征为“固定化的内容朝向固定化的受众”。内容相对成熟和固定，受众明确，互动即时，在确保用户获得知识方面，贡献了最多方法论和体系。出版业的特征为“固定化的内容朝向不固定化的受众”。内容固定，但受众不明确，只能通过内容来筛选受众，缺乏反馈，但节省知识分享者的时间，能够快速复制是它的优势，是知识付费最广泛、成本最低的一种。

知识付费的概念还包括咨询业，咨询业的特征为“不固定化的内容，朝向固定化的受众”。受众明确且清晰、内容自由、互动即时，但内容非标准且价格昂贵（相较于一对多来说），因此主要集中于可以明显见到投资回报的商业。

早期教育业逐渐演变为网校和通过QQ群进行的教学（目前的付费社群是这种方式的新发展）；出版业出现了电子书；而早期的问答平台（百度知道、新浪爱问、知乎等），则较前两者更为动态，其一对一模式也搭建了基于知识互动的体系。

2. 知识付费的重新起步

2013年到2016年，知识付费产业发生了较大的变化。总体上说有三个原因：移动端内容及移动支付的普及、打赏制度的出现和自媒体的发展。微信公众平台在2013年迅速普及，改变了中国网民的阅读模式。而同样是2013年，第三方移动支付市场交易规模达12197.4亿，同比增速707.0%。移动支付给予了多数人最直接的支付方式，这是以往用户进行类似交易的痛点之一。

2014年，付费打赏和付费阅读模式开始出现，此外还出现了一些用户自主尝试付费（例如在知乎专栏和微博评论文后开始出现二维码的自愿付费），这是早期知识付费的重要过渡形式。尽管早期的尝试有得有失，但是这进一步加强了用户对于内容和付费的直接连接意识，而不是内容、广告、付费的间接连接。除此之外，付费微信群，付费分享会也逐渐成形，出现了一些小型的APP。

知识付费最难的部分在于支付意识和支付手段。在这一阶段，知识付费的意识逐渐开始成型，另一重要节点是出现了具有足够付费意愿的受众。完成了用户教育之后，整体内容变现模式已经呼之欲出。

3. 知识付费的发展期

互联网知识付费从2016年进入发展期。2016年年中，以分答、知乎Live、值乎、喜马拉雅FM等为代表的新一批知识付费平台上线，知识付费的体系逐渐正规化，用户群迅速扩大。

① 巩恩伟. 互联网知识付费平台的兴起与商业模式分析. 现代营销[J]. 2018（1）.

知识付费进入了真正意义上的发展期。

知识付费于此时爆发的理由有三：从生产者角度上看，自媒体平台及知识社区已经培育出了大量经营知识的IP和愿意付费的粉丝用户；从平台及资本角度上看，知识社区进入成熟期，客观上需要更成熟的商业模式以变现，在线支付已经成熟，技术上不存在障碍；从受众角度上看，房价剧烈上涨带来的中产焦虑蔓延与消费升级的趋势共同作用，为知识付费打开大门。

早在2015年底，知识付费已经初具端倪。12月，果壳已经推出了付费一对一咨询应用“在行”，而罗辑思维则推出了“得到”。但真正标志知识付费的高速发展，是从2016年4月开始的。2016年4月1日，知乎推出了值乎，这是知乎第一个真正意义上的知识付费产品。2016年5月14日，知乎又正式推出了实时问答产品“知乎Live”。仅一天之后，在行团队推出了分答，仅用42天时间，横扫朋友圈，获得了超过1000万授权用户，100万付费用户的优异成绩。6月5日，《李翔商业内参》在“得到”上线，10日内获得超过4万用户的订阅量。6月6日，喜马拉雅FM开始尝试付费订阅，由前央视主持人马东携手奇葩天团的《好好说话》作为首个付费节目上线。推出首日，一天内《好好说话》共计售出25731套，销售额突破500万。至此，分答/在行、知乎、得到、喜马拉雅FM作为知识付费平台的四个代表，带领了知识付费的新一轮发展高潮。

此后，知识付费产品不断推出，既有百度问咖、微博付费问答一类的原有平台延伸，也包括如36氪付费专栏、来问医生、大弓等专业问答类网站。知识付费的元年正式到来。①

二、知识付费平台类型

根据统计，目前涉及知识付费的平台可分为以下几类：

在线教育类：沪江网校、新东方、网易云课堂、腾讯课堂、插座学院等。

知识平台类：知乎、在行、分答、得到、喜马拉雅、豆瓣时间、百度问咖、千聊、大弓、三节课等。

专业网站类：36氪、雪球、丁香医生、餐问、问校友等。

社交媒体类：微博付费问答、付费阅读、微信付费阅读等。

2016年是知识付费的“发展元年”。4月，问咖、值乎出现；5月，分答、知乎Live面市；6月，得到《李翔商业内参》、喜马拉雅FM《好好说话》推出。到2017年，逐渐形成了知识付费“四国集团”：分答、知乎Live、得到、喜马拉雅。《中国分享经济发展报告2017》指出，2016年分享经济市场中的“知识技能”领域达到了610亿元的交易额，比2015年增长205%，使用人数约3亿人。知识付费平台异军突起，离不开互联网发展的大背景，截至2016年12月，中国网民规模达7.31亿，其中手机网民规模达6.95亿，占比为95.1%。②

1. 知乎：社区型知识付费模式

知乎是一个在线的网络问答社区，社区氛围理性，连接社会各行各业的知识精英。社会化问答网站是一种基于社会网络关系，以共享知识和信息为目的，通过问答和对其他用户或话题

① 搜狐网. 我们研究了28家平台，为你揭开知识付费的现状与未来. http://www.sohu.com/a/139168550_467142.

② 中国互联网络信息中心. 第39次中国互联网发展状况统计报告[R]. 2017-1-22.

的关注，实现社交功能的在线公共知识平台。

知乎的中文付费产品包括三个平台，分别是知乎Live、值乎和知乎书店。知乎Live是知乎出的实时问答互动产品。答主可以创建一个Live，用户点击并支付票价后，就能进入到沟通群内，通过即时互动提高信息交流效率。值乎是知乎的另一试验产品，知乎在原有问答模式下，进一步对一对一咨询场景的拓展。目前值乎已到3.0版本，主要为语音回答，可以被所有人付费收听，并且收听费由提问者和回答者平分。知乎书店上线，将知乎直接出品的电子书和合作出版机构一系列精选图书上架，并将图书的传播、购买、阅读、讨论和延伸阅读等环节连接在一起。知乎以书为节点，打通了作品、作者、关于书所涉及的话题的讨论，以及对这个作品或作者感兴趣的人。

同步案例

宝马借助知乎平台打造下一个100年

2016年3月，宝马开创新媒体营销新方式，在两微一端爆热的营销环境下，选择知乎平台，打造宝马100年营销事件。活动期间公司发动9个知乎大V向宝马提出问题并植入9个回答，54个知乎大V为问题点赞，11个知乎大V关注该问题，3727人关注问题，开启新媒体营销新方式。2篇知乎专栏，制作了巨大网络声量，达到浏览量169669，累计点赞数31203个。通过此次新媒体营销，宝马百年知乎营销事件成功吸引了近百万用户关注。①

2. 分答：知识超市型知识付费模式

分答公司两款产品，分别是分答和在行。其中，“在行”率先推出，用户可以约见不同领域的行家，通过线下一对一咨询的方式，获得各领域行家的经验和针对性指点。2016年度，在行团队推出“分答”，早期模式为付费语音问答，该模式利用答主非常碎片的时间来服务小碎需求，较之文字模式，语音作答使供给的压力进一步降低。2017年初分答推出了定位在轻课的“分答小讲”，20～30分钟，系统性了解某个场景知识点，多个小讲构成实用性的知识图谱。“分答”于2016年5月15日上线，上线仅四十二天，超过1000万授权用户，付费用户超过100万。像知乎和分答这样，以知识问答为基础，兼具社交性质的互联网知识社群参与其中，能够同时获得信息价值和情感价值，从而实现社会价值。②

从上线至今，保持了每日迭代频率不少于一个版本，不断加入新功能的更新速度。例如，最近新加入了赞赏、问题搜索、开放微博认证、回复重录、过期免费答、问题撤回等。

“分答”的用户有三个角色设定：回答者、提问者和旁听者。回答者自我介绍，描述擅长的领域，说明不回答的问题，并设置提问价格。感兴趣的用户可以向其支付指定费用，用50字以内的文字提问，对方60秒作答。如果48小时内，答主未回答该问题，费用原路返回用户账户。其他用户若对已有问题的答案感兴趣，可以付费1元“偷偷听”。“偷偷听”的收入由平台收取10%服务费，剩下90%通过微信支付平分给提问者和回答者。产品口号为“你睡了，你的问题还在为你赚钱”，吸引用户广泛关注。

① 案例来源：东方头条. http://mini.eastday.com/a/160915072223237.html.

② 搜狐. 爆火的分答昨晚召开发布会　有你最关心的10个问题[EB/OL]. [2016-06-28]. http://mt.sohu.com/20160628/n456707793.shtml.

同步案例

王思聪入驻分答

网友3000元提问王思聪“买不起什么”吸引媒体注意，媒体的传播加剧收听，形成多次传播，不仅将“分答”推向焦点，4天内吸引1.8万人付费“偷偷听”，而且入驻人数进一步提升，引爆关注。

图8-1 王思聪入驻分答

王思聪是目前分答里报价最高的答主，回答一个问题要4999元。他入驻分答时，自我介绍是“网红、投资人、哲学家”，当时一个问题报价3000元，与其他答主几十元、几百元的价格相比，已是天价。两天后，他将报价提高到4999元，这一价格至今为分答最高。目前，他在分答上共回答32个问题，累计语音长度20分钟，总收入23.8万。

作为王健林的儿子，王思聪回答的第一个问题就是，“请问作为亚洲首富的儿子，您的人生还有什么买不起的?”此外，他回答的问题还包括，“选择投资的标准是什么?”“怎么看现在火爆的直播行业?”“出国留学对你来说最大的收获是什么?”此外，还有一些问题涉及两性关系，王思聪也知无不言①。

目前热门回答者已经包括柳岩、章子怡、鹿晗、papi酱、TFboys、奇葩说辩手等明星网红，张小龙、贾跃亭、雷军、罗振宇等互联网知名企业家，以及郎咸平、李银河、刘慈欣、大学教授等作家学者和协和医生、科学家等各行业代表。提问者直接向其感兴趣的答者提问，答者48小时内作答，可以及时准确地解决用户问题。60秒的回答时间，对于碎片化但很有价值的知识来说，是一种很好的变现方式。时间限制使得提问者和回答者对回答深度不会抱过高期望，在思路与方向上寻求启发。每个人或多或少都拥有有价值的信息，可以通过这一方式增加知识价值，进行变现。“分答”的回答者加入门槛低，只需写明自我介绍和擅长领域即可，无须像“在行”的行家那样填写较为复杂的资料，反复审核并拍照。用户沟通门槛低，将沟通难度和成本从“在行”一对一见面降低到语音，进行知识零售，互为补充，弥补其用户活跃度不高、转化率较低、“一位讲师，一个主题”的不足。

从回答者的角度看，60秒语音作答比打字轻松，闲暇时间即可作答，回答成本低，收益

① 搜狐网. http://www.sohu.com/a/201669388_624051.

高。在个人朋友圈、公众号即可推广自己的“分答”二维码，分享成本低。对于各行业意见领袖而言，与网友进行互动，得到的收听人数、围观问答的数字，以及收入都可以使其获得乐趣和成就感，证明自己的影响力。

“分答”产品中分为问题榜、才华榜和新晋榜三个榜单。问题榜按热门问答排行，榜首一般是限时免费听。才华榜按人物收入排行。通过沉淀问题和回答，产品可以减少回答者的重复劳动，为旁听者创造良好的用户体验，并为提问者和回答者提供长期盈利的可能。用户也可以直接搜索感兴趣的答主或者关注度高的优质问答，为优质问答提供持续的旁听收入。

3. 得到：知识生产者主导型知识分享模式

得到为用户提供最省时间的高效知识服务，得到由罗辑思维团队出品。板块分为：《罗辑思维》第5季、大咖专栏、每天听本书、知识新闻随时听、有料干货。每天20分钟，其中，大咖专栏包括罗振宇、李翔、李笑来、薛兆丰等专业人士的语音、文字专栏；有料干货和知识新闻随时听，则将精品图书和每日新闻通过筛选、加工为浓缩的信息干货提供给用户。得到的口号是“只服务人群中2%的终身学习者，打造私人翰林院”。截至2017年3月5日，得到用户总人数为558.4万人，每天增加2万，日活跃用户45万，专栏平均日打开率占30%左右。

4. 喜马拉雅FM：以媒体习惯切入的付费模式

喜马拉雅FM（关于喜马拉雅平台将会在音频平台营销中专门介绍）是目前国内发展最快、规模最大的在线移动音频分享平台。目前，喜马拉雅FM用户规模为3.3亿，活跃用户日均收听时长为124分钟，平均每天有9000万次播放。喜马拉雅于2016年6月开始推出付费音频《好好说话》，正式进入知识付费领域。截至2016年底，喜马拉雅付费营收占比50%。

目前有马东、吴晓波、龚琳娜、华少、乐嘉等2000位知识网红和超过10000节付费课程，涵盖商业、外语、音乐、亲子、情感、有声书等16个类目，2000位知识网红以及超过10000节付费课程，能够利用用户碎片化的时间，但缺乏图文参与使得呈现其他一些类型知识有困难。

5. 豆瓣：以特定用户切入的付费模式

豆瓣注册用户1.5亿，月活跃用户3亿。豆瓣用户主要为一、二线城市的白领和大学生，豆瓣时间于2017年3月7日上线，是豆瓣推出的内容付费产品。目前已上线四种，未来将邀请学界名家、青年新秀、行业达人，推出精心制作的付费专栏。每个专栏包含数十期至上百期不等的精品内容，以音频、文字等多种形式呈现，每周定时更新。内容覆盖文学、戏剧、电影、生活等多个领域，豆瓣上活跃着不少评论人、音乐人、摄影师、设计师等，而这些有趣的内容的提供者，也在豆瓣时间的主要内容合作计划中。

三、知识付费平台传播的内容

在2016年前，知识传播主要以文字和视频（如网校的视频课程）为主，在2016年之后，以分答、喜马拉雅FM等为首的音频类产品逐渐崛起，与文字、视频共同构成了知识变现的三大载体。

1. 文字类产品

文字类产品是最为古老的知识传播载体，也是最为常见的知识传播载体，大多数知识变现的尝试都通过文字进行。在知识生产领域中，文字仍然占到绝对主流，这不仅体现为传统的文字资料，还基于知乎、微博及微信公众号等大部分自媒体都是使用文字进行输出和互动。

总体上看，文字性产品的优势不是没有原因，知识吸收速率最高（尽管不一定效率最高），对知识生产者的语言和形象要求低，内容中可以嵌入多种其他媒体（如视频和音频），能够表达复杂的逻辑和认知。

文字类产品最大的问题在于复制容易，无法做到切实的版权保护；内容不够生动形象，更有利于传递知识而非教会技能；对平台来说，文字类知识平台竞争激烈，创业极为不易。

2. 音频类产品

音频产品的代表为分答及喜马拉雅FM平台中的付费音频。

音频类产品通过音频进行知识传播，最大的优势是伴随性。用户可以在做其他事的时候，利用碎片化时间和各类不同场景来收听该类产品（其最重要的两个场景是通勤和睡前）。音频产品感染力强，有高度的人格化特征，适合在社交网络中传播，利于将个人IP立体化，也适合将个人IP更有效地转化为吸引力。

但音频类仍存在一些局限性：相较文字而言，它对知识生产者的要求更高（包括录制音频的技术手段）；碎片化、便利性和传播深层次的知识内容难以兼容（例如音频类产品如果要求读者做笔记，就无法做到伴随性）；音频内容无法控制内容阅读速度，必须全部听完，对用户来说效率不高。

3. 视频类产品

包括固定视频和知识性直播。固定视频既有付费类短视频，也有较为成熟的课程沪江网校、网易云课堂、腾讯课堂等，知识性直播如猿辅导、YY教育、鱼教鱼乐。

视频类产品最为接近传统的授课模式，用户体验好，内容丰富，客单价高，但对知识生产者要求较高。

知识拓展

知识付费内容的特征

综合几个知识平台的热门内容及总内容数据，在知识付费内容中，相对热门的内容有若干门类：

职业技能类：从数量上看，职业技能类是最为热门的知识付费品类，而时间管理类和互联网相关技能类为最受欢迎的产品类型，除此之外是文案写作类和语言学习类。

投资理财类：泛商业思维类最多，除此之外是房产投资和生活理财。这一类由于有高度非标性，因此容易转化为咨询。

生活兴趣类：最受欢迎的是与音频相关的品类，如音乐、诗歌等，除此之外是健身类和历史类。

专业知识类：最为重要的专业知识是医学、教育学和心理学。医学包括保健、针对日常疾病的生活建议，以在线问答为主；教育以儿童教育为主，最受关注的是学龄前的亲子教育；心理学包括如何与人沟通和如何完善自我人格。

其他类：边缘性知识，例如名人的生活体验、热门事件相关、新鲜的职业体验等。

四、知识付费平台面临的问题

目前知识付费行业发展仍然处于早期阶段，除了适应移动化的消费方式造成的知识碎片化问题以外，还存在知识付费体验差、缺乏内容评价体系和筛选体系、复购意愿不高等问题。

1. 学习体验仍需提高

学习体验包括多个层面，在工具上，知识付费产品仅发展了一年，使用体验仍有许多需要迭代的地方。

在内容上，目前知识内容的特征主要为碎片化。但碎片化的内容与学习知识的过程是一对矛盾，对碎片化知识的收纳和整理以及后续的知识服务，将是有待填补的空白。这种问题会造成两种不同的发展途径：一是向在线教育发展，建立较为系统的授课模式（线上、线下，或由知识向直播）；二是由第三方提供服务或知识工具。最后，除了听课者，授课者的使用体验也需要引起重视。授课者使用体验的核心问题包括两个：降低非专业授课者授课的技术门槛（并非知识门槛）；对于新授课者，使得自己的优质内容能够被推广和营销（以及平台如何规范这种营销行为）。

2. 版权问题

知识付费内容相关的法律问题最主要还是版权问题。线上版权缺乏保护仍然是知识付费的巨大问题，对于文字类、音频类的内容盗版现象仍然屡禁不绝。以知乎平台为例，2017年已联合淘宝、闲鱼查处200多次知识侵权行为。知识产权的模糊性使得很多侵权行为难以界定，一些商业网站将知识付费内容改头换面作为自己的原创内容发出，用户却面临缺乏证据无法维权的状态。随着未来知识付费的用户进一步下沉，这一问题会更加严重。

3. 内容筛选及推广机制缺乏

上文已经提到，知识付费的内容较在线教育而言，缺乏标准化的评价体系。相较于一般的内容变现，它的效果更为长期，且用户很难在付费之前对内容进行评价和了解，因此设置合理的内容筛选和推广机制就成为新的问题。随着知识付费内容不断增多，这一问题将越发尖锐。

目前，知识付费内容主要通过IP化和用户评价来解决这一缺憾。但无论IP化还是用户评价，都会造成头部效应，挫伤后期进入的知识生产者的积极性。在未来知识IP身价进一步提高的情况下，平台方如何实现优质内容的推送、筛选和推广，以及孵化新的IP，会直接决定之后的知识付费战争成败。

4. 长期用户吸引力差，复购率不强

知识付费是一种学习，而学习是痛苦的过程。尽管在产品设计上已经较在线教育更加自由，但用户使用知识付费产品仍然要花费相当的精力。除此之外，对于大多数知识付费产品，用户的行为较为单一（阅读或偶尔评论）、互动性差，这些都制约了知识付费平台对用户的长期吸引力。

除此之外，还有两个原因也可能导致复购率不高：一是知识产品可以分为短期和长期，相当一部分用户购买知识产品只是为了解决短期问题，在解决之后短期内不会进行二次消费；二是用户会有冲动消费的现象，在某一时刻购买大量的知识付费产品，然后在后期发现很难消化，他们二次消费的意愿也不会高。

5. 内容同质化

知识付费的内容多样性实际上仍然偏同质化。例如，尽管强调认知盈余的长尾特征，但是知识付费领域已经形成了某些热门的知识领域，例如时间管理类、文书写作类、投资理财类等。这些热门的知识领域较易变现且受欢迎，因此容易获得较多人的关注，也容易成为平台重点推荐的对象。但是从另一方面看，这些知识内容更多是技能性的培训，标准化程度高，因此内容大多雷同，这不得不令人怀疑，当用户对这些类似内容已经熟悉之后，知识付费是否还能维持长期的吸引力。

内容同质化的另外一个可能问题是，由于热门知识和生产者占据了主要的展示位置，并且垄断了一部分的知识领域，从而严重打击了新知识生产者和长尾知识生产的积极性；与内容公众号可以通过创意来进行后发制人不同，知识在一定时间内具有固定性，这使得头部效应近乎无解。

6. 政策监管风险

政策是中国互联网发展中举足轻重的力量。知识付费作为涉及媒介、教育的内容领域，受到严格的监管几乎可以说是一种必然。一方面，这可以打击盗版现象，理顺知识生产者和消费者、平台三方的经济关系；另一方面，知识付费未来也可能会有一系列的政策规制，例如，部分分享内容需要经过审批和备案；严格规范化知识分享者的主体身份，部分知识分享者可能需要持证上岗；知识分享的收入将会按照一定的比例付税……这些都会对未来的知识付费领域造成影响。

五、知识付费平台发展趋势

1. 知识付费平台本身的完善

随着知识付费平台内容的增多，如何完善筛选、评价及推荐机制将会成为未来知识付费提高用户体验的基本问题。

2. 知识生产者的筛选和评价机制

知识生产者的筛选机制是最重要的知识付费平台机制，确保用户能够在听课或购买知识产品之前对授课者形成预期，以及在授课之后能够进行监督，是用户对知识付费平台产生信任，进而进行下去的基本条件。

这种筛选机制可以是静态的（通过付费人群进行邀请），也可能是动态的，按照时间和好评程度对授课者标出层级，不同层级拥有不同的授课人数上限和推荐位置。有较多投诉核实后，会进行一定金额扣减的惩罚。未来首页推荐的机会将会变得更有价值，可以促进知识生产者优胜劣汰的机制。

3. 知识产品的细分与推荐机制

知识产品的细分与推荐机制决定了用户能否用最少的时间找到适合自己的知识产品。由于知识产品是非标品，因此分类和应对人群应当更加详细，授课内容、解决什么问题要给出充分的说明，无论授课者还是听课者都可以根据内容来对内容质量进行评判。

目前多数平台使用订阅量和点击量进行综合排序，但随着内容增多，继续细分并不适合细分化的知识需求。对新入门的知识生产者进行“冷启动”的同时，要吸引已经付费的人群复购，除了知识内容要更加深化以外，也必须进一步完善推荐算法（例如加入“难度”这一维度，区分已经在此有所积累的用户和小白用户），或是设立更加完善的知识内容查询功能。

4. 知识内容与用户的后续服务机制

课后的社群和互动是知识产品的重要部分，影响甚至决定了知识产品的服务效果和后续的购买意愿（对于静态的课程内容尤其如此）。但是以平台方来说，如何鼓励和支持知识生产者进行这些社群的维护，是一个新的课题。同时，平台的后续服务也包括沟通课程和用户对知识生产者进行的及时反馈与评价。

5. 知识内容的定价机制

目前，知识付费的定价主要包括知识生产者自主定价和平台同生产者共同定价，但是这种定价是否最合理？是否有一定的定价规律和机制可以遵循？对于非标化的价格如何定价是最合适的，是否可以通过买卖双方共同定价，并且具有一定的议价空间，这些问题将会在之后逐渐呈现。

6. 其他可能出现的趋势

（1）内容垂直化，细分化。垂直化、细分化将是未来知识付费领域的基本趋势，对于若干重要领域，如健康、情感、理财、法律、职场、IT等来讲，已经出现了大众化平台向专业化细分产品转化的趋势。

垂直化造成了未来的一个重点：争夺新的细分优质知识领域。知识领域优质的基本标准是：这一部分内容用户感兴趣、知识与专业人士有较大信息差，且这一部分的领域可以以简明易懂的方式进行描述。这一类的知识领域会吸引较大的流量，例如豆瓣在文艺领域获得的成功，分答发展初期在明星效应上斩获的成功等。

从另外一方面，知识付费的产业链也会逐渐被细分，问答、课程与咨询三大类基本形态将会被细分出更多的产品形式。在授课者与用户、授课者与平台之间，会出现新的知识服务环节（例如笔记整理、知识服务、知识IP孵化等）。

（2）内容头部化，IP将会成为未来平台的主战场。内容头部趋势是知识付费领域的关键问题。由于知识较娱乐、资讯等相比，具有更强的专业性和独一性（即知识在一定范围内是唯一的），因此头部效应会更早到来。大IP瓜分流量的情况将会比传统内容更快出现，平台方争夺优质IP也会成为未来知识付费领域的主要战场。

在争夺已经成熟的优质IP之外，未来的知识付费领域还会逐渐面临如何制造和打造新IP的问题。知识性网红的网络孵化，把线下专业人士转化包装为线上的知识大V，并通过营销和推广进而完成后续的知识产品开发，这一产业链将会在未来三年内完善并最终完成。

（3）知识付费内容社交化、互动化，社交平台与直播平台入场。由于IP的特征，知识付费将比传统意义的在线教育更强调社交化和互动化。社交化的特征包括：知识付费中，个人IP的塑造会与内容同等重要；除知识平台外，社交媒体的传播成为IP的主要传播渠道，社交媒体的粉丝转化为知识付费的订阅者；知识付费的媒体从文字转化为声音和影像。

从互动性上看，即时、高频的互动能够给用户更好的学习体验，也更符合用户学习的心理预期。从这一点看，带有互动性的授课式直播不一定是知识付费的主体内容，但将是知识付费体验最好，最有潜力的方式。

由于这两个趋势，社交平台和直播平台将成为知识付费的新入场者。目前微博已经推出微博问答，YY教育、一直播等平台也在进入知识付费领域。在2017年后，这一趋势将持续扩大。

（4）用户大众化，内容生活化，逐渐向中小城市下沉。目前，知识付费的核心力量是大城市的中产阶级及中产阶级预备军，但知识付费的市场需要扩大，就必须由北上广等大城市逐渐向二三线城市下沉，年龄由就业后三年的职场新人向更广的终身学习、生活服务、综合咨询发展。

具体而言，生活类问题、健康类、母婴类、教育类都有可能会成为新的机会，面向人群会更加丰富，例如面向青少年、老人、专业内部人群的知识付费平台会逐渐出现。知识服务将不再局限于北上广深，并且与本地的其他教育与培训资源相结合。

在大型城市，知识付费替代的是咨询公司和行业分享会；而在二三线城市，知识付费则会替代原有的机场读物、畅销技能书、区域性教育机构，这些都将会被更为落地的知识付费服务所取代。

（5）广告、服务和知识付费一体化。知识付费的特征是其内容会较大地影响到用户的行为决策，这为原生广告和其他产品服务提供了机会。在不影响内容质量的前提下，轻型的付费产品可以成为用户更深度的广告和服务入口，并成为更多产业链的一个重要模块。

任务二 问答营销

随着第二代互联网的逐渐成熟，能让网民进行互动交流的平台越来越受到人们的欢迎，通用的问答平台如百度知道、新浪爱问、问答小屋、SOSO问问、车问网、爱巧网、雅虎知识堂等逐渐兴起和火爆，专业的问答平台小到一个企业的客服，大到一个行业的专家知识库的建设都逐渐体现了互动问答平台的价值，这类网站给用户提供了一个交流平台，用户可以在这里接受专家和其他网民的帮助，同时也尽力给别的网民提供有效的帮助。

一、问答平台及问答平台营销

互动问答平台一般都集成了自动切分词、智能搜索、自动分类等一整套的自然语言处理和信息检索技术。随着互联网的普及，人们需要专业领域的互动问答平台，来获取医疗、汽车、教育，情感等专业的知识问答平台。有些特殊的问答平台也提供如增加敏感词过滤（将涉及色情、政治等敏感词自动过滤）、舆情监控等功能模块。

知识拓展

互动问答平台系统

1．网页预处理部分

对所有网页进行正文提取，获取网页的标题文本以及其他网页指向该网页的链接文本信息。

2．索引部分

对全部文本信息分词和建立索引。

3. 查询处理部分

实现对主题集的查询输入构造。

4. 检索部分

实现对检索结果取出、排序和后处理。

互动问答平台可用于行业知识库建设、垂直领域专家系统、行业交流网站问答板块、医学领域的医患交流、教育领域的师生交流等各个方面的交流互动，为广大用户提供方便。

问答营销属于互动营销新型营销方式，是互动营销介于第三方口碑而创建的网络营销方式之一，营销方式既能与潜在消费者产生互动，又能植入商家广告，是做品牌口碑、互动营销不错的营销方式之一。遵守问答站点（百度，天涯等）的发问或回答规则，然后巧妙地运用软文，让自己的产品、服务植入问答里面，达到第三方口碑效应。

常用于新媒体推广的问答平台有知乎、分答、百度问答和360问答。百度问答、360问答被运用于网络推广已久，知乎和分答出现时间虽晚，但营销势能十足。问答平台的功能定位如下：辅助SEO，流量渠道等，一方面，通过问答推广吸引来的用户，精准度比较高；另一方面，由于问答是“网友与网友之间的观点与经验交流”，信息可信度更高，容易形成用户口碑。

问答面向的是有所需求的目标用户，挖掘的是潜在客户，这正是问答平台的一个特有亮点，它所起的作用就是帮助用户解决问题。做问答平台推广的目的就是建立起用户与品牌之间的信息沟通，能更好地把企业信息传播到用户的认识中去，从而扩大品牌认知度。

二、问答平台营销特点

1. 互动性

问答类的互动效果可以充分地补充我们网站内容的不足，也能让读者完善知识面，这样的互动效果不仅起到了针对性效果，又能起到广泛性的效果。

2. 针对性

问答可以针对某个目标群体，根据群体的特点选择关注的焦点，充分调动这个人群的力量，达到具有针对的效果。也可以针对话题做讨论，让更多的人来参与，达到人群融合的效果。

3. 广泛性

问答营销的特点本身就决定了问答营销的广泛性，一个问题，可以引来不同人群的讨论，一个事件可以引来不同人群来评论，品牌的建议往往从问答开始。

4. 媒介性

我们可以通过文章或者问题的形式在各大平台或者媒体来投稿，只要稿件通过或者是问题通过，那么借助媒介可以达到更好的效果，比如你是做发电机的，可以把发电机的技术指标到相关的论坛发布，那里会有很多高级的工程师，他们的评论和回答你可以从中借鉴。

5. 可控制性

如果你是做平台或者是做媒介的，评论可以通过审核的方式来控制，去除重复的，不符合规定的评论，从而达到让读者有益，让内容健康的效果。

三、问答平台操作方式

1. 开放问答

开放类的问答有很多，比如知道、问问、论坛、文章评论等，这里的提问一般是不需要审核的，但是评论或者是回答是需要审核的。这个也充分地体现了问答营销可控制性的特点。

2. 事件问答

针对事件问答，比如说某个平台要测试平台的受欢迎度，然后会把这个事件用其他的方式通知你，让你来参与，来回答、评论。

3. 娱乐评论

娱乐项目是整个人群都接受的一种方式，那么如果你想针对娱乐事件营销，选择的地方真的非常多，比如很热火的“赶驴”事件讨论。

4. 促销评论

很多细致的商家在搞促销活动的时候都会进行调查，大多数商家都已经开始了网络调查，在这个调查中他们会以评论和问答的形式来实现。最终达到具有针对性、完善性的促销效果。

5. 短信问答

基于短信问答是一种普遍的问答方式，这里不多说明。

6. 传真问答

传真问答也是一样，被广大的企业或者实体应用，已经到了让人厌烦的程度。

7. 邮件问答

邮件问答只是网络营销的一种方式，只不过这里是以问答的形式做主体而已。

8. 媒体代发

传媒公司能提供问答策划—撰写—发布整套服务，依托传媒公司，可以在互联网上操作，达到推广的效果。

四、问答推广的手段

平时常用的问答平台有百度知道、新浪爱问、搜狐问答、搜搜问问、雅虎知识堂等，因为这几个平台都是名气大、人气旺，而且收录快、权重高、排名好，其他平台大多是转载过去的，所以利用好这几个平台已足够达到营销效果。

问答平台共用的两种推广手段。

1. 相互问答

这种做法本就是问答平台的本质形式，有用户提出问题，另一用户做出回答，然而在以推广为目的的实际运用中则是在已分配好的团体中相互合作——“你问我答、我问你答”，这种形式可信度比较高，安全性也比较高。

2. 自问自答

在没有相互合作团队的情况下，采取自问自答是推进推广工作的风险较大的做法，如果把握不好就有可能被封号甚至封IP，并删除此号下的所有问题。这种模式一般要注册多个ID，互轮问答，主号和次号配合，用次号去提问，主号来回答，平时也要用主号去多回答其他搜索到的问题，这样可以为主号积累经验值，提升等级，等级越高，就能赢得更多的发布权限。

五、问答推广的基本原则

问答推广作为目前被广泛运用的一种免费营销方式，在于其拥有庞大的用户群、良好的互动性以及能带给用户针对性的解决方式，已经成为企业品牌营销、信息传播、寻找潜在客户的重要途径之一。

1. 选择优质平台

目前的问答平台有百度知道、搜搜问问、新浪爱问、搜狐问答、雅虎知识堂、天涯问答、360问答等，这几大问答平台已经占据了相当数量的用户群体，且用户认可度高、传播面广。在这些平台开展问答营销足以满足企业的需要，因为其他一些小的问答平台都会通过转载的方式去传播和复制大平台的问题和答案，同时这几个大的问答平台都是权重和用户认可度比较高的。

2. 从用户角度策划问题

问答不是死搬硬套的机械式信息发布，日常用户对于问题的关注都是基于他所需求的，站在用户角度去思考问题，才符合用户搜索习惯，问答推广才能起到营销效果，比如："南宁会计培训学校怎么样"就不如"南宁会计培训学校哪个好"，后者就是以用户角度去考虑问题，因为用户会需要更精准地去寻找问题。

3. 问题要有针对性

问题要反映什么，宣传什么，是要体现企业服务或是产品，思考和编辑有针对性的问题才能抓住用户的心理。提问题不要泛泛而谈，要有针对性地去提问。提问之前也要想好这个问题是要反映什么信息？想要达到一个什么样的结果？想好了这些再去做针对性的问题编辑，然后进行提问。

4. 按用户习惯优化问题

用户越来越习惯于用更精准的方式去搜索问题，因为只有这样才能获取更直接和准确的结果，而搜索引擎也顺应了用户的这方面需求，提供了更准确的检索方案，所以优化问题就是要编辑更加符合用户搜索习惯、接近用户口吻的问题。据相关的数据分析，客户在互联网中检索信息时已经由原来的2~3字的词语变成了短语的形式，因为这样得出的结果相对更加详细和准确。因此，在编辑问题时，也要考虑如何更加去接近客户的口气，这样才能保证问题能高频次地展现。

5. 问答角色变化

用不同角色去相互作答或自问自答，不仅是为了提升问题的安全性，而且在第一时间回答自己提出的问题，才能在快于竞争对手的情况下得到第一宣传效果。企业在第一时间里面，用不同的角色和口吻去回答自己所提出的问题，然后在第一时间采纳。这样才能把主动权控制在自己的手中，同样地，语气也要符合客户的习惯。

6. 关键词的合理利用

搜索引擎也是按关键词来检索你的问题，同样问题在搜索引擎的排名也与关键词被用户触发搜索的次数及关键词的密度有关。关键字不仅要合理地出现在问题标题中，还要适当地出现在问题的答案中。

7. 效果监测

当企业完成了问题的编辑、提交、回答、采纳之后，要不定期地及时检测，查看问题的排名、转载、评论、赞同等数据，查看问题是否被删除，被多少人关注了，只有通过检测分析才能找到更有效的方法。

知识拓展

问答推广的常用技巧

1．同一IP注册1~2个ID，变化使用，次ID提问，主ID回答
2．加入问答QQ群和推广团队，与大家交流经验，从中得到一些帮助
3．问题和答案里合理自然出现关键词
4．当天问题不要当天问答，第二天或隔一天作答
5．回答问题后隔两天选为最佳答案
6．自问自答最好不同IP不同ID进行
7．新ID申请后，隔一天再去使用
8．同一ID，一天回答问题不超过5个
9．回答时适当加入参考资料链接，同一个ID加入1个即可
10．不要把时间集中在一个问答平台，隔时段换平台问答
11．适当找相关问题回答，这样可以培养ID，提升等级
12．一天内不要过多自问自答，最好2~3次即可
13．必要时可以匿名回答，这样可以避免网友举报，特别是百度知道
14．账号开通与问题相关的主题空间，丰富主题内容
15．新注册ID，不要在问答中带链接，一般不会审核通过

六、问答推广的步骤

1. 注册ID

为增加安全性和信任度，提交问题和回答问题都应该是不同角色的人，才不会轻易被惩罚或删题。问答推广被广泛滥用之后，现在不少已经严格了监管制度，所以最好的办法是不同IP注册不同的ID，同一IP注册1~2个ID，注册时间要长，至少三个小时以上，一个主ID，多个次ID，ID名不能太相似，而且风格也要差别大，才不会被识破。

2. 提交问题

提问的时候不论是在什么问答平台，都要注意合理地控制问题中的关键词密度。由于百度算法不断升级，会降低关键词堆砌的问题排名。有些特殊行业的特殊问题是必须要经过人工审核才会放出来的。在填写问题描述的时候绝对不能敷衍了事，因为在描述里面加上合适的关键词，可以自然提高问题收录后的排名。

在设计问题时要充分考虑是否站在用户的角度，是否符合了用户的搜索习惯，是否有针对性，是否合理布置关键词，问题要体现其自然性而不能太空泛。

3. 问题回答

这个时候就要用不同的角色和口吻去回答，但不能在提交问题后马上作答，可以安排在第二天或隔一天回答，这样做是为了降低被惩罚封号的概率。可以自己回答，答案中要合理自然地出现关键词或广告，自问自答要使用IP代理技术使用大号来回答，这样留下链接的概率就可以增大。

另外，也可以先正常地把回答后的问题提交，然后去专业的微缩网站填下自己要宣传的网址，复制生成的伪装代码，再次回答问答页面，修改问题回答，在参考资料或者回答内容里面粘贴伪装代码。为了提高回答可读性，可以在伪装代码前后加上可读的内容。

4. 采纳答案

在回答问题10个小时以上后就可以采纳问题了。为了提高问题和账号的安全性，防止被封号的可能性，答案的采纳最好在问题回答隔两天之后进行，或使用代理IP技术。有时候，会因为自己的回答问题不够及时而被别人抢楼，这只是答案的先后顺序问题，企业要做的就是采纳最佳答案即可，不必深究回答先后情况。

5. 问答排名

网络上有很多雷同的问题，有很多人在做这个问题的推广，那这个时候的竞争就在于问题的搜索引擎排名上了。当问题里出现关键词时，就要把这个关键词排名做上去，才能起到很好的宣传效果。这时候就依靠其他的传统推广方式为这个问题（关键词）引入不同用户的访问。

6. 跟踪监测

不定期对问题进行跟踪，做好统计，包括排名、转载、评论、赞同、关注等数据，发现情况及时调整完善。

任务三 百科营销

一、认识百科平台

常用于新媒体推广的百科平台有百度百科、360百科、互动百科、搜搜百科、维基百科、中国百科网、智库百科等。百科平台是新媒体中的“旧媒体”，但它的江湖地位依然不可撼动，百科平台的功能定位是辅助搜索引擎优化、提供信任背书等。

同步案例

常见互联网百科平台

1．百度百科

百度百科是一部内容开放、自由的网络百科全书，旨在创造一个涵盖所有领域知识、服务所有互联网用户的中文知识性百科全书。百度百科以平等、协作、分享、自由的互联网精神，提倡网络面前人人平等，所有人共同协作编写百科全书，让知识在一定的技术规则和文化脉络下得以不断组合和拓展。

为用户提供一个创造性的网络平台，强调用户的参与和奉献精神，充分调动互联网所有用户的力量，汇聚上亿用户的头脑智慧，积极交流和分享，同时实现与搜索引擎的完美结合，从各个不同层次上满足用户对信息的需求。

百度百科所提供的是一个互联网所有用户均能平等地浏览、创造、完善内容的平台。百度百科对内容要求高，强调原创和真实性。所有中文互联网用户在百度百科都能找到自己想要的全面、准确、客观的定义性信息。

2．维基百科

维基百科（Wikipedia，WP）是一个任何人都可以随时编辑和添加条目、内容的自由的百科全书，内容集成量非常广阔，是一个国际性的百科全书，其目标是为这个星球上的每一个人自由地提供知识和信息，用他们选择的语言所书写的、全世界知识的总和，由维基媒体基金会负责。同时维基百科全书也是一部用不同语言写成的百科全书。

维基百科开始于2001年1月15日。大约3年后，在2004年的3月，已经大约有6000名活跃的参与者编写了50种语言的600000篇条目。每天都有来自世界各地的许多参与者进行数千次的编辑和创建新条目。中文维基百科正式开始于2002年10月，如今已经有819 107篇条目。

在维基页面上，每个人都可浏览、创建、更改文本，系统可以对不同版本内容进行有效控制管理，所有的修改记录都保存下来，不但可事后查验，也能追踪、回复至本来面目。这也就意味着每个人都可以很方便地对同一主题进行写作、修改、扩展或者探讨。同一维客网站的写作作者自然构成了一个社群，维客系统为这个社群提供简单的交流工具。

3．搜狗百科

搜狗百科是搜狗为广大用户所提供的一部自由、开放、共享的百科全书，旨在创造一个涵盖所有知识领域，服务于全部互联网用户的高质量内容平台。通过与搜索引擎及其他内容型平台的结合，满足互联网用户的不同层次的信息需求。搜狗百科是一部内容开放、自由的网络百科全书，其词条内容涵盖了人物、影视、旅游、科技等知识领域。

4．互动百科

互动百科是全球最大的中文百科网站，并通过全新的维基平台不断改善用户对信息的创作、获取和共享方式。这是一部由全体网民共同撰写的网络百科全书。互动百科以词条为核心，与图片、文章等其他产品共同构筑一个完整的知识搜索体系。每个人都可以自由访问并参与撰写和编辑，分享及奉献自己的知识。截止到2011年11月18日，已有4154461位网友共同编写5831371词条。

5．好搜百科

好搜百科是专业的中文百科，原名360百科，于2015年1月6日改名。其测试版于2013年1月5日上线，2014年4月14日，好搜百科新首页正式上线。

6．MBA智库百科

MBA智库百科是最早的职业经理人百科，立足于为广大经理人提供专业的经济管理理论学习，涵盖了经管领域的方方面面，给用户营造一个学习交流的高端频道。结合提供全民参与在线编辑的模式，对知识内容不断修改、补充完善和更新，将其打造成在线的经管百科全书。

7．中文百科在线

中文百科在线是基于中文百科、字典、词典，传播文化科学知识的大型互联网综合服务网站。①

二、百科平台推广策略

1．巧用百科编辑助手

理论上来说，企业创建的词条内容越专业那么通过率就越高，很多推广人员在编辑词条的时候都想创建一个高质量的词条。推广人员要擅长使用编辑助手，如百度百科的编辑助手，可以有效地辅助企业推广人员编辑词条。

通过编辑助手，打开百度百科进入创建词条页面之后再点击导航中的编辑助手，进入到目录模版，然后根据企业要编辑的词条找到最适合的分类，参考系统给出目录模版与示例词条进行编辑。

2．词条内容要有可读性

在编辑词条时要多写一些有可读性的内容，而且词条的文字要具有一定的专业性，让用户看到内容之后觉得内容充满可读性，建议尽量制作一些知识型性的内容信息，一般企业名称、人名、产品名称都是比较好编辑的。

3．编辑优化原有内容

如果企业想编辑已有的词条，内容应该是原有的词条做补充，如果修改的是比较过时的内容或者添加新的内容，那么就要比原来的内容更要有专业性和可读性，切忌写一些与词条无关联的或者关联性差的内容。

4．培养账号的等级和通过率

每个用户都会有一套属于自己的积分、等级和头衔，如百度百科为用户定做了具有百科特色的头衔。用户可以通过创建词条、编辑词条、参加任务等操作不断增加积分，同时用户的等级和头衔也会随积分不断晋升。如果等级和通过率都培养出较高等级，编辑词条就相对容易多了。

营销视角

百度知道营销技巧

一、准备阶段

（1）确定所属行业的目标关键词、长尾关键词。

（2）申请多个账号。

10个以上最佳，至少要培养一个高级账号，账号名字千万不要太过相似。每天注册ID不超过5个，且注册间隔时间最好在一小时以上。如果使用的是ADSL拨号上网，就把宽带断开再重新链接一下就可以兑换一个IP了；如果是路由器，就把它关掉，接着再开启；网上也有很多做代理服务器及换IP的软件可以下载。

---

① 资料来源：百度百科. https://baike.baidu.com/item/%E7%99%BE%E7%A7%91/29?fr=aladdin.

（3）制作表格，做好记录，便于分析和查阅。

可以分为：账号、问题关键词、问题详情、答案、链接。

（4）加入相关推广群。

提高效率、避免IP重复。

二、提问阶段

（1）问题中包含关键词。

包括问题标题和问题补充两个部分，关键词尽量找一些网站排名比较高的关键词，或者出现频率比较多的词，然后编写问题。标题与关键词的相关性有利于排名，完全匹配效果会比较好，控制该关键词密度为3%～8%范围内。

（2）直接用自己网站文章标题作为提问。

（3）问题尽量采用用户的口吻。

（4）提问在17~20字结果最好，超过一定文字数会审核。

（5）赏格积分越高回复数越多。

在赏格积分小于80的情况下，赏格对回复者的激励感化不大；而大于80分以上，回复数随赏格分的增添呈指数级上涨，赏格积分越高结果越好，最佳的赏格积分为200。

三、回答阶段

（1）尽量原创，通俗易懂、精准，注重用户体验，围绕作者问题有针对性地问答，对提问者有实际的帮助，这样你的回答被采纳的概率才高。老答案要适当做些修改，再提交，这样通过率才会提高。答案中都包含该关键词。

（2）不懂得如何回答的话，就在百度知道里面搜索以及解决的答案，然后重新整理成一份更为精华的答案，在中间自然插入自己的网址（尽量是跟问题精准的页面）。

（3）回答长度尽量长一些，但也不是越长越好，你不累，看的人也累。

（4）排版清晰整洁一点，最好能把每一点的重点标出。

（5）百度知道收录的标准往往是出现第一个回答的时候就会收录，而不是要等到出现最佳答案的时候，所以当我们在网络上回答问题的时候要尽可能地抢占一楼，如果能够成为最佳答案那就更好了，在回答问题的时候要尽可能使用高级的账号去回答，回答的时候也要注意资料和答案的相吻合性，可以考虑在资料里面自然而然地加入要推广的网址。

（6）一定要控制好量，不一定铺天盖地地推广，要多做精华版。

（7）百度知道提供一个参考资料，是允许我们做外链的，最好把链接加在参考资料中，文中尽量少出现链接。每个知道账号每天回答问题加的网址链接不要超过2个，以免问题被删除甚至被百度封号。

（8）先回复问题，不带链接，如果答案不需要百度审核，直接发布，则点查看该问题，然后修改答案，再放上链接，如果一次成功了，马上继续，接下来的4，5次都会成功。一个问题不能连续地修改回答，这样百度也会认为你在作弊。

四、参考资料设计

（1）可以在百度空间发表一篇文章，写上商品简单描述，加上图片。然后在文末用大号显眼的颜色的文字写上推广公司（产品）并加上目标链接。最后在百度知道提问并带上这个百度空间文章的链接，过段时间采用即可。这样流量就会先从百度知道跳转到百度空间，最后进入你的目标网站。

（2）回答问题放链接的时候，不要用首页地址，一般首页的没有内页的地址容易通过。

（3）www.***.com和http://www.***.com/ 2个进行相同的操作，不带http的非超链接网址通过率更高一些。

五、提交答案时间阶段

审核人员审核工作时间。虽然有时候不固定，但是上午9~11点，下午3~5点，要想留上链接似乎不是那么容易。上午11点半到下午2点半、晚上留链接相对轻松一点。

六、维护阶段

（1）回答完之后，就要天天去顶，顶得越多，那么你在百度的位置就越靠前。

如果可能的话选择用高级账号来回答，尽可能延长问题的结束时间。同一IP 24小时之内只能投一次票。

（2）回答的重点问题，一定要添加到百度收藏，当回答其他相关问题时，便可以留下百度收藏的地址，或者留下第一个问题的百度知道地址，这样更利于搜索引擎优化[①]。

① 资料来源：百度文库. https://wenku.baidu.com/view/13a355f9770bf78a6529548c.html.

项目要点

知识平台营销是通过问答、百科的形式把客户最关心和最关注的东西客观地呈现出来，从而达到营销的目的和效应。

知识付费从早期的教育领域发展到目前互联网知识付费，知识付费的体系逐渐正规化，用户群迅速扩大。知识付费进入了真正意义上的发展期。知识付费的平台包括在线教育类、知识平台类、专业网站类、社交媒体类等几种类型，以知乎、分答、得到、喜马拉雅FM、豆瓣等为代表。

知识付费平台传播的内容以文字类、音频类、视频类为主。知识付费平台发展到现在面临知识付费体验差、缺乏内容评价体系和筛选体系、复购意愿不高等问题。知识付费平台也在不断发展之中。

互动问答平台一般都集成了自动切分词、智能搜索、自动分类等一整套的自然语言处理和信息检索技术。问答平台营销具有互动性、针对性、广泛性、媒介性的特点，操作方式包括开放问答、事件问答、娱乐评论、促销评论、短信问答、传真问答、邮件问答及媒介代发等。

百科平台是新媒体中的“旧媒体”，常见的互联网百科平台包括百度百科、互动百科、维基百科、搜狗百科、MBA智库百科等。在百科平台的推广中，要善用百科编辑助手，编辑词条进行营销推广。

项目实训

一、实训目的

1. 了解百科平台特点。

2. 掌握百度百科编辑助手的使用。

3. 掌握百科平台推广策略。

二、实训要求

1. 分组进行：每3～5个人一组，选取一名组长（组内成员中注明）。

2. 实训形式：以小组为单位创建、编辑、推广百度百科词条。

三、实训所需仪器、设备

连接上互联网的手机、电脑，投影仪。

四、实训内容及步骤

1. 申请账号，并完善个人相关信息。

2. 创建百科词条，包括词条名称、概述、正文内容、参考资料、拓展阅读、相关词条等要素（注意，创建词条前需要进行词条选题）。实训时可以不定期发布待建词条名称，小组通过抢建词条来完成词条的创建。

3. 编辑词条，对已有词条进行修改编辑，尽可能全面地补充和完善，或删除重复、累赘的内容（修改原因要尽可能详细，修改、完善、补充了哪一部分都应该写清楚）。

4. 词条推广，提交的百科词条审核通过后，将其分享到微博、微信、微信朋友圈、QQ、QQ空间等社交平台，并发布到微信公众号。

五、总结分析

完成实训后撰写实训报告，小组互评，老师点评。

项目测评

思考题

（1）查阅知名问答平台资料，分析其营销推广模式。

（2）你认为企业应该如何进行知识平台营销？

项目九

直播、音频、视频营销

项目目标

知识目标

1. 了解直播平台的功能与特点
2. 掌握音频平台运营程序与推广方法
3. 了解视频平台功能与特点
4. 掌握直播、音频、视频平台营销策略

能力目标

1. 能够熟练使用直播平台
2. 能够熟练运用音频、视频平台功能
3. 能够编辑直播、音频、视频内容

导入案例

papi酱直播策略

papi酱，本名姜逸磊，1987年2月17日出生于上海，网络红人，毕业于中央戏剧学院导演系。2015年10月，papi酱开始在网上上传原创短视频。2016年2月凭借变音器发布原创短视频内容而走红。7月11日晚上9点，papi酱在百度视频、一直播、美拍、熊猫TV、花椒直播等八大平台进行了直播首秀，吸引2000万人同时在线观看。1小时25分钟的直播，2000万人同时在线观看，累计7435.1万人观看，收获1.13亿个点赞和90万元打赏①。

图9-1　papi酱开通直播

在直播前papi酱就已经在自己的微博和原创视频上向广大的网友说明了自己即将要做直播，并且还征集广大网友的意见，选择直播的内容。papi酱本人的热度以及微博大号知名人士的转发，已经将直播这件事快速地传播到广大网友中去，打出papi酱首次直播的噱头，吸引了很多人的关注，很多网友都想和“2016年第一网红”在直播上互动。微博是直播成功的第一步，成功地达到了宣传造势的效果。

papi酱在直播中，模仿流行的北京瘫姿势。对于直播来讲，学会借势营销往往能够达到意想不到的效果。而目前正值里约奥运会，可以借这个话题来借势营销，增加话题讨论度。

在内容快速更迭的互联网时代，优秀网红的必备技能就是保持自己在粉丝眼中的新鲜感、善于用正面的方式营销推广自己。从这个角度说，papi酱对变现方式的不断探索，也可以理解为一种持续曝光度的手段、自我营销方式。直播需要实时曝光，如举行活动、邀请明星，或知名网红做客平台直播等，增强曝光量，才能留住粉丝，或者是吸引更多的粉丝。

新闻营销、视频推广、微信推广、自媒体推广、论坛推广等多种形式也是

① 界面网. http://www.jiemian.com/article/746367.html.

不可缺少的，这些推广方式相互配合才可以做好一档直播节目。网络营销推广关键在于优质且符合网友阅读习惯及兴趣的原创内容，配合强大的网络平台进行传播，新闻、论坛、微博、微信、百度优化、自媒体等为辅助手段，多管齐下。

项目知识 任务一 直播营销

一、网络直播平台界定

网络直播是可以同一时间透过网络系统在不同的交流平台观看影片。影片主要分为实时直播游戏，电影，或电视剧等。

国内“网络直播”大致分两类，一是在网上提供电视信号的观看，例如各类体育比赛和文艺活动的直播，这类直播原理是将电视（模拟）信号通过采集，转换为数字信号输入电脑，实时上传网站供人观看，相当于“网络电视”；另一类则是真正意义上的“网络直播”，在现场架设独立的信号采集设备（音频+视频）导入导播端（导播设备或平台），再通过网络上传至服务器，发布至网址供人观看。这类网络直播较前者的最大区别就在于直播的自主性，独立可控的音视频采集，完全不同于转播电视信号的单一（况且观看效果不如电视观看的流畅）收看。同时可以为政务公开会议、群众听证会、法庭庭审直播、公务员考试培训、产品发布会、企业年会、行业年会、展会直播等电视媒体难以直播的应用进行网络直播。

网络直播最大的特点是直观性和即时互动性，代入感强。当网络直播与互联网金融结合，网络直播便在信息披露、用户沟通、宣传获客等方面大展身手。

从广义上来说，网络直播吸取和延续了互联网的优势，利用视讯方式进行网上现场直播，可以将产品展示、相关会议、背景介绍、方案测评、网上调查、对话访谈、在线培训等内容现场发布到互联网上，利用互联网的直观、快速，表现形式好、内容丰富、交互性强、地域不受限制、受众可划分等特点，加强活动现场的推广效果。现场直播完成后，还可以随时为读者继续提供重播、点播，有效延长了直播的时间和空间，发挥直播内容的最大价值。

从狭义角度来说，网络直播是新兴的高互动性视频娱乐。这种直播通常是主播通过视频录制工具，在互联网直播平台上，直播自己唱歌、玩游戏等活动，而受众可以通过弹幕与主播互动，也可以通过虚拟道具进行打赏。不同于传统的文字、图片、视频等传播形式，直播紧密地将用户与直播内容交互在一起，用户本身也是内容生产的一分子。

直播平台的具体玩法如下：信息披露直播、品牌宣传直播、网红代言直播、理财专家直播、客服沟通直播、娱乐活动直播，互联网金融平台可借势节日或者社会热点，发起线下活动，线上直播，让用户与品牌“玩”在一起。让企业和用户之间能够“面对面”地及时交流沟通。

知识拓展

网络直播的商业模式

在直播的演进中，形成各种形态下的盈利模式，综合来看目前主流的盈利模式还是广告和虚拟道具，虚拟道具可分为虚拟打赏和社交等级体系白名单特权等。随着直播移动化和泛场景化，越来越多的预期盈利模式可实现。直播未来还会在模式上和技术上同步创新，那么必将会带来更多的变现方式。

商业模式	说明	直播1.0	直播2.0	直播3.0	直播4.0
虚拟道具	道具打赏、社交等级体系	+++	+++	+++	+++
互动营销广告	品牌广告，类似在线视频	+	++	+++	+++
游戏联运	和游戏厂商合作，观看游戏直播时候可以进入联运游戏，更有可能做分发		++	++	+++
会员订阅	支付一定费用，享受去除广告会员等特权		+	++	++
电子商务	粉丝经济，推销商品	+	+	++	+++
购物	现场直播版淘宝			++	+++
前向收费	用户付费将发展到后向付费同等规模		+	++	+++
O2O	移动直播版美团 视频直播版OTA 教育医疗安防 ETC			++	+++
赛事竞猜	投注，竞猜		+		+
平台专用硬件（播/看）	直播摄像头/麦克风或更高阶VR设备			+	++

图9-2 网络直播商业模式

目前国内外传统的直播平台与主播的收入模式被称为“直播+娱乐”即打赏模式，收入方式有如下几种：一是礼物分成模式：主播与平台就粉丝赠送的虚拟礼物进行收入分成。二是广告：随着平台流量的攀升，平台上广告的投放成为收入的一部分。与此同时，主播也会收到广告投放的邀请，获取收入。三是与平台签约的主播，通过签约费来获取收入。

随着“直播+娱乐”的方式成功，“直播+营销”与“直播+电商”也提到了日程上来，包括开设自己的店铺，进行宣传推广；与其他电商合作，进行营销；随着各种赛事直播体育直播的兴起，门票模式也是收入的一种。

二、网络直播特点

网络直播和电视直播在大的范畴中是差不多的，但是在很多方面网络直播有着它自己的优势与特点。

1. 快捷性

随着网络的普及，更多的用户更愿意通过随身携带的设备获取信息，如：手机、PAD、笔记本电脑等易于携带的通信设备。在无线网络技术越来越发达的今天，这些便携式通信设备已达到了接收流媒体信息的要求。而一些需要进行直播的大事件总是转瞬即逝的，如果受众需要观看直播，身边却没有电视进行播放，就无法了解到事件发生的过程。事后想要进行重播的观看，也必须在指定的时间进行观看。网络直播就很好地解决了这个问题，在网络、硬件和软件条件的支持下，用户只需要在想观看直播的时候打开身边携带的便携式通信终端，通过网络连接，即刻就能观看到所需要的一切。

2. 互动性

多媒体网上直播不仅可以让用户从文字、图片、声音、视频中全面地了解事件发生的过程和最新的动态，让受众与事件发生现场更进一步，而且受众可以通过论坛或即时留言板发表自己的看法，与在线关注同一事件的用户一齐讨论。这样的受众与受众之间的交流，传统媒体很难做到。

3. 灵活性

传统的广播电视媒体播出时受到了线性传播的限制，如：一个节目播出完后，如果想重复观看，只能等待电视台的重新播出，受众没有自主选择的权利，这样让受众十分被动。而网络媒体解决了这样的矛盾，网络进行直播后，相关的视频资料依然可以贮存在网络平台上，受众如果错过了直播观看，依然可以在任何时间，通过网络平台对录制的视频进行点播，这样的观看更加灵活，更加贴近受众。

知识拓展

网络主播群体和观众群体

1．直播主播

顾名思义，网络主播就是互联网中的一档节目或活动，策划、编辑、录制、制作、观众互动等一系列工作大多由主播负责参与，并由主播本人担当主持工作。网络主播是一个综合能力很强的职业，一个优秀的网络主播一个人常常要面对线上数万人、几十万人甚至上百万人的观众，并且实时与线上观众交流互动。目前国内以直播形式居多，90%的网络主播都在各大直播平台网站拥有自己的直播间。观众可以在主播所在的直播平台网站，输入主播名称或频道号以及房间号等方式，查找进入其直播间，也可以登录秀主播网全国网络主播资料信息库对主播信息及直播间进行查询。录播形式，需要提前录制节目，然后将录制好的节目视频文件上传到视频网站，视频网站对其节目进行审核发布，观众可以进入视频网站，观看主播的节目。主播分别来自不同的各个领域和行业、不同的年龄阶层，其中以80后和90后为主力军，女性主播更是占了大部分。专业的主播团队则是看到了网络直播观众的群体结构大多数为90后的青年，便利用了这一时段青年对于异性的好奇与悸动，雇用大量年轻貌美的女主播进行直播，并且有专业团队进行管理和控制，使得部分网络直播逐渐变成了一种女性视觉消费，网络主播偏向于形象的生产、传播与消费，这导致了一个“以形象为基础的经济”的出现。网络主播的淘宝网络商店比一般的网络商店更加火爆，正是因为他们的网络贩卖基于网络直播形象。

2. 网络直播观众

直播观众和直播主播的年龄结构比例基本相同，以80后和90后为主，其中调查显示有较多的00后也开始逐渐加入这一群体。因这一群体的年龄构成比例，在网络直播中出现青年亚文化的现象。年轻人为了有别于主流文化而创造他们自己的文化，以“叛逆”色彩为主要色彩。“带节奏”则是一项最为鲜明的表现，即在网络直播平台上刻意发出一些极具争议性的话题，驱使观众为之热烈讨论、争辩，如“光年是光走一年的时间”等一系列“引战”的言论，使得网络直播平台的讨论偏离了其自身的正常性。但同时，也反映了大部分青年观众渴望打破网络直播传统规则的欲望和意愿。

三、网络直播发展历程

《2016—2020年中国网络直播行业深度调研及投资前景预测报告》中，将网络直播行业的演进过程划分为四个阶段，从1.0～4.0演进。[①]

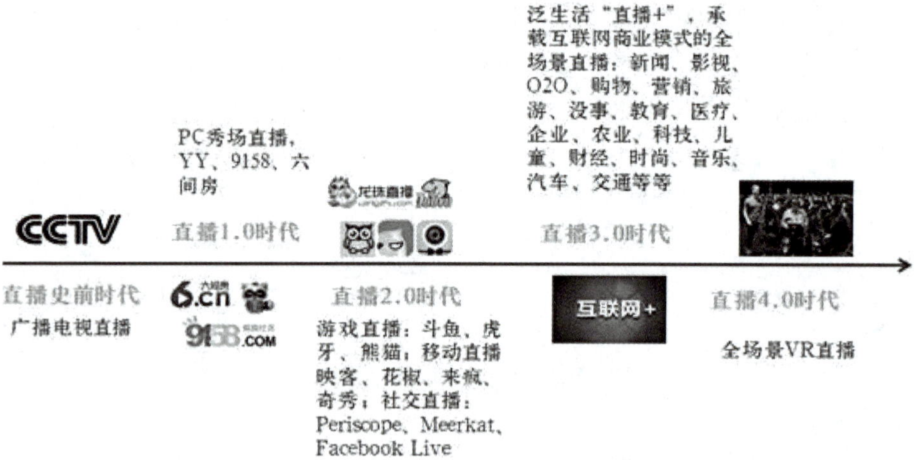

图9-3　网络直播行业的演进过程

1. 直播1.0——传统秀场/重度秀场

相对于移动直播（轻度秀场），传统PC端秀场可以称为重度秀场。

目前中国秀场娱乐理论上商业模式有虚拟物品付费、会员费、网络广告、票务及演出经纪及其他。重度秀场里面，用户消费主要用于社交关系消费（用户等级体系，白名单特权等）和道具打赏。

2. 直播2.0——游戏直播&移动直播

这个阶段以英雄联盟、dota等游戏为代表，形成了一种多人同时在线竞技/策略的游戏模式，于是产生了社交需求，学习、提升游戏水平/提高段位的需求，观赏、娱乐、游戏视频本身内容的可观赏性等因素催促了游戏直播平台的诞生。

① 中国产业信息网．2016年中国在线直播行业市场现状及发展前景预测．http://www.chyxx.com/industry/201606/424761.html.

3. 直播3.0——泛生活“直播+”

现阶段，直播向“直播+”演进，直播进入更多细分垂直行业。

社群经济：各行业可以与直播结合，用户进行互动，增加用户黏性。

移动直播：直播更加便捷，全场景直播。

商业模式：不只是虚拟道具，其他互联网商业模式均可嫁接。

4. 直播4.0——VR+直播：时空穿梭机，直播的终极状态

VR直播无可比拟的沉浸感使得观众瞬间穿越时空，进入他人的角色。虽然目前技术条件不够成熟，体验还不完美，但趋势已经明朗，这就是直播的终极状态。

四、网络直播营销形式

如果要给国内互联网行业进行一场梳理的话，网络直播必然是其中较为古老而又步履蹒跚的行业。作为很早就有的互联网形态，自从电脑大面积普及摄像头之后便悄然诞生。在聊天室后期出现的房主视频聊天模式，几乎可以看成秀场直播的雏形，而之后的“平民秀场”，正式让网络直播形成一个独立的产业。

从形式上，可将互联网上网络直播营销方式划分为以下几种形式。

1. 直播+网综直播+网综模式

主要是以互联网为基础进行节目的编排和设置，在网上进行直播的节目，如爱奇艺平台制作的《十三亿分贝》是其代表性节目。它是一档全民互动方言保护类音乐节目，以地方话为演唱形式，进行原创、改编、翻唱，魔性十足，极具网感。

2. 直播+电视

直播+电视模式是将直播平台与电视节目的制作相糅合，但与传统棚内不同的是把网友请到演播厅，进行网络直播，线上和在场观众联动共同完成节目的制作。如湖南卫视的《夏日甜心》就是该模式的代表。

3. 直播+IP

IP（intellectual property）即知识产权，“无IP不成电影”已是影视圈的风向标，各大电影公司纷纷加入这场争夺战，抢夺、囤积IP几乎一夜之间成了中国电影投资的重要生存法则。

4. 直播+点播

网络节目的直播往往有特定时间点和时长的限制，但是点播版的网络节目就克服了这种局限。点播版的网络节目不是简单直播版的剪辑，而是运用极具网感的视听语言剪辑出来的直播精简版。

5. 直播+VR直播

VR（虚拟现实）技术可能对很多人还是一个陌生的概念，但是基于VR衍生出来的数码产品已经是当前最火的智能设备。未来，或许会有越来越多的人熟悉并使用此类产品。在当下的互联网上网络直播中，VR技术也被应用到直播的内容和体验中，用户在观看直播的时候戴上VR眼镜，就能产生在节目现场的感觉，可以和主播进行语音转文字等的交流互动。如2016年播出的偶像养成节目《国民美少女》，在总决赛的时候优酷的VR直播团队就选用了直播+VR直播的模式，在线峰值一度达到403万人。

6. 直播+电商直播

直播+电商直播中蕴含着巨大的商机，在网络直播的网络营销中深入融合电商的内容，就形成了直播内容+互动+电商的模式，如《茜你一顿饭》在直播类型上就属于此类。这档节目形成了观众边看边买的模式，从而真正实现了从流量到现金的变现。

五、网络直播的市场现状

1. 市场规模

中投顾问在《2016—2020年中国网络直播行业深度调研及投资前景预测报告》中提到，近两年来，网络直播迅速发展成为一种新的互联网文化业态。

同步案例

十大直播平台

1．美拍

关键词：美颜、5.7亿、化妆品、电影节

提到美拍，最先想到的必然是各种磨皮修图的美颜功能。美拍在中国受到很多名人和关键意见领袖的钟爱。

2016年1月，美拍刚刚增加了直播功能。很快，诸如L'Oreal，Maybelline和SK-II等美妆品牌纷纷与美拍合作，截至2016年六月，美拍已经拥有了5.7亿直播观众。

图9-4 李冰冰和李宇春直播戛纳电影节之行

L'Oreal作为2016年戛纳电影节的主要赞助商之一，邀请了出席戛纳电影节的李冰冰和李宇春直播她们使用L'Oreal美妆产品化妆的过程，这种“即看即买”的形式十分有效，很快就卖出大量的产品。李宇春直播中用的那支口红，仅过了四小时，就在天猫L'Oreal旗舰店里售罄。

2．斗鱼TV

斗鱼TV的主播在海南希尔顿酒店直播。

关键词：游戏竞技、携程、1200万

斗鱼TV是中国第一代的直播平台之一。该平台于2013年建立，提供视频直播和游戏赛事直播服务。在腾讯收购斗鱼之后，直播的内容变得更加多样。如希尔顿酒店和度假村与携程合作在海南的一家希尔顿酒店里直播。

2016年斗鱼的活跃用户大约有1200万。

3．虎牙

图9-5　虎牙直播

关键词：2亿元、华为荣耀、168小时直播

虎牙于2011年成立，公司2016年第三季度的报表显示虎牙的收入已达2亿人民币。2016年9月，华为为了宣传其荣耀5A手机，在虎牙上做了长达168个小时的“广告”。长达7天6夜的直播充分证明了华为手机的超强电量，同时也吸引了1874万观众围观。

4．花椒

关键词：虚拟现实、名人、五百万

2015年成立，花椒与许多名人有密切的合作。科技是花椒的强项。花椒是最早运用虚拟现实技术的直播平台。花椒现在每日的活跃用户有五百万人。

5．映客

关键词：LV、天猫、1500万

映客直播于2015年成立，映客的创始人称映客是中国最早邀请名人直播的平台。2016年，时尚博主gogoboi用映客直播了LV的“Cruise 2016 Collection”。在映客的官方网站上，阿里巴巴天猫是映客的官方合作伙伴。2016年6月止，映客用户已经超过1.3亿，每日活跃用户达1500万。希尔顿酒店和度假村利用映客直播做市场营销。

6．淘宝和天猫的直播平台

关键词：促销、品牌专属直播、“即看即买”

阿里巴巴在2016年初创立了淘宝和天猫的直播平台。不像别的直播APP，电商的目的就是促销。淘宝的直播内容是产品信息、购物链接、优惠券以及推荐。天猫的直播以品牌为主。品牌不仅可以利用该平台直播，还能与天猫合作设计品牌专属的直播计划。

图9-6　淘宝店主张大奕直播营销

在两小时的直播活动中，淘宝店主张大奕获得两千万订单。

目前，阿里的“即看即买”商业模型在淘宝天猫两个平台上都初见成效。转化率（看到后下单）在天猫上达到10%~20%，在淘宝上超过30%。

7．一直播

图9-7　一直播上推出最新的经典款香水—— Chanel N°5

关键词：微博、产品首推、773万

一直播是微博直播活动的御用直播平台。一直播吸引了许多名人和品牌。Chanel就在一直播上首次揭晓了最新的经典款香水——Chanel N°5。

最新的数据显示，一直播每天的活跃用户已经达到773万。

8．腾讯TV

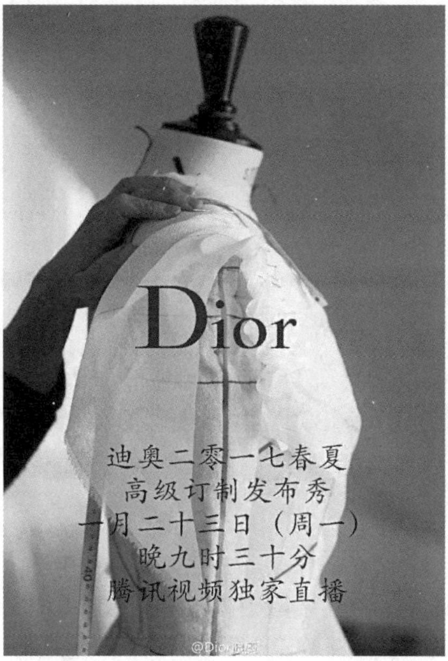

图9-8　Dior在腾讯TV上直播高定时装秀

关键词：腾讯、Dior

由腾讯推出的腾讯TV也参与到直播平台的混战中。2017年1月，Dior与腾讯TV独家合作直播了2017春夏高定时装秀。

9．熊猫TV

关键词：王思聪、万达、PC游戏

王思聪于2015年建立熊猫TV。尽管熊猫TV主要是直播PC游戏，但业内人士认为在未来熊猫TV有可能成为行业的领头人，因为其背后有万达的支持。据估计，熊猫TV大约有1500万的每日活跃用户。

10．西柚

关键词：两千家代购

西柚并不是专为品牌设计的直播，相反，这是一个奢侈品代购平台。境外代购用西柚直播他们的购物过程，向观众证明他们买的是真货。西柚最先在微信上建立，主要是海外代购们录下自己代购的过程以证明购买的是真货。西柚的每月周转率达25万元。从2015年推出APP后，有两千家代购入驻这个平台①。

据中国产业信息网发布的《2016-2022年中国网络直播市场现状调研分析及发展前景报告》显示，2005年至今，有2家直播平台（YY、9158）已经上市。此外，4家公司已被上市企业并购，部分上市公司也开通了自己的直播平台。创业公司数量呈上升趋势，据不完全统计，2015年，全国在线直播平台数量接近200家，其中网络直播的市场规模约为90亿，网络直播平台用户数量已经达到2亿，大型直播平台每日高峰时段同时在线人数接近400万，同时直播的房间数量超过3000个②。

2. 市场新态势

（1）明星+视频直播，放大叠加品牌价值及宣传效果。从2015年开始，视频直播软件已在大众的娱乐生活中悄然走红，网络主播们通过手机摄像头，即时与粉丝聊天互动，让网友见识到移动直播的魅力。到了2016年，越来越多的明星也开始参与到这场狂欢中来。2016年4月7日，女星刘涛入驻直播平台，为网友直播自己新剧《欢乐颂》发布会的现场实况。短短两个小时的直播，传播效果惊人：最高同时在线人数超过17万，总收看人数71万。而在《跑男》第四季的开播发布会上，跑男的7位成员也通过腾讯直播与网友互动。在Angelababy不惧形象，大秀活人“表情包”的10分钟内，在线观看人数超过了33万，全程总观看人数过百万。

在这些惊人的数字下，越来越多的营销方看到了直播平台与明星组合叠加的宣传效应。毫无疑问，直播是一个将明星IP品牌价值放大的平台，是继博客、微博、小咖秀之后兴起的又一绝佳的自媒体平台。明星+视频直播的方式，将会成为娱乐界的一大“吸粉利器”。

（2）PC端用户大量转向移动端。随着智能手机硬件的不断提升，手机、iPad等移动设备已经逐渐成为人们日常使用最为频繁的硬件，用户体验度也越来越好，使得网民活跃度有较为明显的提升，用户数量也在剧增，2016年大量的PC端用户基本已经完成向移动端转移。

（3）资本的迅猛注入。网络视频直播更是一改往日低调的态度，频繁曝光更是成为资本追逐的热点。2016年在线直播给了国内直播行业一个彩蛋，一方面是全球移动直播鼻祖Meerkat关闭直播业务，一方面国内的直播创业公司获得巨额融资。

在资本市场的支持下，网络视频直播市场也开始了烧钱大战，以达到快速占领市场的目的。其中对于内容上的投入更是各家投入的焦点，尤其是拥有粉丝量的优质主播，将是未来两年游戏直播行业争夺的重点。

---

① 资料来源：搜狐网. 十大直播平台如何成为营销主力. http://www.sohu.com/a/127274589_355144.

② 中国产业信息网. 2016年中国在线直播行业市场现状及发展前景预测. http://www.chyxx.com/industry/201606/424761.html.

六、网络直播营销策略

1. 直播营销整体策略

自2015年以来，随着各路资本涌入网络直播领域，智能手机与平板的快速发展，各大网络直播平台纷纷将业务重点转移至移动端。与此同时，电竞行业的迅速崛起使得游戏直播更是风起云涌，资金的不断涌入促成了网络直播的百花齐放。

网络直播最重要的便是用户，掌握用户的数据可以很好地分析其年龄段、偏好、消费喜好。根据数据显示，网络直播用户以年轻男性居多，学生等有闲群体是主力，游戏直播以90后男性学生为主（占比超过80%），年龄偏大的白领更喜欢电视、赛事直播（占比50%左右），而全民直播对女性更具有吸引力（占比近60%），30岁以下的工人、服务业人员更偏好秀场直播（占比近70%）。

根据数据分析用户群体特征后，接下来可以为此制定营销对策与计划，锁定营销目标客户。首先是做宣传，可以利用微信微博的宣传效应，做群站微博，如十个周边微博，引流到三个主流微博，三个主流微博转化到官方微博，那么用户经过三道关口刷出来的一定是有消费有转化的微博准用户群。

2. 明星和全民直播营销策略

此类直播多以宅男为对象，因此优质女主播便是重要因素，在引进和培养优质女主播方面需着重加强。在如今“娱乐至死”的大环境下，相比正常新闻的传播速度而言，八卦消息和绯闻的传播速度惊人。可以利用群众的八卦心理宣传女主播，发软文或者与娱乐明星相关的绯闻增加女主播的知名度，并且紧跟时下关键词，进而进行女主播的宣传与营销。

且此类直播用户偏爱网络社交、在线交易，所以可以在社交功能及增值服务方面开发，如建立微信QQ微博群保持其线下热度。

同步案例

“巴黎欧莱雅的5月戛纳电影节明星直播”

巴黎欧莱雅是这次戛纳电影节的主赞助商。在这次名为“零时差追戛纳”的直播中，它请了四位代言人：巩俐、李宇春、李冰冰、井柏然，进行从接机到入住酒店等全方位的场景直播。这场直播没有什么话术策划，就是小编和明星的日常轻松对话；也没有专业的灯光布景、摄影师跟拍，就是仅通过手机完成。直播时，明星们不断重复提及欧莱雅的产品，主持人也顺势呼吁粉丝在天猫搜索“我爱欧莱雅”即可购买明星同款产品，配合官网促销。

正因为有各路大牌明星参与，这种植入直播中的“强攻直销模式”，看起来不那么生硬。据官方反馈，销售转化不错。特别是被称为“李宇春同款”的701冰晶粉色唇膏，在直播后仅一天时间里，就出现脱销①。

3. 游戏和赛事直播营销策略

游戏直播主要的用户为学生，而学生大多关注其娱乐性，因此在游戏直播中应多增设其娱乐性来吸引与保持用户。

① 汉丰网. http://www.kaixian.tv/gd/2016/0712/203998.html.

对于赛事直播，更多的应关注其质量，增加其清晰度与流畅度。充分利用直播平台用户在新媒体中参与积极的特征，进行舆论和信息的引导。

七、直播平台发展趋势

中国的直播平台主要包括秀场直播、游戏直播和泛娱乐直播三个大类，均有代表性的PC端和移动端应用。秀场直播平台的竞争格局已相对稳定，YY直播、9158和六间房是三巨头，直播平台逐渐转向精细化运营，主要运营模式为签约主播、会员制和虚拟物品打赏，盈利模式相对成熟。游戏直播平台体现出用户基础广、市场空间大和转化能力强等特点，斗鱼、虎牙、战旗TV、龙珠、熊猫TV等平台风起云涌。泛娱乐类直播以移动直播应用的表现更为抢眼，映客、花椒、易直播、小咖秀、秀色、秒拍等各具特色。

1. 移动直播崛起

不同于PC端的巨头领跑，不论是综合平台还是细分市场，移动端的直播应用一片百花齐放。映客、花椒、易直播等直播平台各具特色，尚未形成直播巨头。由于移动终端全面普及，其便携化的特性及网络环境的持续优化，使移动直播可以随时随地观看。研究发现，移动场景下全民直播逐渐覆盖到美食、旅游、健身等日常生活各方面。游戏之外，垂直直播在音乐、体育、IT、综艺节目等领域也逐渐崛起。

业界普遍认为，2016年是移动直播创业公司资源投入和市场培育的关键时期，随着融资能力和运营能力的增强，移动直播迎来爆发，逐渐成为网络社交和粉丝经济的超级入口，也将由此产生行业级别领头羊。

2. 行业监管趋紧

据报道，猎云网创始人靳磊日前曾揭露了直播平台刷单的内幕，他说，网红经纪公司大批量向直播平台充值，获得5折优惠，比如花2000万充值4000万，然后把4000万虚拟货币都花在旗下网红账号。4000万的收入同直播平台55分成，自己又获利2000万。通过这种方法，经纪公司捧红了网红，直播平台也获得了大量流水。通过淘宝搜索“直播人气”关键字，便可发现为各类直播平台提供刷粉丝、评论、人气等服务的产品。除刷单外，在线视频内容的涉黄、游戏代打等现象也频频被诟病。

行业的监管和自律已成为直播应用必须直面的现实。正如易凯资本此前所预测的，直播平台将会迎来前所未有的监管。只有政治上成熟、风格上稳健、流程上严格、善于协助甚至推动监管的玩家才有机会被允许做大。

3. 内容与平台协作

在线直播从产业链的角度而言，与游戏、在线视频市场具有明显的相似性。基础软硬件、网络接入、支付厂商等为其提供基础设施支撑，内容、平台及最终用户则构成主要的产业环节。平台需要优质的内容以持续吸引用户，内容需要依赖于平台的用户流量和基础能力以实现商业变现，借助平台不断提升自身知名度。平台与内容紧密协作，才是发展的王道。

任务二　音频营销

音频平台相比过度开发的开屏（视觉）广告，音频的闭屏特点更有效地让品牌信息触达用户。相比视频、文字等其他媒体，音频具有独特的伴随属性，不需要占用双眼，因此能在各类生活场景中发挥最大效用。音频平台营销方式包括音频内容中植入广告、搭建音频自媒体、策划定制专题节目。

在线音频是指除完整的音乐歌曲或专辑外，通过网络流媒体播放、下载等方式收听的音频内容，主要包括播客节目、有声书以及网络电台三个主要的实现形式。内容上涵盖了新闻播报、脱口秀、评论访谈、相声评书、广播剧、教育培训等多个类型。

一、音频平台特点

1. 闭屏

闭屏是音频媒体的特点，恰恰是这个特点让音频营销的价值更高。从前走街串巷的小贩儿靠吆喝，不论你在干什么，一个声音就把你吸引了，那是因为相比眼前充斥的各类信息，你的耳朵并没有那么“忙”，因此占领耳朵是很有效的营销方法，音频会成为企业在移动互联时代进行整合营销的重要部分。相比过度开发的开屏（视觉）广告，音频的闭屏特点，更有效地让品牌信息触达用户，这是音频营销的关键点。

2. 伴随式

音频另外一个特点就是伴随式，相比视频、文字等其他媒体，音频具有独特的伴随属性，不需要占用双眼，因此能在各类生活场景中发挥最大效用。此外，随着手机、汽车、智能家居等各类硬件产品的植入喜马拉雅FM等的音频内容，在移动互联环境下，“听”可以发生在从早到晚所有双眼被占用的场景中，换句话说，在跑步、做饭、开车、睡前等碎片化时间，当用户的双眼被占用的时候，音频会成为一个最方便的获取信息的载体。

二、音频平台的营销价值

1. 广告更精准

音频内容的收听设备可以来自手机、智能音箱等可携带设备、车载终端等。在SOCIAL ONE的喜马拉雅渠道研究报告的数据发现，大部分的用户会在上下班移动的路上、在休息时如午休、睡前床上收听音频内容，而在这样的场景下，用户更能集中注意力接受音频内容①。

2. 用户多元化

音频媒体平台的受众人群非常多元化，而针对不同的年龄人群，用户的收听内容的需求也非常多元，如脱口秀、情感、汽车、财经、英语等。因此，针对用户多元化的需求，平台也可实现更垂直与精准的人群划分与媒介投放。如车主的消费群体是目前比较受广告主欢迎的用户人群。私家车车主向来是具备强消费力的群体，且对汽车厂商的品牌主来说，这更是直接到达目标消费者的优质途径。

① 资料来源：智库网. 喜马拉雅的营销价值. https://socialone.com.cn/audio-mkt-insghts-2015/.

3. 常开模式下的互动

除了精准的广告到达之外，使用常开模式的营销，将平台上的用户转化为自己的品牌粉丝也是音频电台的营销价值之一。品牌可以通过打造自己的品牌电台，或与已经聚集大量听众的知名主播合作，与用户进行长期的沟通。在音频平台上，用户的评论互动如关注、评论、点赞、转采等也非常方便；再加上在平台外的分享，这对品牌在垂直社区与其他社交媒体交互方面都有较大帮助。

同步案例

喜马拉雅FM平台

2012年8月，陈小雨和余建军创立喜马拉雅电台，截至2015年8月，喜马拉雅FM已拥有1.8亿用户，6万位认证主播，1500万条声音，每月在线活跃人数4500万，成为国内最大的音频分享平台。三年时间，喜马拉雅FM完成两轮融资，A轮融资1150万美元，B轮融资5000万美元，预估市值超过30亿元人民币。

在喜马拉雅网，你可以上传声音作品，创建一个专属于自己的个人电台，持续发展积累粉丝并始终和他们连在一起。喜马拉雅APP有新闻、音乐、综艺娱乐、历史人文、外语、情感生活、有声书、商业财经、校园、儿童、健康养生、相声评书、情感生活、培训讲座、百家讲坛、广播剧、电台、戏曲、IT科技、旅游、电影、汽车、游戏和其他等栏目。

名字来源：世界上最长的河是亚马逊河，后来亚马逊成了世界上最大的电商，世界上最大的宝藏发现者是阿里巴巴，后来阿里巴巴成了中国最大的电商，那世界上最高的山脉喜马拉雅将成为什么？这个疑问就是喜马拉雅电台产生的摇篮。喜马拉雅象征了高度和纯净，和天籁之音带给我们的感受如出一辙。之所以取名“喜马拉雅”，就是把目标设定为：做一个“高质量声音”“好声音”的聚集地。

特色：喜马拉雅创新设计的“关注流推送”方式，能自动推送你关注的个人电台的声音更新，让你像刷微博一样，能及时听到你关注的内容。由于每个人关注的个人电台不同，每个用户的个人中心收到的关注流页都不同，相当于用户自己定制了专属的个性化电台。同时，喜马拉雅还有录音功能和上传功能，让用户能随时上传分享自己或自己喜欢的声音到平台，将更多的“好声音”分享给更多人。

据资料统计，迄今为止喜马拉雅FM最受欢迎的内容有三大类，分别是有声读物、段子及儿童故事。其中，受欢迎的有声读物以偏科幻、历史、人文、人物传记、社科为主。目前喜马拉雅FM已经与国内9家一线图书公司签订了独家内容合作协议，拥有70%的有声书改编权，与70%~80%的知名自媒体人或公司签署独家排他协议，例如郭德纲、罗辑思维这些自媒体生产的音频内容，就只能在他们一家平台上收听，不过他们没有透露具体的投资金额。另外，他们还挖掘平台上那些有潜力的草根主播，与他们签约，培育包装他们，这样做出来的内容，公司拥有全部的版权。另外，近期喜马拉雅FM还与阅文集团宣布进行合作，阅文集团由原腾讯文学和盛大文学整合而成，拥有中文数字阅读最强大的原创品牌矩阵。至此，他们又将借助阅文集团的版权资源，获得网络文学有声改编内容，迅速扩充版权库。

目前，喜马拉雅FM的盈利模式分为三大块：广告盈利、粉丝经济以及智能硬件销售。其中，广告盈利分为“位置广告”“音频广告”“品牌电台”三类；用户埋单，即粉丝买单，分为

“粉丝打赏”“付费收听”两类；而智能硬件则针对车主、儿童等目标人群，推出“随车听”“舒克智能童话故事机”“听书宝”等产品。

鉴于互联网的发展大势所趋，喜马拉雅FM目前已与全国32个省份的省市级广播电台达成合作，未来有望继续开辟国际市场，引领行业完成新兴媒体与传统媒体的融合。作为音频行业的独角兽企业，喜马拉雅FM未来将尝试创新各种音频新玩法。

与其他的新媒体营销方式相比，音频营销的优势在于声音能够清晰呈现品牌形象，使品牌更加拟人化与个性化，从而促进用户对品牌的记忆和理解，并提升品牌忠诚用户的认同感。除此之外，各音频平台还充分利用平台主播的个性特征和人气，与广告主、明星嘉宾合作开展丰富多彩的广告营销活动，充分体现了音频私密化、情感化及个性化的媒介优势特征。而各音频平台纷纷在国内的广告营销大赛上崭露头角，也充分体现了业界对在线音频广告营销价值的肯定和认可。

三、音频平台的营销方式

1. 内容植入式

内容植入是各种媒体做营销都在尝试的方式，但在音频中略有不同。用户在大学时听着收音机入睡，在开车时听着收音机，在旅行时听着音频应用，主播带入性的植入品牌，效果比平面媒体、网络广告要好很多，原因是在于主播的意见领袖特征，声音的亲和度，粉丝的忠诚度，这三个要素让音频植入更有特色。

同步案例

必胜客“请吃饭”42位主播植入活动

这个软性玩法让人眼前一亮，即品牌方联合喜马拉雅FM发起答谢粉丝活动，同时调动起主播和粉丝两边的积极性。最终喜马拉雅FM平台上排名前50位的主播中有42位主播参与，并在节目中口播植入，引发主播大咖和粉丝们自愿地转发分享，短时间快速引爆，产生数千万次品牌直达的传播效果。

1.“事件+时间+产品”=创意营销

2015年底喜马拉雅FM“2015你最喜爱的主播评选”活动刚落下帷幕，同时年底本身也是主播举办感恩活动的密集时刻，必胜客十分聪明地以此为切入点，利用平台上主播有意感谢粉丝支持的角度，发起《感谢有你，必胜客请粉丝吃大餐》活动，赞助喜马拉雅FM平台前50名主播的大餐宴请。

2. 主播参与+粉丝互动=效果营销

由于参与答谢活动的42位主播人气超高，其节目如《糗事播报》大多自带百万级流量，并在长期创作过程中建立了信任度，所以当他们在当期节目中露出“请吃必胜客”以及必胜客新菜品信息时，反而大受粉丝欢迎，轻松完成答谢任务。对于本次尝到甜头的广告主必胜客来说，它只花了极少的费用，就撬动了整个平台上42个主播的数十档人气节目，同时引爆数千万人次的集中传播。无论是必胜客品牌宣传还是新菜品曝光，都在此次答谢活动中收到了以一当百的效果。

2. 品牌入驻式

品牌直接进入音频平台，建立自己的音频自媒体，这是一种很不错的营销方式，同时也拓宽了企业营销的通路，尤其像喜马拉雅FM这样的平台，其用户具有极高的黏性，品牌不仅仅是进入微博开个官微，进入微信做个公众号，在音频平台也可以开通账号，做一个有特色的电台。

企业建立自己的音频电台，要符合自身特色。一般有几种类型：知识攻略型、达人互动型、幽默搞笑型、活动传播型、美文疗伤型等。以上几种都是常见的音频内容形态，企业做电台自媒体，找准定位。

3. 主播互动式

主播互动式是粉丝参与感最强的一种音频营销形式。这种形式中，主播与粉丝们一起参与到线上线下的各种活动中，比如旅行、美食、游戏观影、展览等，通过主播与粉丝间的零距离互动，有效地进行品牌价值输出。

同步案例

主播粉丝一起玩游戏竟玩出最大工会

国内游戏厂商悦世界冠名喜马拉雅FM数档知名娱乐节目，首先在节目中植入悦世界旗下游戏《神域之光》的相关内容，随后掉掉、佳期、NJ早安酱等几位节目主播亲身参与游戏，并公布自己的角色名及所在区号，以此吸引粉丝关注并参与进来一起游戏。这成为游戏类客户尝试音频营销的一次成功范例。就拿掉的《非常不着调》栏目来说，活动单期节目播放量高达205709次，点赞4410次，评论750条，吸引了大批粉丝参与到游戏中，转化率极高。后续由主播发起成立游戏工会，粉丝们纷纷加入其中，最终竟形成了该游戏在当时人数最多的游戏工会，活动效果由此可见一斑①。

从“内容植入式、品牌入驻式、主播互动式”这三个核心的音频营销方式上，可以延展出非常多的创意内容。另外像喜马拉雅FM这样的移动互联网公司，在音频上已经不是简单的内容生成平台，它们一方面通过大数据分析、人群画像等，根据用户的个人偏好、收听习惯进行相对精准的内容推送；另一方面，内容分发不只是发生在智能手机上，而是在包括汽车、卧室、厨房、卫生间等场景中的各种智能硬件中，触达用户在24小时中的各种应用场景。

基于用户数据进行精准推送以及智能终端的整合，使得音频场景化更加丰满。音频切中人的听觉，从闭屏、伴随式的特点上会让很多企业有开个电台的冲动，用好现在的音频红利，看那些明星、大V、大咖们都纷纷开了电台，还有很多草根达人也成为音频大咖，通过这些火爆的音频节目进行植入，可以快速地获取粉丝、提升销售转化。

四、音频平台的盈利模式

1. 广告投放

除了在音频平台的开屏页面及横幅投放广告外，在热门主播音频内容中添加广告，播主

① 资料来源：搜狐财经. http://business.sohu.com/20160414/n444148376.shtml.

配以风趣的语音语调、幽默的段子文案也比较常见。这种形式所得的广告收益为主播与平台之间进行分配。另外，企业还可以在音频平台自建电台，专门通过音频电台与消费者进行沟通。

2. 付费会员

会员模式作为每个经商者必不可少的盈利途径，平台的付费会员可以享受更好的服务，更多的权限，因此会员付费也是大多数音频平台的另一个收入来源。

3. 与内容提供者（主播、合作机构）进行分成

企业冠名主播主持的节目时，平台扣除销售成本后与主播按一定比例分配利益。如有声出版是喜马拉雅FM着重发力的领域，通过与市面上多家一线图书公司签了战略合作，拥有市面上有声书的改编权。

4. 粉丝经济

平台通过付费听和打赏的形式是粉丝经济的主要形式。付费听是先让用户免费收听一定量的内容，吸引住用户之后，再让他们付费收听后续内容，一般这都是针对用户黏性极大、内容非常优质的音频，所得收益也均由版权方和主播进行分配。另外，粉丝还会给自己喜欢的主播进行“打赏”以示对主播的支持，金额由少到多不等，用户自行决定。每个人喜爱的偶像千差万别，因此粉丝经济这一盈利方式有很好的发展。

5. 其他硬件产品开发

音频平台还可以在智能硬件销售领域开发新的硬件产品。如喜马拉雅推出针对车主的点火即播的“随车听”、针对儿童的内容丰富的智能故事机、针对上班族和学生的无须用眼即可一键收听的“听书宝”。这些产品满足不同用户的需求，不用操作手机即可利用碎片化时间学习。

同步案例

喜马拉雅FM与童话大王郑渊洁推出舒克智能童话故事机

2015年7月22日，国内最大音频分享平台喜马拉雅FM首次参加第15届CBME中国孕婴童展，携旗下硬件新品舒克智能童话故事机亮相。

作为喜马拉雅FM“新声活”理念下的全新硬件产品，舒克智能童话故事机依托喜马拉雅FM强大的音频生态，为0~6岁学前儿童提供随时随地收听海量精品故事内容的完美解决方案。舒克智能童话故事机是全国第一款收录郑渊洁30年有声童话的故事机，定制了郑渊洁写给儿子的家庭教材，包括安全、法制、品德、好习惯养成等独家内容。

同时，舒克智能童话故事机采用手机操控，实现7×24小时实时更新，每天更新2000条声音，由1000多个儿童机构、1.5万认证儿童主播共同参与。除了郑渊洁外，凯叔、多纳等独家授权内容也正在逐步接入平台。

此外，舒克智能童话故事机集语音智能搜索、定制一键播放、儿童锁、录音、蓝牙传输等功能于一身，采用高环保材质，使用方便、舒适的同时，又能保障宝宝的身心安全①。

① 资料来源：21CN科技网. 喜马拉雅FM携手郑渊洁推舒克智能童话故事机瞄准千亿市场. http://it.21cn.com/prnews/a/2015/0723/12/29835835.shtml.

任务三 视频营销

视频营销是指主要基于视频网站为核心的网络平台，以内容为核心、创意为导向，利用精心策划的视频内容实现产品营销与品牌传播的目的；是“视频”和“互联网”的结合。视频营销既具有电视短片的优点如感染力强、形式内容多样、创意新颖等，又有互联网营销的优势如互动性、主动传播性、传播速度快、成本低廉等。

视频形式包括影视广告、网络视频、宣传片、微电影等多种方式，并把产品或品牌信息植入到视频中，产生一种视觉冲击力和表现张力，通过网民的力量实现自传播，达到营销产品或品牌的目的。正因为网络视频营销具有互动性、主动传播性、传播速度快、成本低廉等，所以网络视频营销，实质上是将电视广告与互联网营销两者“宠爱”集于一身。

一、网络视频形式

按照视频生产制作和播放平台的不同，可以分为原创视频发布、新媒体垂直短视频及平台级短视频三种类型。

1. 原创视频发布

网络原创视频是在不涉及版权问题的前提下，由网友原创完成并在网络空间发布和传播的视频内容，形态涵盖小电影、DV短片、音乐电视、广告片、动画等，形式短小精练，内容上以娱乐化和自我表现为主。由于网民原创视频普遍质量低下，版权监管难度较大，于是专业制作内容（PGC）模式受到关注。

原创视频可以说是分享视频的一部分，其营销方法包括自制剧营销、活动营销及微电影营销。微电影的优势在于通过故事化、情节化的内容，展示品牌内涵，突破了5秒、10秒、15秒甚至是30秒常规电视广告的限制，从而实现与消费者多层面、深层次的沟通。

知识拓展

PGC与UGC

PGC（Professionally Generated Content），指专业生产内容（视频网站）、专家生产内容（微博）。也称为PPC（Professionally-produced Content），用来泛指内容个性化、视角多元化、传播民主化、社会关系虚拟化。

UGC（User Generated Content），指用户原创内容，UGC的概念最早起源于互联网领域，即用户将自己原创的内容通过互联网平台进行展示或者提供给其他用户。

网络原创视频中有很多网红短视频成为热点。目前在新媒体上有标签且有众多粉丝的意见领袖都可以称为网红，而且用视频的表达方式，主要通过微信公众号以及视频网站平台分发内容，获取用户。代表是papi酱、吴晓波频道。

网红短视频的特点是个人标签明显，不同网红影响的人群不同。如吴晓波的视频适合高端手表、汽车广告，而papi酱首次拍卖的广告是化妆品。

2. 新媒体垂直短视频

在短视频时代，更多的内容会通过视频方式表达，与原来电视时代不同，起步更容易，比如专注短视频的“一条”已经做了很多行业的短视频，还有专注美食领域的“日食记”，“视频内容+微信公众号+视频网站”直接锁定了一群志趣相投的人群，比如他们喜欢美食、喜欢旅行等，代表为一条、日食记、二更等。垂直短视频的特点是聚焦行业、专业化视频团队运作、新媒体与视频网站组合推广、聚焦行业用户。

3. 平台级短视频

短视频在平台级玩法上资源更加强大，且制作水平与传播效率都大大提升，而且也不是单一一个节目引爆。如腾讯视频会围绕奥运会制作系列短视频，围绕新闻内容推出短视频，作为图文阅读的升级，转化效果更强。

各家视频平台都很重视内容，尤其专业（专家）生产内容即PGC内容生态，如腾讯以新闻原生出的各种短视频就伴随着大家早安阅读，还有顶级IP的绑定；原创内容开放平台，把网红视频、垂直短视频汇集。

腾讯短视频覆盖了QQ、微信、腾讯新闻、天天快报、腾讯视频五大产品，流量配内容，才能让短视频爆红。另外，平台做短视频会利用大数据做兴趣匹配，从短视频内容推送到广告投放，兴趣阅读的价值是巨大的。

目前短视频正在爆发期，很多内容创业者涌入，更多更好的精品内容产生，也有更多像MCN模式的Maker Studios，以及像腾讯一样的短视频平台成为内容创业者的合作渠道，不过并不是所有的企业都会生产内容。

二、网络视频商业模式

1. 原生广告为主的内容营销

目前，短视频行业主要的商业模式是以原生广告为主的内容营销，其营销价值及特点主要有：软性植入；灵活性高；互动性高；更为多元的营销服务。

2. 拓展其他领域收入

目前短视频行业盈利模式主要是广告收入，同时，类似直播，目前秒拍、美拍等都开始尝试通过打赏、赠送礼物获得收益。社交电商、网红经济等更多盈利模式有待进一步开发。

短视频区别于单纯的声音或图片分享，具有“生动”“直观”“有趣”的差异化竞争优势，未来将有更多产品、品牌以及公司尝试开发短视频的更多体验价值，更全面地进行信息传播，从而激活顾客购买动机、增加附加价值等。

3. 短视频成为网红产业中的重要传播媒介

公开传播是网红变现的最重要前提。整体来看，短视频在网红产业链中，主要是作为传播平台。网红通过微博、秒拍、美拍、映客等为代表的传播平台触及更大规模用户，在视频、社交平台上积累粉丝，进而实现自身品牌与IP的增值。同时，视频、社交平台也会制定一些支持网红发展的策略，如一下科技（旗下产品有秒拍、小咖秀、一直播等），设置专项资金，专门鼓励网红发展等。

同步案例

短视频工具简介

1．秒拍

由一下（北京）科技有限公司推出的视频拍摄及美化产品。秒拍是时下最火的短视频社区，在秒拍上可以看到明星大咖的日常生活、网红达人的时尚创意和UGC用户的卖萌搞笑。功能方面：内置多款拍摄特效滤镜、智能变声以及个性化水印功能，确保用户可以随时随地拍摄出自己喜欢的视频效果。目前，秒拍日均上传视频150万，播放17亿次，人均日均使用时长20分钟+（包括微博部分播放）。

2．美拍

美拍于2014年5月首发，主打“高颜值手机直播+超火爆原创视频”，全球首创的一键式MV特效，呈现出不同的“大片”效果。目前已成为国内较火的短视频平台之一。

三、网络视频营销策略

1．借势短视频：广告投放

优秀的短视频广告，比如贴片、富媒体以及相关推荐等，找到人群、视频调性符合的内容进行投放。

知识拓展

短视频营销广告黄金7秒印象理论

在广告中有一个“7秒”印象理论：一个广告片的头7秒就是是否能吸引消费者的关键。这个理论让不少广告商开始追求内容精简化，营销高效化。

广告片→微电影→短视频=黄金7秒的回归

广告片时长的变迁都是随内容而动，为了丰富内容，我们拍摄了微电影，为了提炼内容，我们进军了短视频，从始至终，变的是表现形式，不变的是传播本质。无论是消费者时间碎片化还是4G时代网速的提升，都是推进短视频营销的外因，实质是对广告界“黄金7秒”的回归。

普通TVC因为在电视平台和其他品牌“抱团”轮番滚播，让消费者戏称看的是在广告中插播电视剧或电视节目，传统传播渠道的弊端使微电影营销崛起网络，相对于正常电影的长度确实称得上“迷你”，但后来的泛滥成灾还是呈现了被玩儿坏的结果，让人们反思时间与内容质量若未成正比增加，那微电影也不过是短版肥皂剧，更何况是以大电影的规格拍微电影，厚肥施坏了沃土。

而如今对消费者而言仍属新鲜期的短视频也再次吸引了品牌们的注意，想玩儿短视频营销，对擅长在社交媒体上打转儿的品牌而言不过是转换战场，而对于在微电影上失利的品牌而言，是一次重新开始的机会。

创意“小而美”，不要“句号”“省略号”

短视频的特征就是秒数的个位化，这也为创意增加了难度，同时也强迫对内容提炼，大刀阔斧砍掉多余没营养的内容。而利用短视频做品牌营销，目的不能仅仅是宣传，而是要抱着社交化思维，引起波澜是关键。消费者看完一个短视频，给出的反应是“。”或“……”，直接出赛果“失败”。短视频营销实则还是内容营销，仍然离不开社交属性，在社交平台的一段故事大赛，品牌需要看到消费者的“问号”和“惊叹号”，引起讨论才能引发传播，继而扩大影响力。

品牌“拟人化”转型：摘掉大V，混潮人

短视频的UGC属性让大众再次关注起了“草根”，微博让明星光环背后的神秘感走到了台前，光芒陨落，大众注意力再次被创意本质所吸引，所以到了短视频战场，品牌的“大V”头衔不再具备优势，反而敢秀的草根更易受到青睐，所以品牌想发挥营销效力，请融入人群然后再脱颖而出。

品牌爱讲故事，但却忘了为什么要讲故事，是为了让冷冰冰的牌子富有情绪，与消费者进行“人性化”交流，比起微博的文字配套攻略，在短视频更加视觉化的平台能更好地实现品牌多维展示。与此同时，短视频作为具有强娱乐属性的UGC平台，其上的相关原创内容，品牌若能善加挖掘，便能轻而易举地借力传播。

简而言之，放下架子，做个活跃的UGC潮人，原创分享两不误，拟人化转型，晋级社交高手。

短视频预示着“播客”的回归，“黄金7秒”的重回，UGC新平台，这里是沃土，但也怕厚肥，植入容易，扎根难，品牌用“盆景”的心态又怎么与“草根”做得了左邻右舍，短视频营销“微而美”，犹如少食多餐，健康内在，优美外在。

2. 创造短视频：内容植入

内容植入是视频类产品比较常规的玩法，但也是比较难操作的，太硬的植入用户反感，如何恰到好处，又与场景贴合，考验内容制作能力。

同步案例

绿箭植入2016年春节期间腾讯《Hi春运》

《Hi春运》是一档由腾讯新闻出品的明星户外纪实真人秀节目，带你体验另类回家之旅。被誉为人类大迁徙的年度中国话题春运，总是和“抢票难”“没座位”“饿肚子”“拥挤却孤独”挂钩。身为美国人同时又在中国生活多年的麦克隋，今年将体验一把春运，利用他的身份优势，才艺特长，语言天赋，搞怪个性，以及神秘的搭讪神器，完成各种不可能的任务。艰辛、惊喜、爆笑、感动，和中国人一起体验一次浩荡的旅程，结交不同新朋友，发现更多平凡人的故事以及真实的中国春运。①

四、网络视频行业发展趋势

1. 视频内容原创化

丰富、优质的内容尤其是原创视频内容是短视频平台/节目吸引用户的根本动力。从目前

① 腾讯网. http://news.qq.com/zt2016/hcy/index.htm.

这些已经获得千万粉丝的短视频项目来看，优质的内容是它们能够获得关注的基本根源。但短视频内容并不仅仅是搞笑就可以，还需要强大的创意策划和制作能力的驱动：例如papi酱的内容混杂了社会热点、社会长久的顽疾，能引发情感共鸣，纯粹靠搞笑脱颖而出的内容并不多。

未来几年，内容的核心竞争力将在短视频行业凸显，做出与其他平台的差异化，并且让优质内容脱颖而出，才能真正打动用户和市场。

2. 视频病毒化

病毒视频是指一段视频剪辑通过网络共享，像病毒一样传播和扩散，被迅速复制，迅速向数以万计、百万计的受众进行传播，其目的是通过“小创意”实现“大传播”。一般情况下，病毒视频以视频分享网站为病毒源，利用电子邮件、即时通信、论坛博客等方式转载并流行起来。由于拥有传播速度快、传播范围广、传播成本低廉、不容易引起用户抵触等特点，备受广告主和广告运营商的青睐。

同步案例

益达《酸甜苦辣》系列微电影

益达《酸甜苦辣》系列包含三部曲，其中《酸甜苦辣Ⅰ》和《酸甜苦辣Ⅱ》讲述了由桂纶镁和彭于晏饰演的敦煌沙漠加油站女工和机车骑士之间的爱情故事。这个爱情故事历时3年，从2010年的沙漠加油站邂逅，到2011年的两人相伴浪迹天涯，再到2012年的三角恋，历经了感情旅途的酸甜苦辣，有情人终成眷属。该系列微电影在网络上引起极大反响，网络“小伙伴们”不仅热心转发，而且乐此不疲地讨论彭于晏和桂纶镁两位主角的爱情、缘分、别离和未来。《酸甜苦辣Ⅰ》和《酸甜苦辣Ⅱ》系列微电影也因此斩获了亚洲实效营销金奖、艾菲实效营销金奖和微电影金瞳奖等大奖①。

具体而言，就是企业对于重点推出的视频内容，可以通过网站和各级频道的首页或重要页面、重要位置进行的推广，这种广泛告知的方式会吸引众多的网民进入视频页面点击浏览。当用户在微博平台评价某一微视频的时候，同时也传播了微视频的内容，让其他网友“所见即所得”。这种“口碑+内容”的传播组合形式，很容易诱发其他网友的主动观看：点击一下可以了解大致内容，有兴趣可以接着看，当前页面不理想可以直接链接到视频网站上，多层次的选择为网友提供了良好的体验。网友在浏览之余发表的评论能够在瞬间传播出去，即使是一两个字的评价也能引起粉丝的关注，围绕该视频将会迅速形成有效的传播链条：浏览—评论—转发—更多浏览。一个视频很快会成为聚众的核心，有质量的视频甚至可以引爆为社会话题。

营销视角

京东与YY“3·14”合作

“我爱你”or“快递到了”，哪个更能打动你？2017年3月8日，YY直播通过官方微博发起“我爱你”和“快递到了”哪个更让你钟情的投票，最终，73.5%的网友选择了“快递到了”。可见，

① 163微课堂网. http://www.163wkt.com/article/c723715.html.

对于现今的女性而言，与其“说爱我”，不如“快递到了”让她们更加期待。

于是，3月14日白色情人节，电商老大京东，和另一个做老大很久的YY直播以“说爱我不如快递到了”在直播电商领域试水了第一次合作，3月14日下午无论是爱在京东血拼的网友还是YY的粉丝，都兴致勃勃地体验了一次前所未有的跨平台直播+电商的破冰之旅。

两位美女主播搭配两位京东快递小哥，穿梭北京胡同送大礼。四个人各分为两队，每队各配置一名京东快递员和一位YY女主播，进行送快递的比赛。“主播+快递员”“小哥哥+小姐姐”的组合搭配不仅让人眼前一亮，更是让当天观看直播网友期待他们到底会摩擦出怎么样的火花。

图9-9　京东合作YY“白色情人节”

两位美女主播搭配两位京东快递小哥，穿梭北京胡同送大礼？可能之前5分钟你还在抱怨为了取趟快递又要换鞋换衣服，下一刻，你的光辉形象就已经跟美女主播同框，然后就是一脸懵懂地被成千上万YY直播用户围观。

图9-10　京东借助YY直播送快递

此次合作中，京东和YY将共同负责节目的创意、制作和商业化。从这次“白色情人节”的试水情况看，直播期间手机端和PC端累计近35万的围观量，互动环节参与投票的粉丝过万，这个数据对应于本次节目内容只涉及了最常见的快递签收环节，介入的特定商品也只有两种这样的背景，应该说，京东和YY显然不会在直播+电商这件事上就此浅尝辄止。但这样的合作，未来是否有可能真正演变出一个围绕直播电商的生态体系，在商业化方面会有什么样的新模式出现，这一切都还没到可以预测甚至下结论的时候。

从未来的可能性来说，如果能打通YY直播和京东购物直播这两个平台之间的壁垒，使YY平台上的多元化优质内容与京东购物直播平台上侧重促销的产品推荐，能够有效地形成相互融合，两个平台的受众群就可以形成有效的交流闭环，娱乐、信息、消费就可以达成互推式的共赢模式。

与传统的硬广相比，通过场景化内容实现的直播互动，对品牌、商品的传播和购买显然有着更强大的牵引力，从这个角度看，直播最大的优势就在于可能直接完成购买转化，这是传统硬广所难以比拟的。一度风靡电视媒体的购物频道曾经取得极大成功，正在于其相对于当时其他购物促销形式而言，难以超越的现场感和体验新鲜感。

项目要点

网络直播发展经过了传统秀场/重度秀场、游戏直播/移动直播、范生活“直播+”、VR+直播几个阶段。网络直播营销的形式包括直播+网综直播+网综模式、直播+电视、直播+IP、直播+点播、直播+VR直播、直播+电商直播。

网络直播已迅速发展成为一种新的互联网文化业态，呈现出明星+视频直播、PC端用户大量转向移动端、资本的迅猛注入的态势。企业也根据自身情况不断调整网络直播营销策略。

音频具有闭屏、伴随的特点，能更有效地让品牌信息触达用户。音频平台具有广告更精准、用户多元化、常开模式下的互动等营销价值。

音频平台的营销方式包括内容植入式、品牌入驻式、主播互动式三种模式，其盈利模式包括广告投放、付费会员、与内容提供者（主播、合作机构）进行分成、粉丝经济、其他硬件产品开发。

视频营销是指主要基于视频网站为核心的网络平台，以内容为核心、创意为导向，利用精心策划的视频内容实现产品营销与品牌传播的目的；是“视频”和“互联网”的结合。视频包括影视广告、网络视频、宣传片、微电影等多种形式。

按照视频生产制作和播放平台的不同，可以分为原创视频发布、新媒体垂直短视频及平台级短视频三种类型。企业可以采取借势短视频、创造短视频、内容植入等网络视频营销策略。网络视频行业发展呈现出视频内容原创化、视频病毒化的趋势。

项目实训

一、实训目的

1. 学会撰写视频创意及推广方案。

2. 学习使用视频拍摄软件和视频剪辑软件。

3. 掌握视频推广策略。

二、实训要求

1. 分组进行：每 3 ~ 5 个人一组，选取一名组长（组内成员中注明）。

2. 实训形式：以小组为单位，自由选择熟悉的品牌产品，根据产品的特点和营销环境撰写视频创意，制定视频推广方案，选择合适的新媒体载体平台推广，获取视频点击量。通过口头阐述结合图文 PPT 进行演练汇报，讲解视频拍摄创意、拍摄情况以及宣传平台选择理由及效果，展示最终视频点击量。

三、实训所需仪器、设备

连接上互联网的手机、电脑，投影仪。

四、实训内容及步骤

1. 根据所选品牌或产品，撰写视频创意脚本及推广方案。

2. 使用美拍、秒拍等短视频拍摄软件拍摄视频创意（30~60 秒），并使用爱剪辑等视频剪辑软件进行视频短片剪辑。

3. 将制作好的视频发布到优酷、腾讯视频、土豆等视频网站，或者分享到秒拍及直播平台。在剪辑视频之前，需要精心准备相应的图片、文字、音频、视频素材。

4. 将已发布的视频分享到新浪微博、微信、微信朋友圈、QQ、QQ 空间等社交网站，吸引更多的人观看，增加视频的曝光率。

5. 汇报讲解实训结果，展现视频推广成果。

五、总结分析

完成实训报告后，小组互评，老师点评。

项目测评

1. 案例分析题

登录或注册喜马拉雅 FM 或其他音频平台，了解其运营状况和盈利模式，分析其品牌营销策略，收集其成功的营销案例。

2. 分析原创视频的价值，分析草根文化如何在专业化制作趋势下突围。

项目十

网络游戏与APP营销

项目目标

知识目标

1. 了解网络游戏及网络游戏营销的特点
2. 掌握网络游戏营销的形式、方法与策略
3. 了解 APP 营销的类型
4. 掌握 APP 营销模式及常见策略

能力目标

1. 能够熟练运用网络游戏营销的策略
2. 能够熟练运用 APP 营销模式与策略

支付宝集五福营销

2016年1月25日，支付宝官方推出“五福任务红包”活动，并通过其官方微博发布，中国新闻网等媒体随后报道了该活动，引发网民热议。1月28日，支付宝随着活动开始，“敬业福”一卡难求，再度引发网民吐槽，舆情热度迅速上升。2月8日，正式上线春晚红包玩法集福卡活动。用户只要集齐5张福卡，就可平分春晚支付宝2.15亿元的超级大红包。但由于获得“五福”卡中的“敬业福”比率很小，引发网民吐槽。截止至2月8日凌晨，此次活动共有791405个人集齐五福，平分了2.15亿元现金。相关舆情量在2月7日达到顶峰。集福活动结束后，网易科技、新浪科技等网媒跟踪报道活动结果，引发网民关注。也因活动结束，舆情热度回落较快并趋于平稳。

图10-1　支付宝集五福活动

从2017年1月18日开始，支付宝延续了2016年的“传统”，又推出了年度集福卡活动，很多用户对这次集五福卡的活动都抱以相当高的期待，支付宝的这次活动也成功引发了全民参与。仅仅是一天时间，已经有超过千万的用户集齐了五福卡，2016年多数用户缺少敬业福。同样的红包奖金，2017年大部分用户只分得几角钱，甚至是几分钱的支付宝红包，与2016年的差距非常大。其实集五福卡和抢红包没有什么区别，只是多了一种玩法，无论用户怎样集福卡，最终获得多少红包，都为支付宝及其合作的广告商做了一场盛大的营销。

根据2016年1月18日360搜索数据，搜索单字“福”的指数高达465万，而“福字”的搜索指数高达510万，各种搜索“福”字的指数和已经远超1000万。很多人为了迅速集齐五福，在360搜索上搜索福字图片，才导致搜索指数瞬间爆棚[①]。

2018年支付宝集五福活动从2月6日零点开始截止到2月15日零点，除夕晚22点18分开奖。2018年如果用户集齐了五福，将平分5亿元红包，预计有2亿～3亿用户能分到红包，个人最高666元。支付宝2018年不再强调某个“福”卡稀缺，并严厉禁止福卡买卖[②]。

---

① 资料来源：艾瑞网．支付宝集五福，一次很专业的营销．http://column.iresearch.cn/b/201703/792998.shtml.

② 资料来源：新浪网．http://news.sina.com.cn/o/2018-02-05/doc-ifyremfz5411340.shtml.

项目知识 任务一 网络游戏营销

一、网络游戏概况

网络游戏早期在大家心目中总是与青少年联系在一起。近年来，随着个人电脑的普及、移动互联网的出现以及游戏形式的不断丰富，网络游戏逐渐成为一种大众化、全民化的娱乐方式。

网络游戏又称为线上游戏或在线游戏，简称网游，是随着计算机技术和互联网的普及而发展起来的游戏新形态。网络游戏依托于互联网运行，支持多人参与，是多名玩家通过互联网等传输媒介在虚拟环境下进行交互娱乐的电子游戏。移动互联网的发展使网络游戏由PC端向智能手机、平板电脑等移动终端发展。

同步案例

王者荣耀

作为腾讯控股旗下最火热的游戏，《王者荣耀》无疑是其最大的吸金利器。根据2017年第一季度的数据显示，腾讯控股总收入达495.52亿元，同比增长55%；净利润达145.48亿元，同比增长58%。其中，移动手游的营业收入达129亿元，同比增长57%，而移动游戏收入的增长主要是以《王者荣耀》为主导的多款游戏所带动。

《王者荣耀》把《英雄联盟》的人物、技能基本上照搬过来，换上了国人熟悉的名字，如项羽、李白、鲁班、妲己、马可・波罗……然后，再将端游MOBA在移动端上进行相应的还原呈现，打造了5v5王者峡谷和大乱斗模式，10人线上对抗，互拼操作技巧与团队配合，推塔、补兵、五杀、团战均可体验。可以让玩家不分时间、不分地点，只要想战，随时都能开黑打团，竞技对战更方便快捷。

同时，《王者荣耀》还定期推出新英雄，其定位可分为法师、战士、坦克、刺客、射手、辅助，不同英雄拥有不同的属性和技能。每个英雄都有3个主动攻击技能和1个被动技能，在匹配模式下，玩家可以使用周免英雄和已经购买的英雄参加战斗。而在《王者荣耀》的世界里，钱分为金币、钻石、点券三类，只有点券是要人民币兑换的，前两者都可以靠经验积累。游戏中可以购买的是英雄、技能和皮肤，其中只有买皮肤必须花钱。购买皮肤，类似于早年用Q币购买QQ皮肤、打扮自己的头像，在这里可以给自己选择的游戏人物换装，一款皮肤卖几十甚至上百元，而仅这门生意，就给腾讯带来了日入过亿的业绩。

最重要的一点是，《王者荣耀》依托腾讯QQ和微信的强势入口，为进入游戏打开了方便之门，使得大量年轻群体汇集到游戏中。《王者荣耀》容易上手，新手加入很快可以获得白银、黄金的等级，这能够满足年轻用户在竞技游戏中获取价值感与成就感，也为玩家提供了认识彼此的可能性。

第三方数据分析机构Talking Data统计数据显示，《王者荣耀》的两大用户群中，学生族占24.5%，其中大学生占21.8%，中小学生占2.7%；上班族占68.1%，其中年轻白领占45.3%，中年人士占19.3%，46岁以上人士占3.5%。众所周知的是，在中国电脑游戏基本就是一把双刃剑，和很多走红游戏一样，《王者荣耀》也引来了诸如让青少年成瘾等诸多非议。《人民日报》就批评乱改中国古典人物荆轲，小学生沉迷游戏无心学习，“王者荣耀辅助”勒索病毒，最新的游戏代打问题突出等。

《王者荣耀》从设计、内容、玩法、视觉等方面形成了一个有趣的产品，能够点燃不同群体的内在需求，让每一个玩家从中找到自己需求的东西，这是它成为爆品、引发全民狂欢的一个根本原因①。

按不同的运行平台设备，网络游戏可以分为客户端游戏、浏览器游戏、移动端登录游戏。客户端游戏简称端游，在个人电脑上运行，必须下载游戏软件通过指定客户端登录。浏览器游戏即网页游戏，简称页游，是基于网站开发技术，以标准HTTP协议为基础表现形式的无客户端或基于浏览器内核的伪客户端游戏。移动游戏是基于智能手机和平板电脑的新兴的游戏类型。

根据不同的游戏特点，网络游戏可分为大型多人在线游戏、社交游戏和休闲游戏。大型多人游戏是支持多人同时出现在同一场竞争，游戏过程持续且不是以局或盘作为限制的一种游戏类型，这是目前最主流的游戏类型。大型多人游戏主要是通过用户的游戏技能及其他方面的投入，实现在虚拟社会中的生存和成长，并参与游戏虚拟世界的人际沟通及社会活动等②。社交游戏是在SNS社区运行的以人与人之间的交流为基础的互动游戏。休闲游戏包括电子竞技类、音乐类、养成类、棋牌类等游戏类型。

根据不同收费方式，网络游戏可以分为月费制、点数计时制、版本计费制、免费制游戏等。月费制游戏中玩家以月为游戏缴费时间单位；点数计时制是玩家购买“点数卡”为游戏账户充值，按照上限时间进行扣除；版本计费制游戏是每更新一次版本就向玩家收取一次费用；免费制游戏本身不收费，通过贩售VIP服务或道具、广告等获取收益。许多游戏一般会同时采用多种收费方式。

同步案例

腾讯游戏

腾讯游戏已拥有休闲游戏平台、大型网游、中型休闲游戏、桌面游戏、对战平台五大类逾六十款游戏。腾讯游戏将打造强大的产品阵营，覆盖所有产品类型，为国内玩家提供最丰富、健康、时尚、快乐的游戏体验。以“为用户提供一站式在线生活服务”为战略目标，形成规模最大的网络社区。

腾讯游戏在不断推出优秀游戏产品的同时，更推出全系列的四大子品牌：腾讯游戏嘉年华、腾讯游戏竞技平台、腾讯游戏公会、腾讯游戏爱心联盟③。

① 搜狐网．解锁王者农药火热的新姿势．http://www.sohu.com/a/163799051_99921740.

② 艾瑞网．2007-2008年中国网页游戏产业发展报告．http://news.iresearch.cn/zt/82115.shtml.

③ 百度百科．https://baike.baidu.com/item/.

二、网络游戏营销概况

网络游戏不仅具有互联网的互动性强、多媒体的特点，还具有虚拟现实的特性，具有更为丰富的媒介意义，网络游戏的媒介价值是网络游戏独特营销价值的来源。网络游戏营销是指商家以线上游戏用户为基础，借助游戏运作、游戏内容或游戏平台，以广告投放、赞助、合作及关联宣传等形式为实现某个营销目标而进行的营销活动。网络游戏运营商除了将网络游戏的媒介价值进行售卖之外，也可以将游戏产品与营销客户一起捆绑销售，进行合作营销来实现双赢。

网络游戏营销的特点有以下几点。

1. 用户群体明确

一方面，网络游戏玩家主要以学生、白领、自由职业者为主，年龄主要分布在18~35岁，玩家在注册时一般会留下较为详尽的用户资料；另一方面，很多网络游戏以地域划分架设服务器，把不同地区的玩家引入到最近的服务器上以保证游戏的稳定进行，这样使得网络游戏玩家的分布具有鲜明的地域性。通过游戏后台数据，企业可以搜集到用户多方面的信息，可以有针对性地制定营销策略。

企业依据商品属性，选择与产品或品牌相关的特定领域的网络游戏，能进一步锁定目标对象，提高营销的精准性。

2. 营销接受度较高

游戏玩家一般比较容易对喜欢的网络游戏产生忠诚和信赖的感情，因此，与游戏相关的营销活动往往更容易为玩家所接受，在游戏的特定场景下更容易产生认同和共鸣。在网络游戏中恰当地植入产品或品牌，可以增强游戏中虚拟世界的真实感，使玩家在潜移默化中接受产品传递的信息，深化对产品的认知。

3. 营销方式灵活

基于网络游戏本身的娱乐性、交互性、题材多样性、设备多样性，网络游戏营销的方式也多种多样。如有广告投放、赞助电竞赛事以及合作等。

4. 营销效果评估方便

网络游戏营销的效果评估具有评测迅速、数据准确、互动性强、参与度广的优势。企业可以通过游戏运营商准确掌握玩家的数量、玩家上网习惯等各种关于营销效果的详细信息，另外，网络的交互性也使得玩家可以及时在线提出反馈。

三、网络游戏营销的形式

目前，网络游戏营销的常见形式主要有广告投放、电竞赛事赞助、合作及关联宣传。

1. 广告投放

通过将有关企业产品或品牌信息的广告植入到游戏中或游戏平台上，可以较为直接、有效地把信息传递给玩家。随着网络游戏的发展，与网络游戏相关的广告投放形式也丰富多样了，包括传统游戏广告、游戏平台广告、游戏内置广告、定制式网络游戏广告等。

（1）传统游戏广告。传统游戏广告是一种利用游戏直接传递广告信息的形式，主要包括游戏网页广告、登录窗口广告、健康提示广告、前后视频广告等。游戏网页广告是在网页游戏或其他游戏相关网页中植入文字、图片、Flash动画等广告内容，以横幅、按钮、对联、弹出窗口、页面悬浮、翻卷、插页等形式呈现。

（2）游戏平台广告。游戏平台广告一般以网游产品的广告为主，通常以排行榜的形式对玩家进行游戏推荐，游戏平台广告以文字、图片、Flash动画等形式为主。

知识拓展

游戏平台

游戏平台是一种让用户可以便捷地体验大量游戏产品的平台，一般通过为玩家汇集大量游戏产品和提供某些特色服务来方便用户和玩家，以满足其需要。

如腾讯游戏平台是专门为腾讯游戏用户打造的网络游戏综合平台，为玩家提供游戏库、游戏管理、游戏加速、游戏特权礼包、游戏安全保护、游戏助手等功能。还有一些游戏对战平台为互联网用户提供多人电脑游戏联机服务，可以让玩家轻松在线进行游戏，如浩方对战平台、VS竞技游戏平台等。

（3）游戏内置广告。游戏内置广告也称为游戏植入式广告，是利用游戏本身的娱乐性、用户黏性、互动性，结合游戏的文化背景、情节内容，将广告信息巧妙地植入到游戏的道具、场景、情节或者任务之中的广告形式。

将广告产品与游戏道具相结合的形式，可以巧妙地将产品融入游戏之中，不但不会引起玩家的厌烦，反而可以增强网络虚拟世界的真实感受，增强游戏的趣味性。将广告产品与游戏场景相结合的形式，可以将产品或品牌信息嵌入到游戏的场景之中，使游戏在含有广告信息的环境中进行，在潜移默化中影响玩家。将视频或音乐与游戏相结合的形式同样也会增强游戏的现实感，使得游戏显得更加真实。将品牌信息与游戏关卡情节相结合，使产品作为推动游戏进程必不可少的一部分，要注意不能破坏游戏的整体氛围，产品必须与游戏情节内容相关联。

同步案例

《极品飞车》与梅赛德斯-奔驰合作

2017年10月27日，作为腾讯代理的首款超跑竞速网游，腾讯对《极品飞车》的IP价值进行深度挖掘，以游戏作为核心，联手梅赛德斯-奔驰及梅赛德斯-AMG进行跨界合作，在游戏中的赛车、赛道、奖励、成就等元素中对梅赛德斯-AMG全新旗舰性能座驾——梅赛德斯-AMG GT R进行多方位展现，实现了与梅赛德斯-奔驰的双赢。在《极品飞车ONLINE》中，玩家不仅能够体验到梅赛德斯-AMG GT R驾驶性能，还能了解其中核心部件。对于很多赛车爱好者来说，这提供了另一种“近距离”感受的机会。通过AR技术梅赛德斯-AMG GT以漂移与甩尾技巧生动再现游戏中的非凡赛道表现，精彩演绎了梅赛德斯-AMG家族成员的卓越赛车性能，成为引爆现场及网络直播观众的绝对焦点。

2017年8月30日-9月27日，《极品飞车ONLINE》推出的“跑车文化环球之旅·德国·梅赛德斯-奔驰站”四集纪录片上线。五位嘉宾车手：电竞明星若风、极品飞车OL排位赛冠军挽歌、中国第一位F1车手马青骅、时尚摄影师林海音以及知名汽车自媒体人大浩，踏上德国感受梅赛德斯-奔驰的汽车文化魅力，并试驾梅赛德斯-AMG GT R，挑战最富传奇色彩的纽博格林北环赛道[①]。

（4）定制式网络游戏广告。定制式网络游戏广告是由广告主出资，委托专业的制作团队（如游戏公司），为广告主及其旗下产品或品牌量身定做、打造游戏产品。这类广告是企业花巨资专为某类产品开发出来的网络游戏，集游戏和广告于一身，效果显著但游戏开发费用较高。

2. 电竞赛事赞助

根据网络游戏的竞技性而衍生出的新体育运动项目就是电子竞技。电子竞技运动是利用电子设备作为运动器械进行的、人与人之间的智力对抗运动，可以锻炼和提高参与者的思维能力、反应能力、心眼四肢协调能力、意志力、团队精神等。企业通过对电子竞技赛事或电竞俱乐部的赞助进行营销活动。

同步案例

世界电子竞技大赛营销

世界电子竞技大赛（WCG），创立于2000年结束于2013年（2014年开始为WCA），是一个全球性的电子竞技赛事（或“电脑游戏文化节”），被称为“电子竞技奥运会”，该项赛事由韩国国际电子营销公司主办，并由三星和微软（自2006年起）提供赞助。

正式比赛项目是得到WCG电竞平台官方承认的项目，属于WCG赛事组委会主办。包括星际争霸Ⅱ、魔兽争霸Ⅲ、反恐精英、FIFA系列游戏、魔兽世界竞技场、穿越火线、英雄联盟、DOTA、铁拳系列、超级街霸4AE2012、逆战等。

WCA2016赛事总赞助金额屡创纪录，MOBA类微端游戏产品《英魂之刃》，巨人网络全新MOBA类移动电竞产品《虚荣》《球球大作战》将成为WCA2016全新合作产品，同时，盛大、完美、360、小米、网龙也将展开与WCA2016的系列合作，而享誉全球的外设厂商西伯利亚、狼派、AOC以及电竞椅厂商傲风等，都将与WCA2016进行深度合作，将电竞营销进行到底[②]。

随着电竞事业的不断规模和发展，电竞赛事和战队赞助商的选择也越来越慎重和专业，电竞赛事赞助极有可能成为未来网络游戏营销的一大主流方向。

3. 合作及关联宣传

近年来游戏市场规模持续扩大，产品类型题材复杂多变，网络游戏产品自身也需要营销，而且其作为媒介载体的营销价值也不断凸显。

关联宣传是网络游戏与其他产品或品牌互为媒介，共享营销及客户资源，在各自平台上推广彼此的产品，带动对方的销售业绩或提升知名度，以增强双方在市场上的竞争力，因此，游戏间的关联营销十分常见。这种营销形式一般是允许用户在完成某款游戏的某些任务之后，可以免费获得另一款游戏里的资源，形成游戏间内容层面的关联。除了同业合作，网络游戏还可

① 游资网．游戏营销：当梦想照进现实，现实正在跨界游戏．http://www.gameres.com/779963.html.

② 腾讯游戏．http://games.qq.com/a/20160314/055965.htm.

以与其他行业的商家竭诚关联宣传的关系，也即是“异业营销”的体现。网络游戏与不相关的行业通过策划创意相互外包或嫁接现有资源，强化自身的竞争优势，重新审视和评价自己的资源价值。在新媒体环境下，网络游戏延伸到更多的终端，用户基数有了很大的突破，因而，使得企业之间合作的深度、广度、速度都大幅提升。

同步案例

腾讯游戏“Fun营销”

腾讯游戏2014年提出的“Fun营销”，就是基于互联网及移动互联网，以引发粉丝效应为目标，以互动娱乐元素为形式，以情感共鸣为核心线索，借助IP化包装手段，高效传递营销信息的营销方法。目前，腾讯游戏已与多个品牌展开跨界合作。其中，腾讯互娱旗下热门手机游戏《天天酷跑》已与周大福展开了合作，“跑出你的黄金时刻”活动引发轰动效应，活动参与用户87万，赛事报名用户300万，此次合作实现了手机游戏与贵金属饰品的大胆跨界。另外，腾讯互娱旗下竞速类手机游戏《天天飞车》也已与上海通用汽车进行了合作，在游戏中植入大黄蜂科迈罗、凯迪拉克ATS、英朗XT三款车型，实现了经典IP重塑，共吸引5.5亿人次使用车型，大幅提升了上海通用的品牌认知度与汽车销量。

“FUN营销”已累计影响IT、外设、快消、汽车、金融、日化、服饰、贵金属饰品、手机、酒类等10大行业40余家优秀企业，新营销模式效果初显。同时他表示，目前，腾讯互娱已从“影响力”“粉丝效应”“创新性”“数据”等维度构建了全新的“FUN营销”效果评估体系，通过这个体系合作伙伴可以更加全面地看到合作价值①。

合作及关联宣传是当前网络游戏营销中非常重要的一种形式，本着双赢目标，共享销售渠道、目标消费群、宣传媒介等资源，可以强有力地促进终端销售。通过卖点的契合与价值的捆绑，将网络游戏的精确的用户定位、较高的真诚度及趣味的互动模式的优势发挥出来。

同步案例

康师傅与《锁链战记》的合作活动

2014年5月，《锁链战记》官方与康师傅联合推荐联动活动，购买康师傅冰红茶和冰绿茶印有“痛快喝疯狂赢”促销标识的产品，揭开瓶盖或撕开瓶标后，凭在瓶盖或瓶标上印有的13位编码即可参与活动赢取奖品。用户购买“康师傅”冰红茶就能得到游戏中的兑换码，换取游戏礼包②。

图10-2　康师傅与《锁链战记》的合作活动

建立关联宣传的核心是网络游戏与合作品牌均能高效利用对方的资源和价值，因此，尽管

---

① 腾讯动漫. 腾讯互娱之Fun营销开启营销新想象. http://comic.qq.com/a/20140801/066988.htm.

② http://www.289.com/anews/30743/.

网络游戏作为营销平台的适用性在拓宽，但并不是所有产品都适合与网络游戏进行捆绑。合作双方要在活动时间、地点、内容等多方面协调统一，确定各自想要达成的效益，形成互利双赢的机制。

四、网络游戏营销策略

网络游戏拥有庞大的用户市场，作为媒介也有得天独厚的优势，具有广阔的营销前景，在我国还处在发展阶段。企业运用网络游戏平台进行营销的策略主要有以下几点。

1. 精准投放

网络游戏具有用户精准、用户资料信息翔实的优势，企业应充分利用大数据，分析游戏用户的构成，选择与企业营销目标对象重合度较高的游戏，实现更加精准的营销。

2. 合作共赢

企业要将产品或品牌的定位和诉求与游戏的内容相结合。不同的游戏向用户提供不同的体验情景，激发用户不同的心理活动。游戏中植入的广告信息应与游戏体验相契合，给予消费者和用户一致的体验，使投放的营销信息与游戏营造的体验情景无缝对接，就能实现双赢。

3. 创新营销新模式

目前网络游戏营销还在发展阶段，现有的营销模式还可以进一步的优化和改变，以更好地适应不用企业的不同营销目标和需求。如企业可以尝试在游戏内置广告时，对所植入的广告产品进行替换，实现更为灵活的广告投放形式，使一个具体的网络游戏可以实现与多个品牌或产品的合作。这种替换可以根据模拟一天中人的活动情况，将产品或品牌分时段进行替换，也可以根据不同的广告主进行不同广告产品的替换。这种产品替换式广告植入方式一方面符合现实生活情境，另一方面也更加符合商品自身的消费规律，且不容易引起游戏玩家的反感。

4. 整合营销

很多企业选择在整合营销传播战略中加入网络游戏营销，形成整合的营销传播效果。网络游戏营销也需要与其他新媒体手段整合，需要考虑到整合营销活动的系统性、相关性。企业展开网络游戏营销要服从于整体的营销战略，为企业的特定营销目标服务，各种媒体手段整合运用，线上线下的活动同时开展，加强与用户的互动。

任务二 APP营销

一、APP与APP营销的内涵

随着智能手机和iPad等移动终端设备的普及，人们逐渐习惯了使用APP客户端上网的方式，而目前国内各大电商均拥有了自己的APP客户端。

1. APP

APP即应用程序，是英文单词application的缩写，指的是智能手机的第三方应用程序。比较著名的应用商店有苹果的App Store，谷歌的Google Play Store，诺基亚的Ovi store，还有黑莓用户的BlackBerry App World，微软的Marketplace等。

按照载体的不同，APP可以划分为网页APP和移动APP两大类。网页APP是指需要在PC端浏览器上加载运行的软件，依托浏览器程序语言和网络浏览器进行运作。网页APP不需要专门下载，只需要在网页上点击在线加载就能在原网页上获得更多功能。移动APP是在智能手机、平板电脑及其他智能移动终端上运行的各种应用程序。随着各种移动终端设备的普及，移动APP成为人们非常常见的运用之一。移动化和社交化是APP未来发展的主导趋势。相比网页APP，移动APP的运用要广泛得多。微博、微信、支付宝、QQ、淘宝移动客户端等都属于移动APP。

2. APP营销

APP营销就是应用程序营销，指的是通过智能手机、平板电脑等移动终端上的应用程序开展的营销活动。APP是营销的载体和渠道，作为移动互联网时代新兴的营销模式，APP营销凭借精准互动和个性化的特点正在被企业所推崇。

因此，从某种意义上来说，即时通信工具营销、微博营销、微信营销等，只要这些营销方式采取的是APP入口，都属于APP营销的范畴，其涵盖的范围是很广的。

APP营销具有以下特点：

（1）精准度高，成本低。APP通过可量化的精确的市场定位技术突破传统营销定位只能定性的局限，借助先进的数据库技术、网络通信技术及现代高度分散物流等手段保障和顾客的长期个性化沟通，使营销达到可度量、可调控等精准要求。

企业通过先进的大数据技术收集并分析用户的信息，预测用户的消费需求并瞄准有价值的用户进行精准营销，这样企业节省了广告投入的费用和时间，提高了效率，同时，用户也能够直接地获取他们所需要的信息，相比传统广告的粗放投入，APP营销的高度精准度和匹配将会为企业带来更高的营销投资回报率。

相较于传统的纸质媒体和电视媒体，APP营销的费用要低得多，只需要初期的研发费用和推广费用，如果APP比较受欢迎，那就会形成强烈的广告效应，其对品牌的营销效果也会非常显著。

（2）互动灵活，黏性强。用户通过APP对产品信息进行浏览，可以随时在APP上购买，企业调查人员可以通过APP和不同顾客进行交流，并及时得到用户反馈，这对产品设计、定位定价、推广方式、服务安排等均有重要意义。同时互联网打破了时间约束和空间限制，企业可以随时随地地进行全天候全方位的营销，具有很高的灵活性。网上订购，通过移动应用对产品信息的了解，可以及时地在移动应用上下单或者是链接移动网站进行下单。利用手机和网络，易于开展制造商与个别顾客之间的交流。

同步案例

星巴克闹钟

2012年10月份，星巴克早餐上市。这一次，星巴克以APP为主要传播方式与自己的目标群体进行深度沟通。用户下载星巴克“早安闹钟”APP后，设定起床闹铃，闹铃响起后的1小时内，走进任意一家星巴克门店，可享受早餐新品半价的优惠。

星巴克以闹钟作为桥梁——早餐对应早晨，早晨对应起床，起床对应闹钟，可谓合情合理，顺畅自然。

星巴克闹钟的使命除了促销以外，在提升品牌形象方面也很有价值。一方面，把APP这种相对新潮的虚拟工具与品牌连接，会进一步增强品牌的时尚感。另一方面，闹钟是很多人的必备“装备”，尽管手机都有自带，但如果消费者对星巴克闹钟有更好的使用体验，即使是在促销期过后，星巴克闹钟也有可能会取代手机自带闹钟而被长期使用，那样就等于星巴克每天都和消费者见面，等于不花钱的长期广告①。

由于APP具有很强的实用价值，用户将应用程度下载到终端之后，应用中的各类任务和趣味性的竞猜等会吸引用户，而且应用还能充当生活工具的功能，用户会一直使用而形成用户的黏性。因此，APP必须为它的用户提供价值，提供好的用户体验和产品价值，这样一来，用户就将APP保留在他们的手机里，那么品牌的营销思想也会持续地存在于用户的手机中，带来长期的效益。

（3）信息全面，趣味性强。APP可以通过定期的推送，将企业产品和服务的相关信息详细、全面地展示在消费者面前，让用户在没有购买时引起他们的兴趣并全面地了解一个产品，降低对商品的抵抗情绪，刺激顾客的购买欲望，提升转换率。能够刺激用户的购买欲望，移动应用能够全面地展现产品的信息，让用户在没有购买产品之前就已经感受到了产品的魅力了，降低了对产品的抵抗情绪，通过对产品信息的了解，刺激用户的购买欲望。

同时还可以通过各种个性化的、趣味性的、互动性的方式增强消费者的产品体验，搜集其反馈意见。APP的种类和形式是多样化的，APP营销不仅可以通过文字、图片、声音等方式传递信息，还可以通过游戏交互的方式与消费者进行互动，在互动中传递信息，增进消费者对企业和品牌的好感。

同步案例

法国航空公司的“空中乐韵”

法航音乐所属的“空中乐韵”由BETC设计、于2012年11月推出的法航音乐iPhone应用软件，还为音乐爱好者提供了另一旅行好处——他们可根据其目的地发现新的乐曲：从巴黎到东京到布宜诺斯艾利斯，每片天空都有自己的专属乐曲。这款新的应用软件是如此受欢迎，以致在推出4个月后，就已被下载6万多次。

法航音乐频道之所以能够吸引大量的粉丝，正是因为它独特的创意以及优质的用户体验，一举攻破了人们最软的防线。朝着天空举起iPhone，就能捕捉藏身于片片白云间的首首乐曲，制成自己最潮的播放表，闭上眼睛想象乐符在脑海中勾画的属于自己的蓝天。

① 销售与市场星巴克：闹钟催你去早餐．http://www.cmmo.cn/article-124989-1.html.

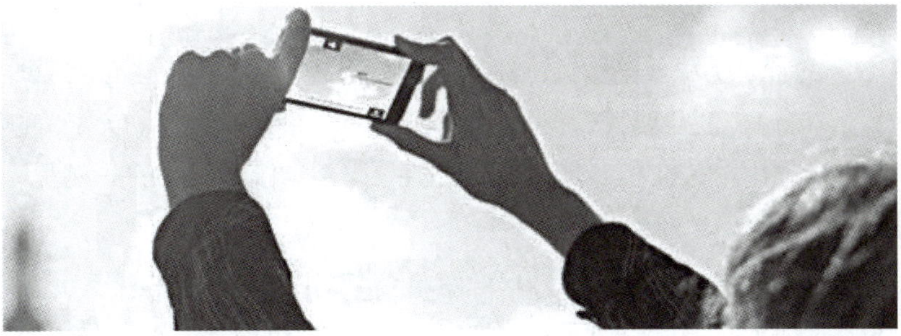

图10-3　法航的空中乐韵

有了“空中乐韵”，法航音乐粉丝还可以首次在地上欣赏“空中”乐曲，后者之前只在机舱里播放。另外，法航音乐频道每年几次为粉丝提供赢取其他未发行乐曲、音乐会门票和机票的机会，粉丝可以通过找出隐藏在空中的游戏来参加活动①。

（4）效果可控。APP一般是企业自主研发或委托第三方开发，便于对营销效果的监控，对营销的管理和控制也更加灵活。企业可以通过APP游戏，及时收集消费者的需求数据，根据消费者需求对产品或服务进行改进，培养消费者的品牌偏好和购买偏好。

随着智能终端的普及、移动互联网的快速发展，移动APP的使用越来越广泛，APP营销特别是移动APP营销也越来越受重视而成为主流。

二、APP营销模式

APP营销具有的诸多优势，成为企业整合营销传播战略中极为重要的工具，帮助企业建立客户数据库，积累高频用户。APP营销模式一般有广告植入模式、企业自有APP模式、企业自有APP+线下互动模式、网站移植APP模式四种。

1. 广告植入模式

广告植入模式也叫APP内置广告，是企业以植入的形式借助第三方APP进行营销，是最基本、最常见的APP营销模式。企业将自身品牌、广告或其他营销信息植入热门的、与产品受众相关联的第三方移动应用中，当用户点击广告栏便自动链接到企业的WAP网站，这样在用户操作APP的同时就能方便地了解广告主信息或参与活动，从而在潜移默化中达到营销的目的。

企业借助第三方平台植入自己的品牌，最常见的形式是动态广告栏，APP用户通过点击进入网站链接，最后在企业网站获取相关信息、参与活动、注册邮箱或订阅RSS，逐步将APP用户从广告的“过客”转化为消费者甚至是忠实顾客。在转化用户的过程中，广告主还可以通过APP后台实时监测、收集数据，掌握用户转化率。

这种模式成本较低、操作简单，只要将广告信息有针对性地投放到与产品受众高度关联以及下载量较大、用户较多的应用程序上就能达到良好的传播效果，简单方便地扩大了品牌和企业的知名度。

除了动态广告栏，APP内置广告还包括页内轮播广告、封面广告、封底广告、下载广

① 飞象网. http://www.cctime.com/html/2013-5-31/201353113461989.htm.

告等。

APP内置广告的计费方式一般为按点击量付费CPC（cost per click），也有按行动付费CPA（cost per action）。企业要找到热门的、与自身产品和消费者高度关联的第三方APP营销平台，吸引足够多的用户关注和参与，是广告植入式APP营销成功的关键。

2. 企业自有APP模式

除了借助第三方APP平台进行广告植入外，企业还可以开发自己的APP，通过企业专属的APP进行营销。企业自有APP不拘泥于第三方APP的特定内容、形式和需求。随着互联网技术的飞速发展，APP开发不再是一件很困难的事情，企业可以在一些网站平台上立即做出符合自身需求的可交互、可管理的富有个性的APP。

企业自有APP最常见的形式是企业研发的互动小游戏和多种功能的APP。互动小游戏功能简单，但可以发挥游戏情境带入和娱乐休闲优势，将品牌理念充分演绎，让消费者对品牌的体验更完整、全面和逼真。企业根据自身用户特征和需求开发的各种实用功能的APP，如闹钟、跑步计数器等，用户下载使用后会产生较强的用户黏性。

同步案例

寻找瑞典最安全的手

这一款名为Sweden's Safest Hands（瑞典最安全的双手）的LBS游戏，不但形式新颖、趣味十足，还能让用户在充分参与的过程中体验瑞典的邮政服务，完全达到了“寓教于乐”的效果。

每天6点、12点、18点，服务器都会将一个新的虚拟包裹发送到手机应用上，并要求玩家携带手机前往指定地点。这款应用会用到参与者的位置信息，参与者需要运送40个虚拟包裹中的一个到城市里的预定地点。在此期间，参与者必须与其他人比赛，看谁的速度更快；然而，由于游戏应用会与手机自身的重力感应相结合，监测参与者是否保持手机平衡，所以又不能跑太快。既要保持手机平衡，又要跑在其他参与者前面，这是这一游戏的难度所在，也成为吸引用户参加的地方。此外，参与游戏还可以获得丰富的奖励，最先将包裹送达预定地点的人，将会得到主办方送出的包裹中的实体物品，价值300~5000瑞典克朗不等。

在这个趣味十足的智能游戏中，用户参与到一场市场营销活动中，同时也对邮政服务的概念有了一个全新的理解①。

企业自有APP具有独特的优势。

一是企业自有APP营销能实现不同的营销需求。企业自有APP可以帮助企业提升效率、降低成本、收集信息，改善消费者的产品和服务体验，如美团外卖APP、肯德基APP等；能提高产品的用户体验的企业自有APP是一种多样化的功能拓展，能够帮助消费者更好地了解产品和服务、传播相关信息与资讯。与借助第三方APP平台营销相比，企业自有APP的用户不是被动地接受营销信息，而是主动地搜索、了解信息。

第二，企业自有APP能将营销的个性化和精准化发挥到极致。企业自己退出、自主设计的APP能完全根据企业和产品的独特价值与个性来设计APP，可以根据目标人群的需要来

① 资料来源：搜狐网. http://roll.sohu.com/20120110/n331709071.shtml.

设计，借助APP来收集目标人群的信息，帮助企业建立消费者数据库，深入洞察消费者的偏好、习惯和信赖，有助于企业根据市场和消费者的变化制定新的市场营销传播策略。

第三，企业自有APP为企业的低成本快速增长提供了可能。企业自有APP营销的效果很大程度上取决于APP内容的策划而非企业创建APP时的成本，因此，只要APP的内容足够有吸引力，企业完全可以以相对较低的成本创造出可观的营销传播效果。企业不但可以通过自有APP促进线下的销售，还可以加强品牌与消费者之间的互动、建立用户口碑、维系客户关系、增进用户体验。企业通过自有APP平台，与消费者保持密切互动，形成更稳定持久的关系；而用户则可以根据自己的喜好和意愿，自主地选择与自己偏好、信任的品牌建立联系。

3. 企业自有APP+线下互动模式

企业在自有APP的基础上，利用LBS、AR（增强现实技术）、QR二维码等技术，实现线上互动和线下互动的整合，能极大地拓展APP营销的形式设计和创意空间，让消费者的体验更加多元化。

同步案例

虚拟蝴蝶（I Butterfly）

虚拟蝴蝶日本广告公司电通推出的一款手机应用I Butterfly，它利用LBS+AR技术将收集优惠券的习惯变成一场有趣的小游戏。凡是具备摄像头和GPS（全球定位系统）的智能手机，下载蝴蝶出没（I Butterfly），打开应用，手机的相机启动，屏幕中镜头对准的现实场景里，就会有虚拟的蝴蝶在款款舞蹈。在手机相机取景器上的现实场景中，虚拟的各色蝴蝶徘徊飞舞，手机当扑蝶网，摄像头是网口，对准蝴蝶，挥舞手机，轻扑下去，虚拟蝴蝶就会停留在屏幕上，点击保存，虚拟蝴蝶就如标本一样插进蝴蝶出没应用的蝴蝶集里。

捕捉蝴蝶的同时能意外获得折扣优惠券，搜集蝴蝶的同时不仅收集了更多的优惠券，还同时获得了多种多样的商业信息及内容。

1．优惠券蝴蝶

不同的蝴蝶拥有不同的属性。有的蝴蝶可以当作商铺优惠券。这些蝴蝶可能是你所在位置附近的商铺放出的优惠券蝴蝶；也可能是连锁商店或品牌商品放出的通用优惠券蝴蝶；甚至还可能是线上消费的折扣券蝴蝶。“捉”到优惠券虚拟蝴蝶之后，只需在店铺消费时，打开应用，出示蝴蝶图标，即可享受优惠。

各种优惠券蝴蝶都是商家与蝴蝶出没合作完成的，以日本电通公司在香港地区的推广为例，商家可以对蝴蝶的栖息地、出现时间、种类、奖赏设定不同的内容。优惠券蝴蝶的各项信息可根据商家的不同需求而调整。

（1）书店优惠券。

2011年5月，叶壹堂书店（新加坡大型连锁书店，主力销售英文出版物）推出Page One蝴蝶，红、橙、黄、绿、青、蓝、紫、白、灰、黑10种，蝴蝶拥有两本书本形状的蝶翼。每捉到一只蝴蝶，点击查看，蝴蝶化身为最新书评，方便读者选书。

Page One蝴蝶的栖息地是整个香港地区，出现时间为任何时间，奖赏是叶壹堂店内书籍全店九折。也就是说，在香港随时随地掏出手机，打开蝴蝶出没，在空中捉到一只Page One，可以看到最新书评，到书店里买书时出示这只蝴蝶可以打九折。

（2）现金优惠券。

阿迪达斯推出“Adidas Climacool”蝴蝶，这款蝴蝶共有9只，火红蝶、桃红蝶、粉红蝶、鲜黄蝶、碧蓝蝶、鲜橙蝶、翠绿蝶为7只普通蝶，蔚蓝蝶为别注版蝴蝶，炭黑蝶为限定版蝴蝶。Climacool系列的普通蝶会在全香港出现，而别注版和限定版则只会在特定的地方出现，奖赏也随之不同。最高奖励是800港币的Adidas现金券，为了获得现金券，需要捉到7种不同颜色的普通蝶和一只限定版蝴蝶。

（3）手机优惠券。

三星手机2011年7月11日推出的蝴蝶，不仅对栖息地有规定，出现时间也是不定时的，最重要的，只有三星手机用户下载蝴蝶出没，捉到蝶翼为三星手机和安卓（Android）系统机器人图标构成的蝴蝶，才能参加优惠的兑现活动。

2. 趣味蝴蝶

“日日运程”蝴蝶通过生动的插图，图说当日的占卜运程；“民间辞海”蝴蝶展开趣味的蝶翼带来香港俚语资讯；小喇叭状的“谜语”蝴蝶则是需要动脑的简短谜语。

3. 其他种类

虚拟蝴蝶还能带来蝴蝶效应：触发视频播放器、网页浏览器等应用。捉到蝴蝶后，播放的可能是附近影院最新上映电影的片花或海报广告里明星的微博①。

企业自有APP+线下互动模式具有更加强大的精准性和互动性，体现了整合营销传播的理念。技术与创意的巧妙融合，为企业和消费者带来更多互动、体验和分享的机会，带来更多新奇的创意空间，让APP营销成为酷炫又实用的营销方式。

4. 网站移植APP模式

网站移植APP模式一般是购物类、社交类网站的手机客户端，它以移动智能终端为载体，将成熟的传统网站模式移植到移动终端平台，开发符合移动平台界面的APP应用程序。用户通过这类APP可以随时随地浏览网站获取商品信息、进行快捷支付、开展社交活动。这种模式相对于传统网站的最大优势在于快速便捷、服务实时，它能有效地覆盖碎片化时间里人们购物、社交的需求，是品牌扩大影响、进行自营销的得力补充渠道。通过这一纽带，品牌得以网罗移动互联网上的活跃用户，将营销活动进行跨媒体整合。该模式的广告主以电商品牌居多，如淘宝网客户端、凡客诚品等。

三、APP营销策略

APP营销因其对用户不仅无强制、无干扰，还能提供实用功能让用户养成使用习惯的特性，成为企业进行新媒体营销时常用的营销形式。但也存在平台发展不成熟、创新模式较少、优质APP缺乏、营销难以可持续进行的问题。

在互联网飞速发展的时代，网络随时生产着海量的信息和各种网络产品，企业要想取得APP营销的成功，一方面要保证自己的APP内容和创意足够新颖和优秀；另一方面还要维护

① 资料来源：百度百科．虚拟蝴蝶．https://baike.baidu.com/item.

和巩固现有成果，对APP进行维护、互动、更新，实现APP营销的可持续性、维持用户黏度。具体来说，首先，企业要做好APP的定位，对APP的功能和角色进行定位。这就要求企业在充分对消费者的使用习惯、消费心理、购买习惯等各方面洞察后，设计能精准契合消费者习惯的APP，给予消费者最大便利。其次，企业要有针对性地选择用来进行APP营销的产品及信息。企业通过APP传递给消费者的并不是所有有关企业产品、行动及规划的信息，而是要有针对性地选择产品和信息，在APP营销的过程中提升用户的产品体验和品牌体验。最后，企业要关注最新的相关科技发展动态，为APP营销的技术手段创新寻找灵感。企业要随时关注日新月异的科技发展动态，做好长期规划和维护更新。

整体来看，企业要想进行有效的APP营销，除了上述需要注意的方面外，还应朝着以下几个方面努力。

1. 提升APP的实用价值

吸引用户下载是进行APP营销成功的第一步。要促成消费者的主动下载，就必须要让消费者感受到APP能为自己带来的切实好处和作用。企业要洞察消费者需求，设计开发具有实用功能、打动消费者的APP。这些好处可以是奖品、折扣，也可以是创新和体验优势、产品额外的附加功能等，给消费者提供某种或某几种实用的价值与功能。

同步案例

可口可乐Chock手机APP

消费者事先用手机下载可口可乐Chock APP到手机后，在当电视或电脑视频广告出现指定的“可口可乐”沙滩电视广告播出时开启APP。当广告画面中出现“可口可乐”瓶盖，且手机出现震动的同时，用户挥动手机去抓取电视画面中的瓶盖，每次最多可捕捉到3个，每个瓶盖下面都有不同的奖品，广告结束时，就可以在手机APP中揭晓奖品结果，奖品都是重量级的，如汽车之类的，吸引力很大。通过发布相关广告和利用智能手机，使这款2011年推出的特定APP在首月获取了380000次惊人下载量[①]。

2. 增强APP的互动性

在信息碎片化背景下，消费者下载APP以后，若没有值得关注的内容作为主要的吸引力，消费者的关注度就会很快降低或被其他应用所吸引，企业很难全方位长时间与消费者保持联系，APP的用户黏度很难保持。

由于APP赋予消费者更大的主动权和决定权，企业要想吸引消费者，应从满足消费者需求及符合其行为习惯着手。企业可以通过大数据的信息分析、整合来挖掘消费者的兴趣点与需求，密切关注用户动态，并将在互动中所获取的信息用于APP及整个游戏策略的改进。

同步案例

丰田汽车“后座司机”

丰田汽车专为坐在后座的小朋友开发了一款APP。坐后座的小朋友通过开启APP，选择自己

① 资料来源：百度知道. https://zhidao.baidu.com/question/1818066108702507468.html.

喜欢的车，然后进入画面，画面中有个导航的汽车，那是现实生活中爸爸正在开的汽车，小朋友如果跟着爸爸的车行走，就可以获得相应的积分，同时画面还根据GPS定位，显示周边的餐饮设施。这款游戏还可以进行自动记录，在整个行程结束后，还可以查看孩子的驾驶行程。对父母来说，这款游戏可以让后座的儿童保持安静，同时让儿童从小学习交通规则[①]。

3. 发挥创意与整合的力量

在APP营销中加入足够吸引消费者的创意是营销成功的关键。APP营销的创意可以通过内容实现，也可以从技术手段方面切入。如法国航空公司的“空中乐韵”（Music In the Sky）让用户用手机到天空中去搜寻随机播放的音乐、I Butterfly将优惠券变成翩翩起舞的蝴蝶让用户去捕捉等，都是别出心裁的创意，受到消费者的喜爱。

同步案例

腾讯动漫APP视频整合传播

2016年11月24日，腾讯动漫正式宣布薛之谦成为其代言人，这是腾讯动漫成立四年来，首次启用真人明星作为代言。为进一步曝光薛之谦代言，并提升腾讯动漫APP在年轻用户群体中的品牌影响力和关注度，腾讯动漫联合微播易发起了两个阶段的社交视频传播计划，希望通过UGC众创，完成品牌引爆年轻群体的目标。代言人薛之谦化身催更大神，魔性参与彩虹室内合唱团发行的《向天再要500话》，进行短视频创意营销。

“催”或“被催”是每个人都经历过的，尤其是动漫爱好者们，更是常常处于“等更”状态。而本次短视频创意正是以“催”为创意起点，与腾讯动漫“海量日更”的产品特性相配合，触碰用户痛点，引发共鸣。

为吸引广告用户的参与，本次活动设置了激励机制：用户只要分享自己“催”或“被催”的经历，在评论区留言或发布视频带活动话题，就有机会获得“催更大奖”。

为扩大传播效果，微播易特地为腾讯动漫甄选出陈靖川、污贼君、欢乐上班狗、木鱼水心等优质的UGC资源，以“催”为话题进行短视频创意。视频达人们围绕“催”这个字，延展出各式创意玩法，并在视频内容中软性结合腾讯动漫APP和主推的9部国漫，高度和粉丝结合，互动极佳。

与此同时，腾讯动漫还选择了以美拍、秒拍、B站平台为主要传播平台，微博，A站等平台为辅助传播平台进行内容推广，进一步扩大活动到达率。

据数据统计，不到一周的时间，话题视频播放总量突破2000万，其中，秒拍平台UGC视频播放量达到650万，美拍高达1350万。B站数据赶超同期发布的视频，并在微博自然发酵出#薛之谦你催什么催#的话题，阅读32.6万，为此次推广造势加分。

通过短视频联合传播，腾讯动漫APP不仅将其“海量日更”的产品特性深入人心，也再次强化了面向核心用户的口碑，大大提升了产品曝光度[②]。

---

① 资料来源：网络广告人社区. http://iwebad.com/case/1018.html.

② 资料来源：搜狐网. http://www.sohu.com/a/146722819_378903.

成功的APP营销除了需要从自身产品特点和消费者需求出发，具备好的创意和技术手段之外，还需要整合运用其他媒体终端和营销手段，相互配合、自成体系，通过线上线下多种营销工具和手段，实现服务、平台的整合，使消费者多角度、全方位地体验企业营销活动，增强游戏活动的效果。

营销视角

支付宝账单刷屏

最近几年，支付宝都有在年初公布上一年的“年度账单”的惯例。相比往年，2017年的账单更细致，消费被分为了“线下消费、线上消费、生活缴费、手机充值、其他”五项。其中线下支付细分电影院、餐厅、商超便利店、小商户等，出行则细分共享单车、火车、飞机、打车等，还包括了个人信用分、贡献的爱心、环保贡献等相关数据，让很多网友大呼自己都不知道干了这么多好事。

引发网友集体狂欢的最大亮点在于：2017年的支付宝账单推出了预测2018个人关键词，“温暖”“爱”“潮”“范儿”“才华”“能干”等正面意义的个人标签关键词，成为网友纷纷晒图的最大动因。预测关键词准不准其实并不重要，重要的是这些词让你满足了一些美好的愿望，驱动你情不自禁地发到朋友圈分享转播。

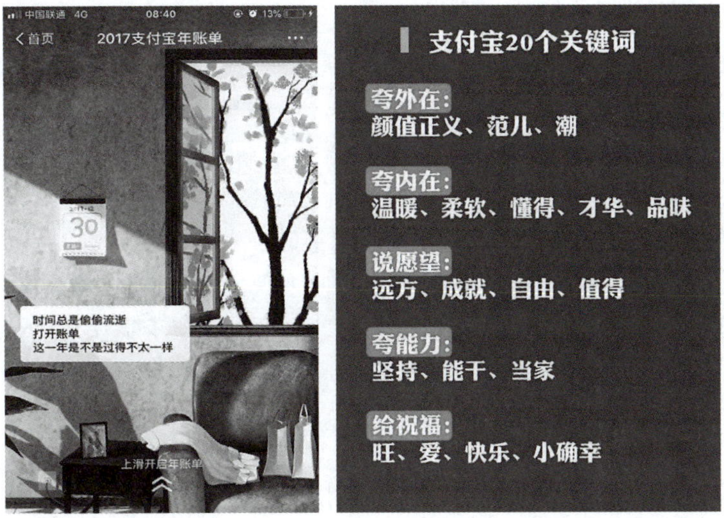

图10-4　支付宝账单

按照传统宣传品牌的方法，就是尽可能挖掘产品优点和品牌精神，然后用各种渠道去告知用户。如果用这个方法去宣传支付宝，那就是强调它多么便捷，用途多么广泛，用户多么庞大。可这样从产品层面的自夸，是不会有用户愿意主动传播的。

支付宝账单营销成功引发热潮的原因如下。

1．内容自带热点和传播力

（1）与我相关。

品牌或者企业，要想驱动内容传播，内容是否“与我有关”非常重要。“我”的形象故事、朋友、经历，只要内容里有某方面可以搭建上一个点或者几个点，用户能迅速生成属于自己的版本，就离“疯传”不远了。

（2）利益诉求。

没人愿意做义务推销员，没人愿意分享别人的事，除非这和自己有关。物质利益如红包，打折券，优惠券等。精神利益如秀出调性等。物质利益是短暂的，而精神利益的追求相对来说更加持久。

（3）彰显个性、爱心或优越感。

如果一个内容能彰显自己的优越感、炫耀身份，构建一种渴望的形象——看起来更加的精明、机智，获得更多好评，是会被乐于分享传播的。

所以，支付宝账单表面是一个账单工具，通过内容搭建变成了表达自我的平台。

图10-5　支付宝账单分享

2．传播执行不断触发分享欲望

（1）场景构建引发情绪共鸣。

账单里你看到自己有236次门店支付，打了39次车，回忆起自己生活的点滴，涌上心头。原来我一直在认真生活，我们参与了很多有意义的活动。这些情绪一旦引发，很难抑制住不去分享。

（2）简单操作满足分享欲望。

让用户表达自己的方法一定要简单。比如账单这样，一个按钮就生成了。操作绝不能复杂，否则操作到一半，情绪都没了。

（3）挖掘热点引起围观。

比如那些个上亿的支付宝土豪账单，是不是这成功地引起了你的关注，大众都有八卦、看戏的娱乐心态和欲望。想一想你给到用户的各类宣传内容里，能不能挖掘他们特别想知道的东西？

（4）适当节点借势扩散。

账单发布的时间是年终，这时候大家都在干什么呢？当然都在做回顾、写总结了。所以这样一个年度账单，正好借到大家发总结的势头。

（5）制造噱头引发讨论。

引发更广泛的传播，让转播者不仅乐于分享还会相互讨论，制造一些噱头就很必要。比如账单排名，系统统计出你超越了多少人。这个排名就能引发很多讨论。

（6）故事or事故裂变二次传播。

这次轰轰烈烈的支付宝账单“惹祸”了，有关账单中“服务协议”默认选项允许支付宝收集用户信息包括在第三方保存的信息，将支付宝年度账单推向一个争议的高潮。这件事支付宝的公关是一方面，另一方面给足了媒体博眼球的素材。这次“事故”的相关新闻无疑也是免费的二次传播[①]。

① 资料来源：百家号.

项目要点

网络游戏又称为线上游戏或在线游戏，是随着计算机技术和互联网的普及而发展起来的游戏新形态。网络游戏不仅具有互联网的互动性强、多媒体的特点，还具有虚拟现实的特性，具有更为丰富的媒介意义，网络游戏的媒介价值是网络游戏独特营销价值的来源。

网络游戏营销具有用户群体明确、营销接受度较高、营销方式灵活、营销效果评估方便等特点。网络游戏营销的常见形式主要有广告投放、电竞赛事赞助、合作及关联宣传。网络游戏营销策略包括精准投放、合作共赢、创新营销新模式、整合营销四个方面。

APP即应用程序是智能手机的第三方应用程序。APP营销就是应用程序营销，指的是通过智能手机、平板电脑等移动终端上的应用程序开展的营销活动。

APP营销具有精准度高、成本低，互动灵活、黏性强，信息全面、趣味性强，效果可控的特点。APP营销模式一般有广告植入模式、企业自有APP模式、企业自有APP+线下互动模式、网站移植APP模式四种。

APP营销因其对用户不仅无强制、无干扰，还能提供实用功能让用户养成使用习惯的特性，成为企业进行新媒体营销时常用的营销形式。但也存在平台发展不成熟、创新模式较少、优质APP缺乏、营销难以可持续进行的问题。企业要在提升APP的实用价值、增强APP的互动性、发挥创意与整合的力量方面下功夫，让APP发挥其最大营销价值。

项目实训

一、实训目的

1. 了解网络游戏特征及类型。

2. 了解 APP 类型及 APP 营销模式。

3. 掌握网络游戏与 APP 营销策略。

二、实训要求

1. 分组进行：每 3 ~ 5 个人一组，选取一名组长（组内成员中注明）。

2. 实训形式：以小组为单位，搜集热门网络游戏营销案例和具有创意的 APP 营销案例；使用头脑风暴创意法，对搜集的案例进行改进。

三、实训所需仪器、设备

连接上互联网的手机、电脑，投影仪。

四、实训内容

1. 学生以组为单位，搜集热门网络游戏营销案例和具有创意的 APP 营销案例，分析其能够引起用户兴趣和参与热情的原因，形成案例分析报告。

2. 在小组进行头脑风暴，针对搜集的案例，对其进行改进设计。

3. 撰写电子版（Word）分析报告，并制作成 PPT 进行汇报。

五、总结分析

完成实训报告后，小组互评，老师点评。

项目测评

1. 案例分析题

在争议声中，我国网络游戏用户超过5亿人。与26日举行的中国国际数字娱乐产业大会同期发布的报告显示，2017年上半年我国网游市场实际销售收入近1000亿元，网游产业规模迅速壮大。

焦点一：青少年沉迷网游如何避免?

我国很多网络游戏令青少年"沉迷"，正是因为它利用了青少年尚未健全的心理。企鹅智酷联合腾讯电竞发布的《2017年中国电竞发展报告》显示，2016年我国电竞用户1.7亿人，其中25岁以下占据六成。《王者荣耀》一款游戏注册用户2亿，月活跃用户5千万。针对称其让青少年沉迷的质疑，游戏方推出12周岁及以下用户21时后限玩、消费限额、账号绑定等防沉迷措施。

焦点二："戏说历史"仅仅是娱乐还是会让人迷惑?

三国演义、战国争霸、隋唐英雄等国人耳熟能详的经典历史故事被制作成网络游戏。不过，有些网络游戏随意改变历史情节的做法引起争议。

焦点三：网络游戏付费是否合理?

中国音像与数字出版协会游戏工作委员会公布的《2016年中国游戏产业报告》显示，2016年很多网游月均充值额超过1000万元，最高月充值总额超过8亿元。不少网络游戏通过"免费玩"吸引玩家进入网游世界后，再靠不断"买装备""买皮肤""买道具""买仓库"等武装自己，提升实力。还有游戏设计了"福袋""魔盒"等，实际上利用了玩者的求胜心理。

焦点四：如何跳出"山寨模仿"的怪圈?

2016年我国自主研发的网络游戏的海外实际收入多达72.3亿美元，2017年上半年更是接近40亿美元，同比增长57.7%。然而，业内人士指出，即使近年来在国内外都取得成功的我国原创网络游戏，其实在游戏模式和观念上都还深受日本、韩国游戏文化的影响①。

根据资料，针对网络游戏发展遇到的四个焦点问题，谈谈你的看法。

2. 思考题

搜集企业APP营销成功或失败的案例，并思考APP营销的核心策略是什么。

① 资料来源：新华网．透视网络游戏四大焦点问题．http://www.xinhuanet.com/2017-07/26/c_1121385393.htm.

参考文献

[1] [美] 弗雷德里克・纽厄尔．无线营销 [M]．北京：华夏出版社，2003.

[2] [美] 波特，华莱士．自媒体时代，我们该如何做营销 [M]．刘锐译．北京：中国人民大学出版社，2014.

[3] 舒咏平，陈少华，鲍立泉．新媒体与广告互动传播 [M]．武汉：华中科技大学出版社，2006.

[4] 冯和平．移动营销 [M]．广州：广东经济出版社，2007.

[5] 陈刚．新媒体与广告 [M]．北京：中国轻工业出版社，2002.

[6] 周丽玲，刘明秀．新媒体营销 [M]．重庆：西南师范大学出版社，2016.

[7] 秋叶，刘勇．新媒体营销概论 [M]．北京：人民邮电出版社，2017.

[8] 张莉．内容为王，互联网运营之内容运营 [M]．北京：电子工业出版社，2016.

[9] 李科成．直播营销与运营 [M]．北京：人民邮电出版社，2017.

[10] 蔡敏．赢在天猫写给天猫店长的店铺盈利之道 [M]．北京：电子工业出版社，2017.

[11] 周慧敏．30 分钟教会你软文营销 [M]．北京：中国铁道出版社，2016.

[12] 前言文化．微博营销实战 [M]．北京：龙门书局，2012.

[13] 龚铂洋．新媒体营销的正确姿势 [M]．北京：电子工业出版社，2017.

[14] 刘伟．一本书读懂 APP 营销 [M]．北京：清华大学出版社，2015.

[15] 王乃考．直播经济“互联网＋泛娱乐”时代的连接变革 [M]．北京：中国铁道出版社，2017.

[16] 唐兴通．引爆社群 [M]．北京：机械工业出版社，2017.

[17] 海天电商金融研究中心．微营销实战攻略 [M]．北京：清华大学出版社，2017.

[18] 海天电商金融研究中心．一本书读懂 WIFI 营销 [M]．北京：清华大学出版社，2017.

[19] 丁柏铨．传播学基础理论 [M]．北京：新华出版社，2003.

[20] 匡文波．新媒体概论 [M]．北京：中国人民大学出版社，2012.

[21] 肖凭，文艳霞．新媒体营销 [M]．北京：北京大学出版社，2014.

[22] 恽如伟．数字游戏概论 [M]．北京：高等教育出版社，2012.

[23] 陶丹，张浩达．新媒介与网络广告 [M]．北京：科学出版社，2001.

[24] 胡卫夕，宋逸．微博营销：把企业搬到微博上 [M]．北京：机械工业出版社，2014.